BERND SENF

Der Tanz um den Gewinn

Von der Besinnungslosigkeit
zur Besinnung der Ökonomie

D1617690

BERND SENF

Der Tanz um den Gewinn

Von der Besinnungslosigkeit zur Besinnung der Ökonomie

Ein Aufklärungsbuch

Metropolis-Verlag
Marburg 2014

Bibliografische Information der Deutschen Bibliothek:

Die Deutsche Bibliothek verzeichnet diese Publikation in der Deutschen Nationalbibliografie, detaillierte bibliografische Daten sind im Internet über **http://dnb.ddb.de** abrufbar.

Metropolis-Verlag für Ökonomie, Gesellschaft und Politik GmbH
Copyright: Metropolis-Verlag, Marburg 2014
http://www.metropolis-verlag.de
Alle Rechte vorbehalten
4., unveränderte Auflage 2014

"Der Tanz um den Gewinn" erschien zwischen 2004 und 2012 in drei Auflagen im Verlag für Sozialökonomie - Gauke GmbH, Kiel.
Grafiken (nach Entwürfen des Autors): Karsten Schomaker
Layout: Sebastian Feucht
Titelgrafik: Andreas Raub

ISBN 978-3-7316-1086-1

INHALT

SEITE

Vorwort zur 3. Auflage

Mir scheint, dass die Inhalte dieses Buches mit der sich zuspitzenden Weltfinanzkrise von Tag zu Tag aktueller werden. Das Titelbild dieses Buches zeigte schon in der 1. Auflage von 2004 im Goldenen Kalb symbolisch einen starken Anstieg des Deutschen Aktienindex DAX mit anschließendem Kurssturz und dies zu einer Zeit, als die meisten Börsenteilnehmer noch vom Börsenfieber steigender Kurse erfasst waren. Inzwischen wissen wir, dass der Absturz weltweit eingetreten ist in einem Ausmaß, von dem die meisten Wirtschaftsexperten und Politiker völlig überrascht wurden. Kapitel D („Börsenfieber und kollektiver Wahn") und meine darin abgeleitete These vom bevorstehenden Super-Gau des Weltfinanzsystems mag manchem Leser als maßlos übertrieben erschienen sein, aber sie lag offenbar deutlich näher an der Realität als die neoliberale Schönfärberei von Globalisierung und Liberalisierung der Finanzmärkte zum angeblich Besten aller.

Die viel kritisierte Gier der Manager, die mangelnde Transparenz der Finanzmärkte oder die weit verbreiteten Bilanzfälschungen von Banken und Investmentfonds zur Verschleierung der tatsächlichen Risiken oder faulen Kredite sehe ich nicht als Ursachen, sondern als Folgen der tiefer liegenden Struktur und Dynamik des Zinssystems und der Geldschöpfung und des dadurch bedingten „monetären Stauungsdrucks", der zu immer leichtfertigerer Kreditvergabe drängt. Kapitel B „Kontroversen um das Geld" insbesondere die Kontroversen um die bisherige Praxis der Geldschöpfung durch Zentralbanken und private Geschäftsbanken dürfte durch die aktuelle Zuspitzung der Krise mehr und mehr an Bedeutung für die öffentliche Diskussion gewinnen.

Es ist zu hoffen, dass die Diskussion mit dazu beitragen wird, die grundlegenden Fragwürdigkeiten und Instabilitäten des bestehenden Geldsystems zu erkennen und wirksam zu korrigieren. Die bisher ergriffenen Maßnahmen zur Krisenbekämpfung (wie Rettungsschirme für angeschlagene Banken oder die Abwrackprämie zur Steigerung der Auto-Nachfrage) scheinen mir mehr oder weniger hilfloser Aktionismus zu sein, der den tiefer liegenden Strukturfehlern des Geldsystems ausweicht   und zudem mit problematischen Risiken und Nebenwirkungen einher geht, die weitgehend verschwiegen werden.

Immerhin ist deutlich geworden, dass die bisherigen Bilanzierungsregeln im Finanzsystem ein völlig verzerrtes Bild von der Realität tatsächlicher Risiken und Entwertungen vermittelt haben und grundlegend geändert werden müssen. Dass aber auch die Grundlagen der Kosten- und Gewinnermittlung im Bereich der Realwirtschaft verzerrt sind und den sozialen und ökologischen Raubbau gewinnorientierter Produktion nicht nur verschleiern, sondern seit etwa 200 Jahren systematisch hervor treiben, ist immer noch weitgehend kollektiv verdrängt. Kapitel A („Der Tanz um den Gewinn") will dazu beitragen, auch diese kollektive Verdrängung im Sinne einer „Tiefenökonomie" aufzulösen und Grundlagen zu schaffen für ein

Wirtschaften im Einklang mit Mensch und Natur – anstatt gegen sie.

Berlin im April 2009 *Bernd Senf*

A Der Tanz um den Gewinn
Von der Besinnungslosigkeit zur Besinnung der Ökonomie

1 Warum dreht sich alles um den Gewinn?

Nach dem Zusammenbruch der sozialistischen Systeme und dem Siegeszug des Neoliberalismus gibt es weltweit offenbar nur noch eine „ökonomische Vernunft": die Liberalisierung aller Märkte. Sie soll dem „freien Spiel der Kräfte zwischen Angebot und Nachfrage" immer mehr Raum geben und immer mehr Bereiche von Wirtschaft und Gesellschaft diesem Prinzip unterwerfen. „Globalisierung", „Deregulierung", „Privatisierung", „Flexibilisierung" und „strukturelle Reformen" sind nur einige der Schlagworte, mit denen mittlerweile so ungefähr jede soziale und ökologische Forderung in ihre ökonomischen Schranken verwiesen und mehr oder weniger erschlagen wird.[1] Die meisten politischen Parteien und die meisten Medien sind inzwischen – bei allen Kontroversen und bei aller scheinbaren Meinungsvielfalt – in Bezug auf diese Schlagworte auf den gleichen Chor eingestimmt, und große Teile der Weltwirtschaft und Weltgesellschaft singen und tanzen mit: den Tanz ums goldene Kalb „Gewinn". Als wären sie alle von Sinnen – denn kaum jemand fragt noch nach dem Sinn oder Unsinn, der sich darin ausdrückt oder verbirgt.

Der privatwirtschaftliche Gewinn ist die wesentliche Orientierungsgröße, um die sich letztendlich alles dreht, auf die sich das Wirtschaften ganzer Länder und Völker ausrichtet oder ausgerichtet wird – so wie die Kompassnadeln auf den magnetischen Nordpol. Gewinn oder Verlust sind – mindestens bei Privatunternehmen – auf längere Sicht gleichbedeutend mit gesund oder krank mit gut oder schlecht. Dabei geht es nicht nur darum, überhaupt einen Gewinn zu erzielen, er muss vielmehr möglichst hoch ausfallen – im Verhältnis zu bestimmten Bezugsgrößen wie dem Eigenkapital, dem Gesamtkapital oder dem Umsatz eines Unternehmens. Entsprechend gibt es eine Vielzahl von Kennziffern, die die jeweilige „Rentabilität" oder „Rendite" oder den „shareholder value" (den Wert aus der Sicht der Anteilseigner) ausdrücken. Aber all diese Unterscheidungen ändern an dem einen wesentlichen Prinzip nichts: Es sollen und müssen jedes Jahr möglichst hohe Gewinne erzielt werden.

Unternehmen, die über längere Zeit Verluste machen, haben ihre Existenzberechtigung verloren, es sei denn, sie werden saniert, also gesund gemacht, damit sie alsbald wieder Gewinne erwirtschaften. Die Meßlatte für die Bereitstellung von Kapital durch die internationalen Finanzmärkte liegt mittlerweile sehr hoch: Es müssen Renditen sein, die sich im globalen Vergleich mit Zehntausenden anderer Geldanlagemöglichkeiten jederzeit messen können. Sonst werden die Unternehmen von den Märkten abgestraft: mit Kursverfall ihrer Aktien und dem Abschneiden von weiterem Kapitalzufluss. Oder sie werden von anderen Unternehmen geschluckt und im Hinblick auf gewinnträchtige Teile ausgeschlachtet, während der Rest abgetrennt oder stillgelegt wird.

Was ist das für eine Zielgröße, dass sich mittlerweile das Wirtschaften fast in der ganzen Welt an ihr ausrichtet – und indirekt sogar wachsende Bereiche der Gesellschaft, nämlich all jene, die sich aus kommerzieller Werbung finanzieren (wie Medien, Sport usw.) oder die anderweitig mit kommerziellen Interessen verwoben sind (wie Wissenschaft, Kultur und Politik)? Welche geballte Weisheit liegt in ihr verborgen oder kommt in ihr zum Ausdruck, dass sie einen derart weit reichenden Einfluss auf Milliarden von Menschen auf dieser Erde ausübt und so viele in ihren Bann zieht?

Wenn sich die Gesellschaften zu großen Teilen dieser Zielgröße verschrieben haben oder auf sie eingeschworen sind, dann sollte eigentlich der Frage nach der Aussagekraft von Gewinnen allerhöchste Priorität zukommen, und sie sollte überall diskutiert werden: in den Schulen, den Universitäten, in den Medien, in der Politik, in den Kirchen, den Gewerkschaften, in den Familien und unter Freunden. Denn schließlich haben die Menschen doch ein Anrecht darauf zu erfahren und zu verstehen, warum sich alle mit wachsender Geschwindigkeit in eine bestimmte Richtung bewegen. Besonders intensiv müsste diese Frage in den Wirtschaftswissenschaften behandelt werden, im Studium der Betriebswirtschafts- und Volkswirtschaftslehre und in den entsprechenden wissenschaftlichen Diskussionen, Forschungen und Veröffentlichungen. Denn sie berührt schließlich die Grundlagen der Ökonomie.

Die Realität sieht indes ganz anders aus. Die Aussagekraft von Gewinnen (und der daraus abgeleiteten Kennziffern) über den Horizont der einzelnen Unternehmen hinaus (zum Beispiel unter gesamtwirtschaftlichen, gesellschaftlichen und ökologischen Gesichtspunkten) wird kaum irgendwo hinterfragt. Es scheint offenbar längst alles geklärt und bewiesen zu sein: „Gewinne sind gut, Verluste sind schlecht". Aber warum eigentlich? Diese Frage wird höchstens noch einem naiven Kind zugebilligt (ohne dass es darauf eine plausible Antwort bekommen wird), aber doch keinem vernünftigen Erwachsenen! Ich will sie dennoch stellen und nach verständlichen Antworten suchen, und es wird sich sehr bald zeigen, dass dadurch einiges ins Wanken kommt. Schritt für Schritt wird nämlich dabei deutlicher werden, dass viele der globalen Fehlentwicklungen ihre tiefere Ursache in problematischen Grundbegriffen der Ökonomie haben, mit denen sich die Wirtschaftsinteressen verkleiden. Wie war das doch gleich mit des Kaisers neuen Kleidern? Oder eben mit dem Tanz ums goldene Kalb? Oder mit den Lemmingen, die alle wie besessen im „mainstream" mit rennen – immer schneller und schneller dem Abgrund entgegen, bis sie alle im Meer ersaufen?

1.1   Gewinnorientierung und Privateigentum

Zunächst einmal soll verdeutlicht werden, warum die Erwirtschaftung von Gewinnen für private Unternehmen im Rahmen kapitalistischer Marktwirtschaft eine solch große Bedeutung hat. Allem voran hat sie es ja deshalb, weil sich die Unternehmen die entstandenen Gewinne (nach Abzug von Gewinnsteuern) aneignen und frei über sie verfügen können. Die Gewinne gehören also dem Unternehmen (bzw. den Unternehmern oder Anteilseignern), und sie entscheiden auch über deren Verwendung. Dieser Tatbestand scheint ganz natürlich zu sein, ist es aber durchaus nicht. Er hängt vielmehr untrennbar zusammen mit dem Privateigentum an Produktionsmitteln und mit dem besonderen Eigentumsbegriff der bürgerlichen Gesellschaft, wie er in den bürgerlichen Gesetzbüchern der ganzen marktwirtschaftlich-kapitalistischen Welt verankert ist.

Im 20. Jahrhundert hat es in den sozialistischen Ländern des „Ostblocks" immerhin andere Wirtschafts- und Gesellschaftssysteme gegeben (und sie gibt es in Restbeständen immer noch), wo die in den Betrieben entstandenen Gewinne nicht den Betrieben selbst gehörten, sondern (mindestens zum großen Teil) an übergeordnete Planungsinstanzen abgeführt werden mussten. Die sozialistischen Betriebe konnten demnach im Großen und Ganzen nicht über die Gewinne verfügen und über ihre Verwendung selbst entscheiden. Dies war Ausdruck grundsätzlich anderer Eigentumsverhältnisse, in denen es kein Privateigentum an Produktionsmitteln gab, sondern „Staatseigentum" oder „gesellschaftliches Eigentum".

Auch im Feudalismus gab es noch nicht den bürgerlichen Eigentumsbegriff. Die ökonomische Struktur des Feudalsystems mit der Herrschaft der Großgrundbesitzer über die leibeigenen Bauern war eine grundsätzlich andere als die des Kapitalismus. Und den Subsistenzwirtschaften, die sich – als Stammesgesellschaften – auf der Grundlage lokaler Ressourcen selbst versorgten und dabei gemeinschaftlich produzierten, waren Gewinnorientierung und Privateigentum, aber auch die Leibeigenschaft völlig fremd. Der bürgerliche Eigentumsbegriff ist in seiner gesetzlichen Verankerung gerade mal zweihundert Jahre alt und geht zurück auf den Code Napoleon, das erste bürgerliche Gesetzbuch, das zur Vorlage für alle weiteren bürgerlichen Gesetzbücher der ganzen Welt wurde.

Der Hinweis auf andere nicht-kapitalistische Produktionsweisen der Menschheit erscheint mir wichtig, weil viele Menschen sich überhaupt nicht mehr vorstellen können, dass Wirtschaften anders als auf der Grundlage von Privateigentum, Gewinnorientierung und Marktwirtschaft erfolgen kann. Die in der Wirtschaftswissenschaft wieder vorherrschende Theorie der „Neoklassik", die in ihren abstrakt-mathematischen und unhistorischen Modellen (unausgesprochen) von der Naturgegebenheit der bestehenden Eigentumsverhältnisse ausgeht, trägt noch zur Verfestigung dieses Bildes bei. Durch sie wird mittlerweile weltweit das Denken von Millionen von Wirtschaftsstudenten und Wirtschaftsexperten geprägt, die ihrerseits einen enormen Einfluss auf die öffentliche Meinung in Sachen Ökonomie haben.

1.2   Die kapitalistische Konkurrenz: Zuckerbrot und Peitsche

Kommen wir zurück auf die Ausgangsfrage, warum sich die Unternehmen in kapitalistischen Systemen am Gewinn orientieren. Die Antwort lautete: weil sie darüber verfügen können. Der Gewinn kann zum Beispiel ausgeschüttet oder einbehalten werden, er kann konsumiert oder investiert werden. Er wirkt insofern wie ein Anreiz, er ist das Zuckerbrot, mit dem das Unternehmen in Bewegung gehalten wird. Das Nebeneinander oder Gegeneinander der Unternehmen im Rahmen kapitalistischer Konkurrenz lässt sich anschaulich mit einem abwärts laufenden Band darstellen *(Abbildung 1)*.

Indem sie sich mit ihren wirtschaftlichen Aktivitäten schneller oder langsamer aufwärts in Richtung Gewinn bewegen, erzeugen sie selbst die Abwärtsbewegung des Bandes unter ihren Füßen. Wer unter diesen Bedingungen glaubt, einfach nur stehen bleiben und damit seinen Stand zu halten zu können, wird unweigerlich auf den Abgrund zugetrieben – und der Absturz heißt „Konkurs" oder "Insolvenz". Um also dieser drohenden Gefahr zu entgehen, muss sich die bedrohte Figur ebenfalls aufwärts bewegen, und das heißt: Gewinne erwirtschaften und

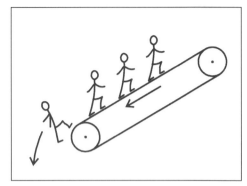

Abbildung 1: Der Antrieb der Konkurrenz: Die Unternehmen als Treibende und Getriebene.

möglichst auch investieren, zum Beispiel in neue Technologien, um am Markt mit dem Tempo der anderen mithalten zu können oder sie gar zu überholen.

Das einzelne Unternehmen ist also nicht nur gezogen vom Anreiz des Gewinns, sondern auch getrieben vom Druck drohender Verluste und drohende Insolvenz. Gewinn und Verlust wirken zusammen wie Zuckerbrot und Peitsche und halten die Unternehmen auf Trab bzw. bringen sie auf Galopp. Stillstand bedeutet für sie Rückschritt und Untergang. „Innovation" heißt die Zauberformel für ihre Existenzsicherung, und Gewinne sind die dafür notwendige Voraussetzung. Auch für die Gewährung von Krediten durch Banken und für die Neuemission von Aktien zur Beschaffung zusätzlichen Kapitals sind die bisherigen und die künftig zu erwartenden Gewinne eines Unternehmens von ausschlaggebender Bedeutung.

Damit sollte die enorme Bedeutung des Gewinns bzw. der Rentabilität für Privatunternehmen im Kapitalismus deutlich geworden sein. Fragen wir also weiter, wodurch der Gewinn überhaupt entsteht und was in ihm zum Ausdruck kommt – und welche Entwicklungstendenzen sich nicht nur für das einzelne Unternehmen, sondern auch auf gesamtwirtschaftlicher, gesellschaftlicher und ökologischer Ebene durch die Gewinnorientierung ergeben.

Rein rechnerisch ergibt sich der einzelwirtschaftliche Gewinn aus der Differenz zwischen (Umsatz-) und Kosten, und zwar dann, wenn die Erlöse die Kosten übersteigen *(Abbildung 2)*. Die Kosten entstehen aus dem Einsatz einer Reihe von Einsatzfaktoren, deren Mengen mit ihren jeweiligen Preisen multipliziert werden (Menge x Preis). Die Erlöse entstehen aus dem Verkauf oder Absatz der Produkte (ebenfalls Menge x Preis). Die Preise sowohl der Einsatzfaktoren wie der Produkte ergeben sich in einer Marktwirtschaft im wesentlichen an den jeweiligen Märkten (Marktpreise), und die Unternehmen müssen sich selbst um den Bezug ihrer Einsatzfaktoren und um den Absatz ihrer Produkte kümmern.

Die Konsequenzen, die im Kapitalismus an die Entstehung von Gewinnen oder Verlusten geknüpft sind, werden noch

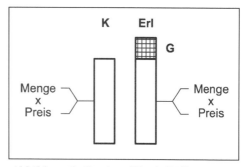

Abbildung 2: Gewinn (G) als Differenz zwischen Erlösen (Erl) und Kosten (K).

einmal in *Abbildung 3* veranschaulicht: Im einen Fall von Gewinn hat das Unternehmen seinen Kopf über Wasser und freut sich, im anderen Fall drückt der Verlust seinen Kopf unter Wasser, und ihm geht mehr oder weniger schnell die Luft aus.

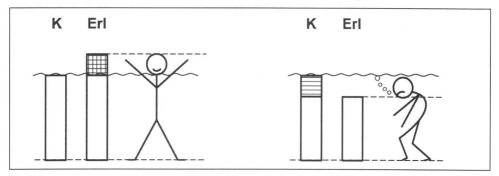

Abbildung 3: Bei Gewinn hat das Unternehmen den Kopf über Wasser, bei Verlust droht es zu ertrinken.

2 Verzerrte Aussagekraft von Gewinnen im Sozialismus

In sozialistischen Systemen gab es hingegen (fast) keine Privatunternehmen, sondern staatliche Betriebe oder Kombinate. Auch bei ihnen entstand ein Gewinn oder Verlust, und rein formal war dies ebenfalls die Differenz zwischen Erlösen und Kosten, aber inhaltlich war es etwas völlig anderes. Das lag daran, daß sowohl die Bedingungen der Gewinnentstehung als auch der Gewinnverwendung grundsätzlich andere waren als im Kapitalismus. Denn sowohl die Mengen als auch die Preise der Einsatzfaktoren und der hergestellten Produkte wurden den Betrieben im Wesentlichen von einer zentralen Planbehörde vorgegeben. Entsprechend brauchten sie sich weder um den Bezug noch um den Absatz zu kümmern, denn beides wurde von der zentralen Planung organisiert.

Dadurch konnte es dazu kommen, dass die Faktorpreise eines Betriebs im Rahmen der staatlichen Preisplanung niedriger und die Produktpreise höher angesetzt wurden als vorher – und dass dennoch die Abnahme der Produkte von der Planbehörde garantiert war. Allein durch eine derart veränderte Preisplanung fiel der entstandene Gewinn höher aus als vorher, ohne dass der Betrieb seinerseits zu dieser Gewinnsteigerung irgendetwas beigetragen hätte. Das gleiche galt natürlich auch umgekehrt, wenn die Faktorpreise relativ höher und die Produktpreise relativ niedriger geplant wurden und es allein dadurch zu Verlusten kam.

Unter solchen Bedingungen war die Aussagekraft von Gewinnen und Verlusten natürlich sehr gering, denn sie spiegelten zum Teil nur wider, was die zentrale Planung an Mengen- und Preisvorgaben geplant hatte, während die betriebliche Leistung darin nicht unmittelbar zum Ausdruck kam. Bei gleicher betrieblicher Leistung konnte es zu mehr oder weniger hohen Gewinnen oder Verlusten kommen, je nachdem wie die Struktur der zentral geplanten Mengen und Preisen war. Insofern war es in gewisser Weise auch schlüssig, dass an das Eintreten von Gewinnen oder Verlusten nicht derart gravierende Konsequenzen wie in marktwirtschaftlich-kapitalistischen Systemen geknüpft waren: Weder waren die Gewinne ein Zuckerbrot noch waren die Verluste eine Peitsche für die sozialistischen Betriebe. Denn die Betriebe durften über die entstandenen Gewinne nicht selbst verfügen (außer in bestimmten Reformperioden) – sie mussten sie vielmehr an eine übergeordnete Planungsinstanz abführen. Damit war auch die Gewinnverwendung grundsätzlich anders geregelt als im Kapitalismus. Und bei Verlusten drohte ihnen kein Konkurs; vielmehr wurden Verluste von der Planbehörde durch Mittelzuwendung ausgeglichen.

Wenn aber der Gewinn keinen Anreiz und der Verlust keinen Druck ausübte, hatte dies erhebliche Auswirkungen auf die Motivation der Betriebe bzw. der darin arbeitenden Menschen – wenn nicht an die Stelle materiellen Anreizes oder Drucks andere Beweggründe traten. In den sozialistischen Systemen kam es deshalb weit verbreitet dazu, dass Arbeitsmotivation und Arbeitstempo im Vergleich zu kapitalistischen Systemen im Durchschnitt deutlich geringer waren – und damit auch die Produktivität der Gesamtwirtschaft. Hinzu kam, dass die verzerrte Aussagekraft der Gewinne und Verluste und der daraus abgeleiteten Kennziffern für viel Desorientierung sorgte und die Ressourcen oft in falsche Bahnen lenkte, wo sie verschwendet oder relativ wirkungslos eingesetzt wurden. Wie sollen auch die richtigen Wege gefunden werden, wenn die entscheidenden Wegweiser nicht hinreichend klar sind oder gar in die falsche Richtung weisen? Dies gilt für den Wanderer ebenso wie für eine ganze Volkswirtschaft. Auf der Grundlage verzerrter Kennziffern und gedämpfter Motivation führen die Wege in die Unproduktivität und zu entsprechenden Versorgungsmängeln, weil insgesamt weniger zu verteilen ist.

An dieser geringen Produktivität im Vergleich zum Kapitalismus und an der Starrheit ihrer bürokratischen Strukturen sind die meisten sozialistischen Systeme schließlich zugrunde gegangen. Bis es dazu kam, gab es einen jahrzehntelangen kalten Krieg mit ideologischen Waffen zwischen Ost und West, der von westlicher Seite unter anderem nach dem Motto „Marktwirtschaft gut – Planwirtschaft schlecht!" geführt wurde. Und entgegen aller Verklärung sozialistischer Systeme, wie sie auch lange Zeit von großen Teilen der westlichen Linken betrieben wurde, hatte die von Konservativen und Liberalen propagierte Kritik sozialistischer Planwirtschaft in vieler Hinsicht ihre Berechtigung: Die wesentlichen Zielgrößen und Kennziffern des Wirtschaftens in sozialistischen Systemen waren in extremer Weise verzerrt und konnten weder einen brauchbaren Kompass noch einen hinreichenden Antrieb für wirtschaftlich sinnvolles Handeln abgeben.

Mit dem Zusammenbruch der sozialistischen Systeme schien nicht nur der theoretische, sondern auch der historische Beweis für die Überlegenheit der kapitalistischen Marktwirtschaft erbracht zu sein. Den meisten linken Kritikern des Kapitalismus und den Bewunderern des Sozialismus aus Ost und West verschlug es erst einmal über Jahre hinweg die Sprache. Gibt es demnach also doch nur eine ökonomische Vernunft, nämlich diejenige der kapitalistischen Marktwirtschaft? Sind die Marktmechanismen und das „freie Spiel der Kräfte von Angebot und Nachfrage" doch die wirksamsten Mittel für einen weltweit wachsenden allgemeinen Wohlstand? Ist es tatsächlich richtig, „den Märkten" das größte Gewicht bei der gesellschaftlichen Zielfindung und bei der Gestaltung von Politik einzuräumen? Welche Weisheit kommt denn in den Märkten und in den dort erzielten Gewinnen zum Ausdruck?

3 Die Aussagekraft von Gewinnen im Kapitalismus

Wenn man den Gewinn in seiner Aussagekraft verstehen will, muss man ihn in seine einzelnen Bestandteile auflösen und herausarbeiten, was sich in ihnen jeweils verbirgt. Damit wir uns aber nicht im Detail verlieren, soll immer wieder der Blick für das Ganze geöffnet werden, nämlich für die vom einzelwirtschaftlichen Gewinn ausgehenden gesamtwirtschaftlichen, gesellschaftlichen und ökologischen Folgen. Führen die einzelwirtschaftlichen Gewinne auch zur Realisierung des jeweils übergeordneten Ziels, oder geraten sie eher in Konflikt zu ihnen?

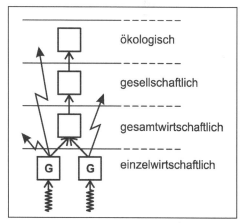

Abbildung 4 veranschaulicht dazu verschiedene denkbare Möglichkeiten. Auf einzelwirtschaftlicher Ebene wird am Beispiel zweier Unternehmen jeweils die Triebfeder angedeutet, die die Unternehmen auf den Gewinn hin treibt. Die geraden Pfeile bedeuten, dass sich die untergeordneten Ziele des Gewinns jeweils im Einklang mit den übergeordneten Zielen auf gesamtwirtschaft-

Abbildung 4: Harmonie oder Konflikt zwischen einzelwirtschaftlicher Gewinnorientierung und übergeordneten Zielen?

licher, sozialer und ökologischer Ebene befinden, wohingegen die Blitze einen Konflikt zwischen dem Gewinn und den anderen Zielebenen ausdrücken. Im vorliegenden Beitrag werden wir den Gewinn nur von der Kostenseite her aufrollen und in seine wesentlichen Bestandteile zerlegen. (Das Aufrollen von der Erlösseite her wäre eine zusätzliche Aufgabe.) Wir unterscheiden dabei zwischen den Kosten für Maschinen (Ma), Material (Mat), Arbeit (A) und Finanzierung (F). *(Abbildung 5)*

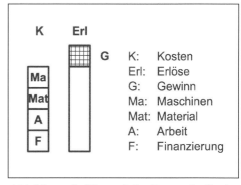

Abbildung 5: Wesentliche Bestandteile der Kosten

3.1 Maschinenkosten und (kalkulatorische) Abschreibungen – das Prinzip der Bestandserhaltung

Nehmen wir im Folgenden die Maschinenkosten etwas genauer unter der Lupe *(Abbildung 6)*. Mit der Verbuchung der Maschinenkosten wird der Tatsache Rechnung getragen, dass sich der Wert der Maschinen und Produktionsanlagen (das so genannte Anlagevermögen) im Laufe eines Jahres durch Abnutzung mehr oder weniger vermindert. Angenommen, eine Maschine koste zum Zeitpunkt ihrer Anschaffung einen Geldbetrag von 100, und ihre voraussichtliche Nutzungsdauer (die merkwürdigerweise „Lebensdauer" genannt wird) werde auf fünf Jahre geschätzt. Nehmen wir außerdem den denkbar einfachsten Fall an, dass sich die tatsächliche Entwertung der Maschine jährlich um den gleichen Betrag vollziehe, nämlich um ein Fünftel der Anschaffungskosten *(Abbildung 7)*.

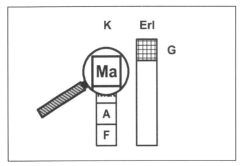

Abbildung 6: Die Maschinenkosten werden unter die Lupe genommen.

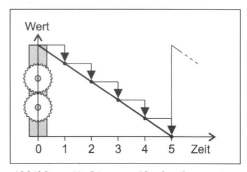

Abbildung 7: Lineare Abschreibung einer Maschine bei einem Anschaffungswert von 100 und einer Nutzungsdauer von 5 Jahren.

Die entsprechenden Beträge, die jährlich für die Abnutzung und Entwertung der Maschine als Kosten verbucht werden, nennt man „Abschreibungen". Wenn die Entwertung – wie im vorliegenden Beispiel – als gerade Linie erscheint, spricht man von „linearer Abschreibung". Die Verteilung der Kosten über fünf Jahre erscheint sinnvoll, weil die Maschine ja auch über die gesamte Dauer genutzt wird. Würde man demgegenüber ihre Anschaffungskosten vollständig im ersten Jahr verbuchen und in den folgenden vier Jahren gar nicht mehr berücksichtigen, dann ergäbe sich ein sehr verzerrtes Bild: Denn allein dadurch würden in unserem Beispiel hohe Verluste entstehen, in den folgenden vier Jahren hingegen relativ hohe Gewinne *(Abbildung 8)*.

Es hätte dann den Anschein, als hätte das Unternehmen im ersten Jahr schlecht und im zweiten bis fünften Jahr gut gewirtschaftet, was aber nach unseren Voraussetzungen gar nicht der Fall ist. Um eine solche verzerrte Aus-

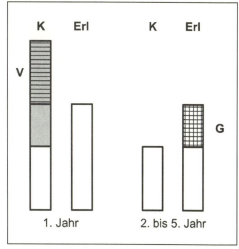

Abbildung 8: Würden die Anschaffungskosten der Maschine vollständig im 1. Jahr verbraucht, ergäbe sich ein verzerrtes Bild: Verlust (V) im 1. Jahr und überhöhte Gewinne im 2. bis 5. Jahr.

sagekraft von Gewinn und Verlust, eine solche Täuschung und Selbsttäuschung des Unternehmens zu vermeiden, macht es also Sinn, die Abschreibungen entsprechend der tatsächlichen Abnutzung und Entwertung der Maschine als Kosten zu verbuchen – in unserem Beispiel mit jährlich gleichen Beträgen. Von Gewinnen kann demnach erst dann die Rede sein, wenn die Erlöse (neben den anderen Kosten) auch die jährlichen Abschreibungen mit abdecken und darüber hinaus noch ein Überschuss erzielt wird.

Neben der möglichst realitätsgerechten Bewertung der Abnutzung erfüllen die Abschreibungen noch eine weitere Funktion: Wenn nämlich von den jährlichen Erlösen jeweils in Höhe der Abschreibungen Mittel zurückgelegt werden, dann stehen dem Unternehmen am Ende der Nutzungsdauer genügend Mittel zur Verfügung, um die abgenutzte Maschine durch eine entsprechende neue Maschine zu ersetzen, um also eine „Ersatzinvestition" vorzunehmen. Voraussetzung dafür ist natürlich, daß die Wiederbeschaffungskosten der neuen Maschine die gleichen sind wie die Anschaffungskosten. Wir wollen uns hier auf diesen denkbar einfachsten Fall beschränken.

In der Betriebswirtschaftslehre werden freilich auch kompliziertere Varianten durchgespielt und zusätzliche Faktoren berücksichtigt, zum Beispiel eine nichtlineare Entwertung, eine jährliche Verzinsung der Abschreibungen, ein Anstieg der Wiederbeschaffungskosten durch Inflation oder technische Veränderungen, durch die die Maschine ganz anders aussehen und andere Funktionen erfüllen kann. Aber wir wollen uns hier auf den für unseren Zusammenhang wesentlichen

Kern der Abschreibungen konzentrieren. und der besteht in folgendem: Durch Abschreibungen wird dem Prinzip der Bestandserhaltung des Produktionsapparats Rechnung getragen (im wahren Sinne des Wortes). Man könnte insofern auch von einer „Maschinen-Bestandssicherung" sprechen. Bevor nicht der sich abnutzende Bestand an Maschinen und Produktionsanlagen durch Ersatzinvestitionen immer wieder hergestellt wird. kann von Gewinn nicht gesprochen werden. Es geht also bei den Abschreibungen letztlich um die Wiederherstellung der Produktionsgrundlagen, um die „Reproduktion des Produktionsapparats" – und damit auch um die Substanzerhaltung des Unternehmens.

Dieses Prinzip im Rechnungswesen eines Unternehmens in der Ermittlung der Kosten und des Gewinns zu verankern. erscheint äußerst sinnvoll. Die Verbuchung der Abschreibungen zu unterlassen und dadurch höhere Gewinne erscheinen zu lassen. wäre grob fahrlässig und käme einer Täuschung und Selbsttäuschung gleich. Denn der so berechnete Gewinn hätte dann ja zum Teil seine Grundlage darin, daß die Wertverluste des Produktionsapparats unterschlagen und ein Ansammeln von Mitteln für spätere Ersatzinvestitionen versäumt wurden. Das böse Erwachen für das Unternehmen käme spätestens dann. wenn die Maschine am Ende ihrer Nutzungsdauer angelangt ist und keine Mittel zur Wiederbeschaffung einer entsprechenden Maschine vorhanden sind. Dann würde sich der über Jahre hinweg ermittelte (und vielleicht auch schon längst ausgeschüttete) Gewinn nachträglich als Illusion erweisen, als ein verzerrtes Abbild der Realität. Und diejenigen, die sich in ihrem Handeln und Entscheiden an dieser Illusion orientiert haben. müssten erkennen, dass sie einem teilweisen Realitätsverlust erlegen sind.

Um dies zu vermeiden. erscheint es also als geradezu geboten, dass das Unternehmen nach bestem Wissen und Gewissen die tatsächliche Entwertung des Produktionsapparats durch „kalkulatorische Abschreibungen" angemessen erfasst und als Kosten verbucht – zum Zweck der Maschinen-Bestandssicherung. Dass es in der Realität immer wieder auch Unsicherheiten gibt, zum Beispiel über die tatsächliche Nutzungsdauer oder die Wiederbeschaffungskosten einer Maschine. ist zum Teil unvermeidlich. Aber im Großen und Ganzen. auf Dauer und im Durchschnitt versucht das Unternehmen. dem Prinzip der Substanzerhaltung. der Reproduktion der Maschinen so realitätsgerecht wie möglich in seiner Kosten- und Gewinnermittlung Rechnung zu tragen. Von den so ermittelten tatsächlichen Kosten und Gewinnen erfährt allerdings weder die Öffentlichkeit noch das Finanzamt etwas. Die Wahrheit bleibt vielmehr Betriebsgeheimnis. Für die Öffentlichkeit wird eine davon abweichende „Handelsbilanz" erstellt – und für das Finanzamt eine davon abweichende „Steuerbilanz".

Exkurs: Steuerliche Abschreibung, Steuerersparnis und verdeckte Umverteilung

Die steuerlichen Abschreibungen sind von den bisher behandelten kalkulatorischen Abschreibungen grundsätzlich zu unterscheiden. Dem Finanzamt wird nämlich in Form der Steuerbilanz ein anderes Rechenwerk vorgelegt als dasjenige, was die Unternehmen nach bestem Wissen und Gewissen für interne Zwecke ermittelt haben. Denn die Steuergesetzgebung erlaubt bis zu einem gewissen Grade und innerhalb gesetzlich geregelter Grenzen bestimmte Abweichungen der Bewertung – auch des Produktionsapparats und seiner Abnutzung. Der Hauptzweck dieser Übung aus der Sicht des Unternehmens liegt in der Steuerersparnis, das heißt in der Minderung der Steuerschuld gegenüber dem Staat. Das Grundprinzip dieser Art von Steuerersparnis soll im Folgenden erläutert werden.

Angenommen, die tatsächliche Entwertung vollziehe sich linear, während dem Finanzamt gegenüber eine „degressive Abschreibung" geltend gemacht wird. Das bedeutet, dass in der Steuerbilanz in den ersten Jahren eine höhere steuerliche Abschreibung angesetzt werden kann, als dem tatsächlichen Werteverzehr entspricht und dass die Abschreibungsbeträge von Jahr zu Jahr abnehmen *(Abbildung 9)*.

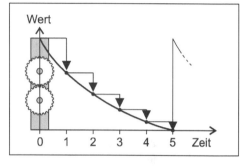

Abbildung 9: Degressive Abschreibung: im 1. Jahr erscheinen die Kosten höher, als sie tatsächlich sind.

Dadurch werden in den ersten Jahren höhere Kosten ausgewiesen, als dem Unternehmen tatsächlich entstanden sind, wodurch der in der Steuerbilanz ausgewiesene Gewinn niedriger erscheint, als er tatsächlich ist. Dieser falsche Schein hat aber sehr reale Konsequenzen. Denn die Gewinnbesteuerung setzt nicht am tatsächlichen Gewinn, sondern an dem in der Steuerbilanz ausgewiesenen Gewinn an. Und wenn letzterer gemindert oder gar zum Verschwinden gebracht wird, vermindert sich auch die Steuerschuld *(Abbildung 10)*. Das Resultat ist also eine Steuerersparnis, und das heißt auch: die tatsächlichen Gewinne nach Steuerabzug fallen höher aus, als sie bei realitätsgerechter Besteuerung ausgefallen wären. Für das Unternehmen ist diese Steuerersparnis und Gewinnerhöhung natürlich eine feine Sache, für den Staatshaushalt bedeutet sie allerdings einen Ausfall an Steuer-

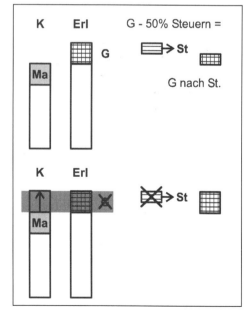

Abbildung 10: Gewinnverschleierung und Steuerersparnis durch überhöhte Abschreibungen.

einnahmen, der letztlich durch andere Steuerzahler (die über keine entsprechenden Möglichkeiten der Steuerersparnis verfügen) ausgeglichen werden muß.

Dem durch degressive Abschreibung entstehenden Steuervorteil in den ersten Jahren scheint aber ein entsprechender Steuernachteil in den späteren Jahren gegenüber zu stehen. Denn die noch verbleibenden Abschreibungsbeträge werden ja von Jahr zu Jahr geringer, und also werden auch die ausgewiesenen Kosten niedriger und der ausgewiesene Gewinn höher, als sie tatsächlich sind. Demnach müssten doch in den späteren Jahren sogar höhere Steuern anfallen, so dass der Vorteil heute durch den Nachteil morgen wieder aufgehoben würde.
Auf diesen Einwand ist aber folgendes zu entgegnen:

Die Steuerersparnis in den ersten Jahren verschafft dem Unternehmen mindestens einen Zinsgewinn, denn dieses Geld könnte in der Zeit zinsbringend angelegt werden. Darüber hinaus könnte das Unternehmen – bevor die steuerlich ausgewiesenen Gewinne anzusteigen drohen – zusätzliche Investitionen vornehmen und dafür erneut hohe steuerliche Abschreibungen geltend machen, um auf diese Weise die Steuerschuld immer wieder herunter zu drücken. Was dadurch geschieht, ist ein Anwachsen von Produktivvermögen in der Hand der Eigentümer oder Anteilseigner – auf undurchsichtige Art finanziert durch die anderen Steuerzahler, eine Vermögensvermehrung in der Hand weniger auf Kosten der großen Mehrheit. Die steuerlichen Abschreibungen sind demnach ein Instrument der verdeckten Umverteilung von unten nach oben – eine Art Sozialhilfe für die Reichen.

Im Grunde handelt es sich bei der Erstellung der Steuerbilanz um eine Art Bilanzfälschung, nur dass sie im Rahmen der steuerrechtlich eingeräumten Bewertungsspielräume und Sonderabschreibungen legal ist. Es stellt sich somit das merkwürdige Bild dar, dass die Wahrheit über den Gewinn eines Unternehmens Betriebsgeheimnis bleibt, während die Steuerbilanz eine legalisierte Abweichung von der Wahrheit ist. Normalerweise nennt man so etwas „Lüge".

So wundert es nicht, dass sich gerade die Reichen unter Ausnutzung legaler Steuertricks und Abschreibungsvergünstigungen der Steuer und damit der Finanzierung öffentlicher Leistungen weitgehend entziehen, während sie gleichzeitig immer mehr Vermögen als Quellen zusätzlicher Einkommen anhäufen. Natürlich kann eine Gesellschaft sich dazu entschließen, bestimmte Gruppen zu subventionieren. In einer Demokratie sollten allerdings die dafür eingesetzten Methoden durchsichtig sein, und die Rechnung dafür sollte klar auf den Tisch der öffentlichen Diskussion gelegt werden. Genau dies ist aber bei verdeckter Subventionierung durch steuerliche Abschreibungen nicht der Fall. Dass dem Staat darüber hinaus noch durch illegale Steuerflucht und ihre Duldung Unsummen an Steuereinnahmen verloren gehen, davon soll hier noch gar nicht einmal die Rede sein. Durch legale und illegale Steuerflucht findet demnach eine Erosion des Steuersystems statt, die es dem Staat zunehmend erschwert, seinen öffentlichen Aufgaben gerecht zu werden.[2]

Im Zusammenhang unserer Überlegungen zur Aussagekraft von Gewinnen kommen wir zu folgendem Schluss: Während die internen kalkulatorischen Abschreibungen einem wichtigen Prinzip (der Bestandserhaltung des Produktionsapparats) Rechnung tragen, bieten die steuerlichen Abschreibungen vielfältige Möglichkeiten der Gewinnverschleierung. Sie führen zur Steuerersparnis bei denen, die die Steuervorteile nutzen können. Dies sind aber im Wesentlichen diejenigen, die aufgrund hoher Gewinne (oder sonstiger Einkommen) eigentlich hohe Steuern zahlen müssten – also die Reichen. Nicht nur in sozialistischen Systemen war der Gewinn als wirtschaftliche Kennziffer verzerrt, er ist es auch – auf andere Weise – in marktwirtschaftlich-kapitalistischen Systemen, mindestens was den Gewinn in der Steuerbilanz anlangt. Und wie sieht es mit dem tatsächlichen (unternehmensinternen) Gewinn aus? Dessen Aussagekraft wollen wir im Folgenden noch genauer untersuchen, indem wir die weiteren Einsatzfaktoren unter die Lupe nehmen.

3.2   Materialkosten und vergessene „Natur-Abschreibung"

Wenden wir uns nun einem weiteren Kostenfaktor zu, der wesentlichen Einfluss auf die Ermittlung der tatsächlichen Gewinne hat: den Materialkosten *(Abbildung 11)*.

Am Beispiel einer Möbelfabrik soll verdeutlicht werden, was sich in ihnen verbirgt und welchem Prinzip dabei Rechnung getragen wird. Um Schränke, Tische und Stühle aus Holz herzustellen, braucht die Möbelfabrik unter anderem Holzbretter, die sie vom Sägewerk be-

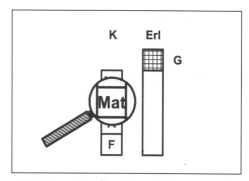

Abbildung 11: Die Materialkosten werden unter die Lupe genommen.

zieht. In ihre Materialkosten geht also das ein, was sie dem Sägewerk für die Bretter bezahlt. Über den Verkauf der Möbel sollen – neben den anderen Kosten – mindestens diese Materialkosten wieder hereinkommen. Bevor dies nicht geschieht, kann von Gewinn keine Rede sein. Und wenn es geschieht, dann sind genügend Mittel vorhanden, um auch in der nächsten Runde wieder Bretter zu beziehen und die Möbelproduktion fortzusetzen. Dem Gedanken der Reproduktion scheint also auch mit der Verbuchung der Materialkosten Rechnung getragen zu sein.

3.2.1   Die eingebaute Tendenz zur Naturzerstörung

Wenn man allerdings über den Horizont des einzelnen Unternehmens hinaus blickt *(Abbildung 12)*, dann zeigt sich, daß dieses Prinzip nicht durchgängig Anwendung findet. In den Preisen der Bretter sind zwar die Kosten des Sägewerks plus dessen

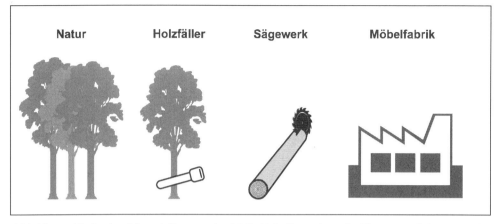

Abbildung 12: In den Materialkosten der Möbelfabrik stecken die Kosten und Gewinne des Sägewerks und der Holzfällerfirma. Und die Kosten der Natur?

Gewinnaufschlag enthalten, und in den Preisen der vorgelagerten Holzfällerfirma stecken deren Kosten plus Gewinnaufschlag. Aber an der Nahtstelle zwischen menschlicher Produktion und Natur, dort wo die natürlich gewachsenen Bäume gefällt und der Natur entnommen werden, werden dafür keine Kosten verbucht. Die Natur erscheint damit als kostenlos, obwohl ihr doch Verluste zugefügt werden. Aber diese Verluste an Natur gehen nicht in die einzelwirtschaftliche Kosten- und Gewinnermittlung ein, werden also unterschlagen. Die Gewinne der Holzfällerfirma, des Sägewerks und der Möbelfabrik sind also zum Teil nichts anderes als die Verluste, die der Natur durch menschliche Produktion zugefügt, aber nicht berechnet wurden.

Nun bringt ja die Natur in vieler Hinsicht immer wieder mehr hervor, als zur Erhaltung ihres Bestandes erforderlich ist (zum Beispiel die Früchte eines Obstbaums oder der Überschuß an Getreide- körnern, die nach Abzug der Aussaat übrig bleiben). Und der Mensch könnte dieses „Mehrprodukt der Natur" ent- nehmen, ohne daß die Reproduktion oder Regeneration der Natur gefährdet wäre *(Abbildung 13)*.

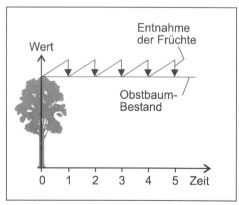

Das gilt für Wälder ebenso wie für Fischbestände, für Getreide ebenso wie für Früchte aller Art. Oberster Grund- satz für die Naturentnahme müsste demnach die Bestandserhaltung der Ressource, der jeweiligen Population bzw. des Ökosystems sein. Wird der Natur aber mehr als der Überschuss entnommen, wird also ihr Bestand ver-

Abbildung 13: Die Bestandserhaltung der Natur wäre gewährleistet, wenn ihr lediglich die Früchte (bzw. das Mehrprodukt) ent- nommen würden.

mindert, dann müsste dieser Verlust an Bestand mindestens mit einer entsprechenden „Natur-Abschreibung" verbucht werden und in die Kostenermittlung eingehen, um Mittel für „Ersatzinvestitionen in die Natur" anzusammeln und den Bestand wieder aufzufüllen *(Abbildung 14)*. Man könnte insofern auch von einer „Bestandssicherung der Natur" sprechen, nach dem Prinzip: nicht nur ernten, sondern auch säen – der Natur nicht nur entnehmen, sondern ihr auch geben bzw. lassen, was sie zu ihrer Regenerierung braucht. (Diesem Prinzip versucht die „ökologische Kreislaufwirtschaft" zu entsprechen.) Worum es geht, wäre also eine Sorgfaltspflicht gegenüber der Natur.

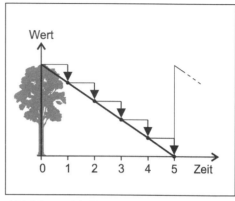

Abbildung 14: Bestandsverminderung und -wiederherstellung durch "Natur-Abschreibng".

Bevor nicht – neben der Deckung der anderen Kosten – dieser Natur-Abschreibung Rechnung getragen ist und entsprechende Mittel über die Erlöse zurückgeflossen sind und für die Regenerierung der Natur auch tatsächlich eingesetzt werden, dürfte von Gewinn nicht die Rede sein. Die Kosten für die Verluste an Natur bzw. für deren Regenerierung müssten angemessen in die Preiskalkulation der Unternehmen – und damit auch in die Preise der Endprodukte – einfließen. Bezogen auf die Wälder hieße das konkret: Für jeden abgeholzten Baum, der den Bestand des Waldes vermindert, müsste ein entsprechender Baum angepflanzt werden und nachwachsen können. Es wäre dies nichts anderes als die konsequente Übertragung der Maschinen-Abschreibung auf die Natur.

Würde es ein Unternehmen unterlassen, den Substanzverlust an Maschinen durch kalkulatorische Abschreibungen zu berücksichtigen und für entsprechende Ersatzinvestitionen zu sorgen, so würde es offensichtlich grob fahrlässig handeln. Der so berechnete Gewinn würde über die tatsächliche Situation des Unternehmens hinweg täuschen. Genau dies aber geschieht seit über zweihundert Jahren industrieller Produktion in Bezug auf die Natur. Der in der einzelwirtschaftlichen Kostenermittlung unterschlagene Raubbau an der Natur findet sich wieder in entsprechenden „Gewinnen" der Unternehmen (bzw. in zu niedrig kalkulierten Preisen für die Endverbraucher). Man kann es auch anders ausdrücken: Die Jagd nach dem Gewinn treibt die Wirtschaft und Gesellschaft systematisch in die Naturzerstörung, in die Zerstörung der natürlichen Lebensgrundlagen für Menschen und andere Geschöpfe. Während also bei der Gewinnermittlung mit großer Sorgfalt auf die Bestandserhaltung der toten Produktionsmittel geachtet wird, wird die Bestandserhaltung der natürlichen Lebensgrundlagen in eklatanter Weise missachtet. Und dieses Prinzip wird von den Ökonomen „wirtschaftliche Vernunft" genannt!

Aber ist es denn nicht so, dass gerade in der Forstwirtschaft – mindestens in Europa – die Problematik des Raubbaus längst erkannt wurde und entsprechende Konsequenzen daraus gezogen wurden? Würde auf einem Waldgrundstück nur abgeholzt und nicht wieder aufgeforstet werden, dann könnte doch auf Dauer gar keine Forstwirtschaft betrieben werden. Tatsächlich stammt der Begriff „Nachhaltigkeit", der in den letzten Jahren auch in der politischen Diskussion immer wieder zu hören ist, ursprünglich aus der europäischen Forstwirtschaft, und er wird dort auch seit einem Jahrhundert mehr oder weniger ernst genommen und umgesetzt – wohl nicht zuletzt deshalb, weil hier der Boden relativ knapp ist. In anderen Teilen der Welt wird bis heute ohne Rücksicht auf Naturverluste in gigantischem Maßstab weiter abgeholzt und Kahlschlag betrieben, wird Wald in Weideland für Massentierhaltung umgewandelt oder bleibt einfach nur brach liegen.

Ein solcher Raubbau, durch den die Lebensgrundlagen einer Fülle biologischer Arten zerstört werden und das Klima dramatisch verändert wird, findet nicht nur in den tropischen Regenwäldern statt, sondern auch in Ländern wie den USA und Kanada.[3] Dort findet er allerdings seine Grenzen in den Nationalparks und anderen Naturschutzgebieten (die meist erst durch Naturschützer erkämpft worden sind), in denen die weitgehend unberührte Natur jährlich von Millionen von Menschen bewundert wird, während sich draußen die Naturzerstörung zum Zwecke der Gewinnerzielung ungehemmt weiter austobt. In Ländern der Dritten Welt wird die Lizenz zum Plündern der Waldbestände oftmals von korrupten Regierungen zu Schleuderpreisen an ausländische Holzkonzerne verkauft, die schließlich nur noch ein ökologisches Trümmerfeld hinterlassen und das Land – im wahren Sinne des Wortes – verwüsten. Denn wo Wälder großräumig abgeholzt werden, verändert sich dramatisch das Klima, und Dürre und Wüstenbildung sind oftmals die langfristigen Folgen.

Was bisher nur am Beispiel der Holzwirtschaft diskutiert wurde, lässt sich natürlich ganz allgemein auf alle natürlichen Ressourcen übertragen. In den über zweihundert Jahren industrieller Produktion wurde fast überall ein nahezu hemmungsloser Raubbau an den Ressourcen betrieben, ohne für die Bestandserhaltung oder Regenerierung der Natur Sorge zu tragen. Und die Unterschlagung der Naturverluste erschien als Gewinn, als Wirtschaftswachstum und als vermeintlich "wachsender Wohlstand" – eine gigantische Täuschung und Selbsttäuschung der Industriegesellschaft. Während die Natur im Verlust biologischer Arten und in dramatisch sich häufenden Naturkatastrophen erkennen lässt, wie sehr sie durch die Produktions- und Lebensweise der Industriegesellschaft geschunden wurde, feiert die Gesellschaft wie in einem Rausch die Gewinne, das Wirtschaftswachstum und die steigenden Börsenkurse.

Sie übersieht dabei, dass mindestens ein Teil davon auf gigantischen legalen Bilanzfälschungen beruht: auf der weitgehenden Unterschlagung der Naturverluste in der einzelwirtschaftlichen Kosten- und Gewinnermittlung. Besonders die Ökonomen sollten wissen, dass eine Bilanz immer zwei Seiten hat – und dass normalerweise die Unterschlagung der Passivseite oder einzelner Teile davon unzulässig ist. Aber gerade sie tragen mit ihrer Fixierung auf den einzelwirtschaftlichen Gewinn zu einer gesellschaftlichen Blindheit bei, die bereits verhängnisvolle ökologische Katastrophen hervor getrieben hat.

Was also ist im Hinblick auf die einzelwirtschaftliche Gewinnermittlung zu tun, wenn der Gewinn eine ökologisch sinnvolle Aussagekraft bekommen soll, die er bisher nicht gehabt hat? Anstatt wie bisher bei der Kostenermittlung die toten Produktionsmittel mit Sorgfalt zu behandeln und gleichzeitig die natürlichen Lebensgrundlagen zu missachten, bedarf es einer prinzipiellen Gleichbehandlung der Einsatzfaktoren. Das an sich sinnvolle Prinzip der Abschreibungen zum Zwecke der Bestandserhaltung, wie es so selbstverständlich für Maschinen und anderes Anlagevermögen angewendet wird, sollte mit gleicher Selbstverständlichkeit auf die Nutzung der natürlichen Ressourcen übertragen werden: Maschinen-Abschreibung und Natur-Abschreibung, nach bestem Wissen und Gewissen realitätsgerecht, wahrheitsgemäß, nicht zu irgendwelchen Zwecken verschleiert und verzerrt (wie dies bei den steuerlichen Abschreibungen der Fall ist).

3.2.2 Nachwachsende Rohstoffe, Umweltentlastung und Umweltheilung

Konsequent umgesetzt würde dies bedeuten: Wenn sich die Natur erhalten oder regenerieren soll, dann dürften ihr eigentlich überhaupt nur solche Ressourcen entnommen werden, die regenerierbar sind, und zwar nicht in Jahrmillionen oder -milliarden, sondern in für Menschen übersehbaren Zeiträumen. Und es dürften ihr nur solche Stoffe und Energien zurückgegeben werden, die sich ohne Schaden in die Naturkreisläufe integrieren lassen. Gegen diese Grundsätze hat allerdings die Industriegesellschaft in einer Weise verstoßen, die den spirituell verwurzelten Naturvölkern völlig fremdartig erschien. Sie empfanden den Raubbau an der Natur und die Entnahme nicht nachwachsender Rohstoffe als Vergewaltigung von „Mutter Erde", deren Körper aufgeschlitzt und durchbohrt wurde, um ihm die inneren Organe heraus zu reißen, während ihnen selbst dieser Körper heilig und unantastbar war. Und sie wären auch nicht auf die Idee gekommen, diesen lebendigen Organismus durch Schadstoffe und gefährliche Strahlung zu vergiften.

Auch wenn diese zweihundert Jahre Gewalt der Industriegesellschaft gegen die Natur nicht rückgängig zu machen sind, so wäre doch eine Abkehr von dieser Praxis dringend notwendig – und eine Wiedergutmachung gegenüber der Natur im Sinne eines allgemeinen ökologischen Heilungsprozesses. Da die Natur immer noch über ein großes Potenzial an Selbstheilungskräften verfügt (die mit unkonventionellen Methoden angeregt und unterstützt werden können), wäre schon viel gewonnen, wenn der sich immer noch beschleunigende Zerstörungsprozess verlangsamt würde. Dazu aber bedarf es eines konsequenten Umsteuerns: weg von den nicht regenerierbaren Ressourcen und hin zu den nachwachsenden Rohstoffen. Entsprechendes gilt für die Energienutzung.

Ein solches Umsteuern sollte natürlich nicht schlagartig, sondern schrittweise erfolgen, aber in der Ausrichtung konsequent, damit sich Wirtschaft und Gesellschaft allmählich auf die veränderten Bedingungen einstellen und entsprechend umstellen können. Für regenerierbare Ressourcen wäre eine realitätsgerechte Natur-Abschreibung in der einzelwirtschaftlichen Kosten- und Gewinnermittlung zu verankern, so dass die auf dieser Grundlage kalkulierten Preise und die entstandenen Gewinne zunehmend eine ökologisch sinnvolle Aussagekraft erhalten, die sie bis heute so grundlegend vermissen lassen.

Worum es also geht, ist, den Raubbau gegenüber der Natur für die Unternehmen und Konsumenten zunehmend unattraktiv – und nachhaltiges Wirtschaften zunehmend attraktiv – zu machen. Dazu müssten die einzelwirtschaftlichen Gewinne von der Kostenseite her konsequent auf die Erhaltung und Förderung der natürlichen Lebensgrundlagen ausgerichtet werden – anstatt auf deren Zerstörung. Unter derart veränderten Bedingungen wäre gegen eine Gewinnorientierung von Wirtschaft und Gesellschaft auch immer weniger einzuwenden. Aus einem blinden Treiben und Getriebenwerden könnte eine zunehmend bewusste Gestaltung des Wirtschaftens werden.

Was im Vorangegangenen in Bezug auf die Ressourcenentnahme abgeleitet wurde, müsste natürlich entsprechend auch auf die anderen Nahtstellen zwischen Industriegesellschaft und Natur bzw. Umwelt übertragen werden, um auf eine Vermeidung anderer Umweltbelastungen hinzuwirken: in den Bereichen Produktion, Nutzung und Entsorgung der Produkte *(Abbildung 15)*.

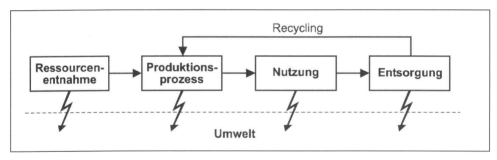

Abbildung 15: Verschiedene Phasen der Umweltbelastung durch die Industriegesellschaft.

Ansatzweise geschieht dies bereits durch so genannte Ökobilanzen der Unternehmen sowie durch staatliche Umweltauflagen, die im Bereich des „Umweltmanagements" Berücksichtigung finden. Aber wo dies geschieht, handelt es sich um Errungenschaften der Umweltbewegungen, die schließlich Eingang in staatliche Gesetze gefunden haben, und nicht um Wesens einer kapitalistischen Marktwirtschaft. Die Tendenz zur Deregulierung, wie sie weltweit vom Neoliberalismus gefordert und im Zuge der Globalisierung mehr oder weniger durchgesetzt wird, läuft auch auf einen fortschreitenden Abbau ökologischer Standards hinaus – wenn sich dem nicht starke Umweltbewegungen entgegenstellen.

3.3   Arbeitskosten und Reproduktion der Arbeitskraft

In unserer Analyse der Kosten- und Gewinnermittlung soll nun der Blick auf die Arbeitskosten gerichtet werden *(Abbildung 16)*. Darunter fallen die Lohnkosten und – sofern vorhanden – die Lohnnebenkosten (LNK), das heißt der Arbeitgeberanteil an den Sozialversicherungsbeiträgen. Der andere Teil der Beiträge (in Deutschland bislang die Hälfte) wird von den Arbeitnehmern aufgebracht, von ihrem Bruttolohn einbehalten und an die Sozialversicherung abgeführt *(Abbildung 17)*.

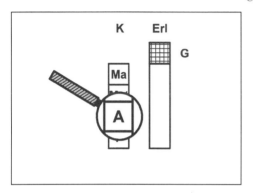

Abbildung 16: Die Arbeitskosten werden unter die Lupe genommen.

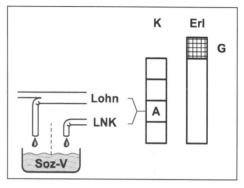

Abbildung 17: Lohn und Lohnnebenkosten (LNK) sind Grundlage des Arbeitnehmer- bzw. Arbeitgeberanteils an der Sozialversicherung (Soz-V).

Wie sieht es in marktwirtschaftlich-kapitalistischen Systemen mit dem Einsatzfaktor Arbeitskraft und seiner Reproduktion aus? Wird erst einmal – ähnlich wie bei den Maschinen – der Bestandserhaltung Rechnung getragen, bevor von Gewinn die Rede ist? Reproduktion der Arbeitskraft bedeutet ja, dass die arbeitenden Menschen sich reproduzieren bzw. regenerieren müssen, dass also mindestens ihr materieller Lebensunterhalt und der des Nachwuchses gesichert sein muss. Für einen Großteil der Bevölkerung in kapitalistischen Systemen ist der Lebensunterhalt mit Lohnarbeit verbunden *(Abbildung 18)*, und sie sind zum Leben auf ausreichenden Lohn angewiesen.

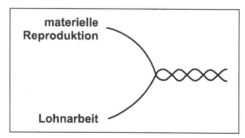

Abbildung 18: Verknüpfung von materieller Reproduktion mit Lohnarbeit.

Dies war durchaus nicht immer so. In anderen Gesellschaften hatten (und haben zum Teil immer noch) die Menschen ganz andere Existenzgrundlagen, zum Beispiel im Feudalismus oder in Stammesgesellschaften. Dass der Großteil der Bevölkerung auf Lohnarbeit angewiesen ist, ist historisch eine relativ junge Erscheinung und hat sich in Europa durch Auflösung des Feudalismus und die

Herausbildung des Kapitalismus vor einigen hundert Jahren ergeben – ehe diese Strukturen durch Kolonialismus und Weltmarkt in andere Teile der Welt getragen wurden. Auch in sozialistschen Systemen war der materielle Lebensunterhalt der Menschen anders organisiert als auf der Grundlage von Lohnarbeit, jedenfalls insoweit, als es dort keine Arbeitsmärkte im kapitalistischen Sinn gab.

Die Entstehung von Lohnarbeit hängt historisch wesentlich damit zusammen, dass sich vorherige Existenzgrundlagen aufgelöst haben oder zusammengebrochen sind – bzw. zersetzt oder gewaltsam zerstört wurden. Es waren und sind vielfach dramatische Prozesse der materiellen Entwurzelung ganzer Menschenmassen, durch die Lohnarbeit erst entstand bzw. durch die Arbeitsmärkte immer wieder mit Arbeit suchenden Menschen aufgefüllt und zum Teil überflutet wurden. Weder Lohnarbeit noch Arbeitsmärkte sind demnach naturgegeben, sondern sie sind historisch entstanden und gesellschaftlich bedingt, auch wenn es denjenigen, die in marktwirtschaftlich-kapitalistischen Verhältnissen groß geworden sind, wie eine Naturgegebenheit erscheinen mag.[4]

Kommen wir zurück auf den Lohn als die für die Lohnabhängigen wesentliche materielle Lebensgrundlage. In den Lebensphasen, in denen kein Lohn gezahlt bzw. empfangen wird (Kindheit, Jugend, Schwangerschaft, Erziehung, Krankheit, Behinderung, Arbeitslosigkeit, Alter), müssen die Menschen entweder auf individuelle Ersparnisse oder auf die Hilfe anderer zurückgreifen, oder es gibt ein soziales Sicherungssystem, das die mit dem Lohnausfall verbundenen Risiken mehr oder weniger abdeckt. Deutschland zum Beispiel verfügt über ein ganzes Bündel sozialer Errungenschaften. Das System der sozialen Sicherungen ist allerdings weder vom Himmel gefallen noch ist es ein Wesensmerkmal der Marktwirtschaft. Es wurde den Lohnabhängigen auch nicht aus humanitären Gründen von der Kapitalseite geschenkt, sondern ist Ergebnis sozialer Kämpfe zwischen Lohnarbeit und Kapital, in die sich der Staat mit seiner Sozialgesetzgebung vermittelnd eingeschaltet hat, um Schlimmeres (zum Beispiel die seinerzeit befürchtete sozialistische Revolution) zu verhindern.

Wenn aber das Sozialversicherungssystem kein Wesensmerkmal kapitalistischer Marktwirtschaft ist, dann sind es auch nicht die Lohnnebenkosten (die ja der Finanzierung eines Teils der Sozialversicherung dienen). Die „freie Marktwirtschaft" kennt keine Lohnnebenkosten – und auch kein sonstwie finanziertes soziales Sicherungssystem. Was den Lohnabhängigen unter solchen Bedingungen als materielle Lebensgrundlage bleibt, ist allein der Lohn (abgesehen von der Hilfe anderer). Die Löhne aber bilden sich in einer freien Marktwirtschaft durch Angebot und Nachfrage nach Arbeitskraft am Arbeitsmarkt. Wir wollen uns im Folgenden ansehen, wie dieses Geschehen in den Modellen der neoklassischen Wirtschafstheorie dargestellt wird. Denn die Neoklassik bildet die theoretische Grundlage des Neoliberalismus und liefert die Legitimation für die Globalisierung.

3.3.1 Der neoklassische Mythos vom „Gleichgewichtslohn"

In einem Koordinatensystem wird auf der senkrechten Achse der Lohn abgetragen, und in den beiden Kurven kommt zum Ausdruck, wie die Nachfrage nach Arbeitskraft (NA) von Seiten der Unternehmen und das Angebot an Arbeitskraft (AA) von Seiten der Lohnabhängigen auf unterschiedliche Lohnhöhen reagieren *(Abbildung 19)*: Mit steigendem Lohn geht die Nachfrage mengenmäßig zurück, während das Angebot steigt. In Höhe des Lohnes l_2 ergäbe sich gegenüber der Nachfrage ein größeres Angebot an Arbeitskraft, und dadurch entstände in der Größe des Quer-

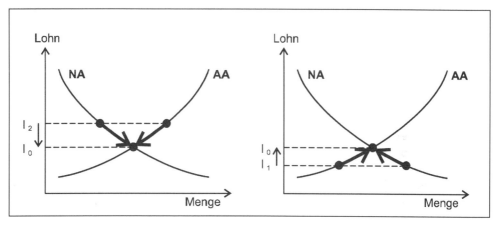

Abbildung 19: Der Lohnmechanismus am Arbeitsmarkt: Tendenzen in Richtung Gleichgewicht zwischen Nachfrage und Angebot.

balkens eine Arbeitslosigkeit. Daraufhin würden sich die Lohnabhängigen gegenseitig unterbieten, der Lohn würde sinken und Nachfrage und Angebot kämen beim Lohn l_0 zum Ausgleich. Entsprechend umgekehrt verliefe der Prozess beim Ausgangslohn l_1, bei dem die Nachfrage nach Arbeitskraft deren Angebot übersteigen würde – mit der Folge von Lohnerhöhungen. Der „Gleichgewichtslohn" l_0 erscheint demnach als der optimale Lohn, als der denkbar beste Lohn, weil nur durch ihn Angebot und Nachfrage zum Ausgleich kämen und die Interessenunterschiede zwischen Unternehmen und Lohnabhängigen ausgeglichen würden.

Nach diesem Modell ist Arbeitslosigkeit vor allem die Folge zu hoher Löhne, und das Rezept gegen Arbeitslosigkeit heißt entsprechend Lohnsenkung. Wo aber Gewerkschaften höhere Löhne und bessere Arbeitsbedingungen erkämpft haben oder wo der Sozialstaat bestimmte Sicherungssysteme eingebaut hat, fordert der Neoliberalismus „Deregulierung", „Liberalisierung", „Flexibilisierung" und „strukturelle Reformen" der Arbeitsmärkte, die wieder stärker dem „freien Spiel der Kräfte" ausgesetzt werden sollen, um den „Standort" zu stärken – angeblich alles zum Besten aller.

3.3.2 Die eingebaute Tendenz zur Armut

Was durch diese schön klingenden Worte allerdings allzu leicht verdeckt wird, sind die zum Teil grausamen Folgen, die die Arbeitsmärkte unter bestimmten Bedingungen hervor treiben können, wenn sie sich selbst überlassen bleiben. Solche Bedingungen hat es im Frühkapitalismus gegeben, aber sie gibt es auch heute – vor allem in Ländern der Dritten Welt (und mittlerweile auch der Zweiten Welt: den Ländern des ehemaligen Ostblocks), und in zunehmendem Maße sogar schon wieder innerhalb der Ersten Welt der wirtschaftlich hoch entwickelten Industrieländer. Denn immer dann, wenn die Arbeitsmärkte durch Arbeit suchende Menschenmassen und durch das Angebot ihrer Arbeitskraft überflutet werden, weil diese Menschen aus anderen Lebensgrundlagen entwurzelt und heraus geschleudert wurden, sinkt der viel gelobte „Gleichgewichtslohn" ins Bodenlose. Tendenziell das Gleiche geschieht, wenn von Seiten der Unternehmen die Nachfrage nach Arbeitskraft dramatisch zurückgeht, wie dies seit zwei Jahrzehnten im Zuge von Rationalisierung, Computerisierung und Automatisierung der Fall ist. Schätzungen gehen dahin, dass am Ende dieses Jahrhunderts weltweit nur noch 20 % der arbeitsfähigen Bevölkerung gebraucht werden, um das Weltsozialprodukt zu erstellen. Man spricht in diesem Zusammenhang schon von einer „20:80-Gesellschaft".[4]

In *Abbildung 20* drückt sich ein insgesamt wachsendes Angebot an Arbeitskraft in einer Rechtsverschiebung der Arbeitsangebotskurve (AA) aus. Denn bei jedem angenommenen Lohn wäre das Angebot mengenmäßig größer als vorher. Ein allgemeiner Rückgang der Nachfrage nach Arbeitskraft (NA) führt entsprechend zu einer Linksverschiebung der Nachfragekurve *(Abbildung 21)*.

In beiden Fällen folgt daraus, dass sich der „Gleichgewichtslohn" immer weiter nach unten verlagert. Er kann dabei sogar unter das Existenzminimum (dargestellt durch die gewellte Linie) absinken, unterhalb dessen Menschen nicht mehr davon leben können: Hungerlöhne! Und wenn es kein soziales Sicherungssystem oder andere Formen von Unterstützung gibt, werden die Menschen verhungern. Ungeachtet dessen sprechen die Neoklassiker vom „Gleichgewichtslohn", selbst dann, wenn die Gesellschaft in Gewalt und Elend auseinander zu brechen droht. Und der Neoliberalismus fordert

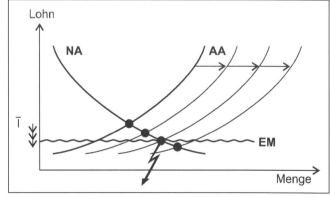

Abbildung 20: Bei Überflutung des Arbeitsmarkts mit Arbeitsuchenden kann der Gleichgewichtslohn unter das Existenzminimum (EM) absinken und zum Hungerlohn werden.

weltweit eine Deregulierung der Arbeitsmärkte.

Auch wenn solche Bedingungen niedrigster Löhne gegenwärtig vor allem in der Zweiten und Dritten Welt gegeben sind, gehen doch davon auch Rückwirkungen auf die Erste Welt aus. Indem hier die Märkte mit billigen Waren aus den Niedriglohnländern überschwemmt werden, geraten die Lohnabhängigen in den entwickelten Industrieländern immer mehr

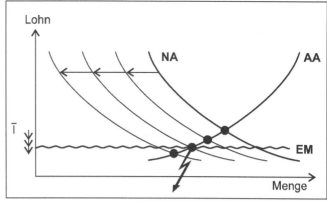

Abbildung 21: Bei stürmischem Rückgang der Nachfrage nach Arbeitskraft (durch Rationalisierung und Computerisierung) kann der Gleichgewichtslohn unter das Existenzminimum (EM) absinken und zum Hungerlohn werden.

unter Druck, ihre Lohnforderungen und sozialen Errungenschaften zurück zu schrauben – damit die Unternehmen nicht abwandern oder in der Konkurrenz mit Billiglohn- und Billigpreis-Anbietern nicht untergehen. Für wachsende Teile der Weltbevölkerung bricht damit der Lohn als ausreichende materielle Lebensgrundlage immer mehr weg, sei es durch Arbeitslosigkeit oder durch zu niedrige Löhne, die zum Leben nicht ausreichen.

Es lässt sich also abschließend feststellen, dass in einer kapitalistischen Marktwirtschaft bei deregulierten Arbeitsmärkten keine Sicherung im System eingebaut ist, die ein dramatisches Absinken der Löhne unterhalb des Existenzminimums verhindern würde. Das Marktsystem als solches gewährleistet in keiner Weise eine hinreichende materielle Reproduktion der Lohnabhängigen. Während die einzelwirtschaftliche Kosten- und Gewinnermittlung der Reproduktion des toten Produktionsapparats in Form der Abschreibungen Rechnung trägt, mißachtet sie nicht nur die Bestandserhaltung und Regenerierung der Natur, sie missachtet auch die Sicherung der materiellen Lebensgrundlagen der Menschen. Je niedriger die Löhne, um so größer werden die „Gewinne". Die Jagd nach dem Gewinn treibt demnach – wo ihr kein wirksamer Widerstand entgegengesetzt wird – in sozialen Raubbau und soziale Katastrophen – bei gleichzeitiger Anhäufung von Reichtum in relativ wenigen Händen – und damit auch zu wachsenden sozialen Spannungen.

Wir befinden uns weltweit in einer Phase, in der die Lohnarbeit als wesentliche Grundlage der materiellen Reproduktion immer mehr weg bricht – und mit ihr auch die bisherige Finanzierungsgrundlage der sozialen Sicherungssysteme (sofern es überhaupt welche gibt). Die über mehrere Jahrhunderte scheinbar so selbstverständliche Verknüpfung von materieller Reproduktion und Lohnarbeit ist im Begriff, sich immer mehr aufzulösen, und es ist eine große gesellschaftliche Herausforderung für das 21. Jahrhundert, die materielle Lebenssicherung der Menschen grundsätzlich neu zu organisieren *(Abbildung 22.)*

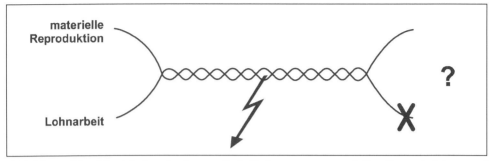

Abbildung 22: Die jahrhundertlange Verknüpfung von materieller Reproduktion und Lohnarbeit löst sich immer mehr auf. Was dann?

Jeremy Rifkin[5] spricht in diesem Zusammenhang vom „Ende der Arbeit", Viviane Forrester vom „Terror der Ökonomie". James Goldsmith nennt sein Buch „Die Falle", und Martin/Schumann haben für ihr Buch den Titel „Die Globalisierungsfalle" gewählt. Michel Chossudovsky spricht von „Globalisierung der Armut", und Noam Chomsky von „Profit over People". Sogar George Soros, der erfolgreichste Spekulant der letzten drei Jahrzehnte an den internationalen Finanzmärkten, scheint sich vom Saulus zum Paulus gewandelt zu haben und spricht von „Marktfundamentalismus", von dem er (jedenfalls vor dem 11.9.2001) die größte Gefahr für die „offene Gesellschaft" ausgehen sieht.

Die Globalisierungsfanatiker und Marktfundamentalisten neoliberaler Prägung versuchen allerdings mit ihrer weltweiten Propaganda unter weitgehender ideologischer Gleichschaltung der Ökonomie-Ausbildung und der Massenmedien, derartige kritische Stimmen zu übertönen. Es mehren sich aber die Anzeichen dafür, dass wachsende Teile der Gesellschaft ihnen die Blindgläubigkeit mehr und mehr verweigern und sich auf die Suche nach grundlegenden Alternativen machen. Sogar im Bereich der Universitäten beginnt sich international eine Protestbewegung gegen den Alleinvertretungsanspruch neoklassischer Ökonomie (die treffend als „autistic economics"[6] bezeichnet wird) zu formieren. Auch die Großdemonstrationen zu den Jahrestagungen der WTO, des IWF und der Weltbank sowie die Weltsozialforen und die attac-Bewegung sind Ausdruck eines solchen Protestes gewertet werden.

3.3.3 Die Verankerung sozialer Mindeststandards

Wie könnte der einzelwirtschaftliche Gewinn auch unter sozialen Gesichtspunkten eine sinnvolle Aussagekraft enthalten, die er bis heute weitgehend so vermissen lässt? Indem auch bei den Arbeitskosten mindestens dem Prinzip der Reproduktion – wie bei den Abschreibungen von Maschinen – Rechnung getragen wird. Man könnte dies „Sozial-Abschreibung" nennen – oder besser „soziale Grundsicherung". In die Kosten des Wirtschaftens und damit auch in die Gewinnermittlung müssten (in welcher Form auch immer) Beträge eingerechnet werden, die der Sicherung der materiellen Lebensgrundlagen der Menschen und der Förderung ihrer Lebensentfaltung zugute kommen – und übrigens nicht nur der Beschäftigten, sondern aller Menschen der Gesellschaft.

Anders ausgedrückt: Das Wirtschaften müsste dem Menschenrecht auf materielle Grundsicherung Rechnung tragen. Bevor dies nicht gewährleistet ist, dürfte von Gewinn keine Rede sein. Und die verbleibende und knapper werdende Arbeit müsste relativ gleichmäßig aufgeteilt werden, was eine drastische Reduzierung der Arbeitszeit bei gleichzeitig ausreichender materieller Absicherung bedeuten würde. Die Wirtschaft wäre also in den Dienst der Menschen zu stellen – und nicht umgekehrt die Menschen in den Dienst der Wirtschaft. Erst durch die Verankerung sozialer Mindeststandards in den einzelwirtschaftlichen Kosten der Unternehmen bekommt der Gewinn eine auch sozial sinnvolle Aussagekraft, und die Gewinnorientierung käme zunehmend den Lebensinteressen aller Menschen entgegen anstatt nur den Interessen einer kleinen Minderheit.

Worum es im Grunde geht, ist nicht mehr und nicht weniger als die Gleichbehandlung der Einsatzfaktoren, von denen wir bisher die Maschinen (und andere Produktionsmittel), die Natur und den Menschen behandelt haben. Bei allen Faktoren sollte im Rahmen des Wirtschaftens gleichermaßen der Bestandserhaltung bzw. Reproduktion Sorge und Rechnung getragen werden. Erst was darüber hinaus erwirtschaftet wird, könnte mit Fug und Recht „Gewinn" genannt werden. Die deregulierte freie Marktwirtschaft achtet aber nur auf die Reproduktion des toten Einsatzfaktors Maschinen (und des sonstigen Anlagevermögens), während die Lebensgrundlagen und die lebendige Entfaltung von Mensch und Natur grundlegend missachtet werden. Wo sie Beachtung finden, ist dies nur den langwierigen Kämpfen sozialer und ökologischer Bewegungen zu verdanken. Der Respekt vor dem Leben und dem Lebendigen ist demgegenüber kein Wesensmerkmal kapitalistischer Marktwirtschaft – im Gegenteil. Er muss ihr erst mühsam abgerungen werden.

3.4   Finanzierungskosten und Privilegierung des Geldkapitals

Wir kommen zum letzten Kostenfaktor in unserer Grobeinteilung, den Finanzierungskosten der Unternehmen, und wollen herausarbeiten, was sich hinter ihnen verbirgt *(Abbildung 23)*. Es wird auch hier wieder darum gehen zu fragen, inwieweit bei ihnen dem Gedanken der Reproduktion oder Bestandserhaltung des betreffenden Einsatzfaktors Rechnung getragen wird. Der Einsatzfaktor, für den Finanzierungskosten anfallen, ist das Geldkapital. Es ist zur Finanzierung unter anderem von Produktion und Investition des Unternehmens erforderlich, um die Zeit bis zum Rückfluss von Geld durch den Verkauf der hergestellten Produkte zu überbrücken.

Dieses Geldkapitel kann aus eigenen Mitteln des Unternehmens stammen („Eigenkapital"), zum Beispiel aus früher erwirtschafteten Gewinnen – oder bei Aktiengesellschaften aus der Neuemission von Aktien. Oder es stammt aus Fremdmitteln („Fremdkapital"), die dem Unternehmen in Form von Krediten zufließen und mit der Verpflichtung zu Tilgung und Zins verbunden sind *(Abbildung 24)*. Darüber hinaus werden vom Kreditgeber (zum Beispiel von den Banken) auch noch dingliche Sicherungen für den Fall gefordert, dass die im Kreditvertrag vereinbarten Bedingungen bezüglich Tilgung und Zinsen vom Unternehmen nicht eingehalten werden. Dingliche Sicherungen können zum Beispiel Grundstücke, Gebäude, Maschinen, Produktionsanlagen, Wertpapiere, Patente und Lizenzen sein.

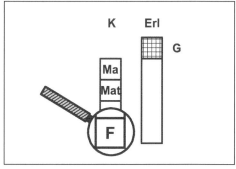

Abbildung 23: Die Finanzierungskosten werden unter die Lupe genommen.

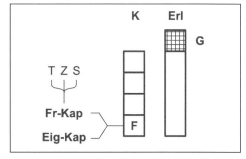

Abbildung 24: Das Fremdkapital (Fr-Kap) fordert Tilgung (T), Zinsen (Z) und Sicherung (S); das Eigenkapital (Eig-Kap) fordert den kalkulatorischen Zins.

Der Kredit und damit das Fremdkapital enthält also drei Aspekte: Tilgung – Zinsen – Sicherung (T/Z/S). Wenn der Schuldendienst nicht wie vereinbart geleistet wird, dann hat die Bank Zugriff auf das Eigentum des Unternehmens in Form der verpfändeten dinglichen Sicherung. Durch Verkauf des entsprechenden Sicherungsobjekts können die ausstehenden Forderungen beglichen werden. Die Bank wird ihre Forderungen auf Tilgung und Zinsen gegenüber dem verschuldeten Unternehmen in der Regel mit Unbarmherzigkeit eintreiben.

Aber auch das Eigenkapital fordert seinen Zins, und zwar deshalb, weil es im eigenen Unternehmen mindestens so viele Zinsen bringen soll wie bei einer Anlage in relativ risikolosen festverzinslichen Wertpapieren am Kapitalmarkt. Ein solcher Mindestzins auf Eigenkapital wird in der internen Kostenermittlung einkalkuliert und soll über die Verkaufserlöse ebenso wieder herein kommen wie der Kreditzins auf Fremdkapital. Sollte dies allerdings nicht gelingen, dann wird das Unternehmen gegen sich selbst nicht die gleiche Unbarmherzigkeit walten lassen und seine Vermögensobjekte verkaufen oder sich gar selbst in die Insolvenz treiben. Und dennoch steht es unter ständigem Druck, auch den kalkulatorischen Zins auf Eigenkapital zu erwirtschaften, zumindest wenn es sich um eine Aktiengesellschaft handelt, die sich gegenüber den Aktionären und Analysten an der Börse hinreichend profilieren und positionieren muss, um nicht mit übermäßigen Kursrückgängen ihrer Aktie abgestraft zu werden. So oder so, als Fremdkapital wie als Eigenkapital, fordert das Geldkapital seinen Zins, zusätzlich zur Tilgung – wie selbstverständlich. Die Verknüpfung von Geld und Zins erscheint wie eine Naturgegebenheit *(Abbildung 25)*.

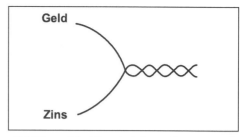

Abbildung 25: Die scheinbar selbstverständliche Verknüpfung von Geld und Zins.

Bei näherer Betrachtung allerdings haftet dem Zins etwas ganz Merkwürdiges an: Durch ihn bekommt nämlich das Geldkapital gegenüber den anderen Einsatzfaktoren der Produktion eine privilegierte Stellung. Denn während die Tilgung für die Bestandserhaltung des eingesetzten Geldkapitals sorgt, führt der Zins zu seiner Bestandsvermehrung! Darin ist das Geldkapital sogar den Produktionsmitteln überlegen, bei denen die Abschreibungen ja lediglich ihre Bestandserhaltung sichern. Und erst recht überlegen ist das Geldkapital den anderen Einsatzfaktoren, der Natur und den Menschen, bei denen in der einzelwirtschaftlichen Kostenermittlung ja noch nicht einmal auf die Sicherung ihrer Reproduktion geachtet wird. Welch merkwürdige Ungleichbehandlung der Einsatzfaktoren hat sich da in die Kosten- und Gewinnermittlung der kapitalistischen Marktwirtschaft eingeschlichen, und damit in ihre wesentliche Orientierungsgröße, auf die hin alles Wirtschaften ausgerichtet wird.

3.4.1 Der neoklassische Mythos vom „Gleichgewichtszins"

Die vorherrschende neoklassische Theorie hat auch für den Zins eine auf den ersten Blick plausibel erscheinende Erklärung und Rechtfertigung, die hier anhand eines gesamtwirtschaftlichen Kreislaufmodells kurz erläutert werden soll *(Abbildung 26)*.

Die Grafik stellt auf der linken Seite das Sozialprodukt (SP) einer Volkswirtschaft dar und auf der rechten Seite das dabei in Geldform entstehende Volkseinkommen (VE) innerhalb eines Jahres. Von den jährlich entstandenen Einkommen wird nur ein Teil als Konsumausgaben (C) unmittelbar als Nachfrage (N) nach Sozialprodukt wirksam – und strömt auf diese Weise als Erlöse zu den Unternehmen. Der

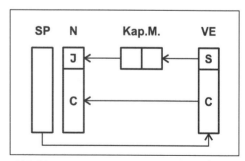

Abbildung 26: Wenn die Spargelder dem Kapitalmarkt zufließen und als Investitionskredite ausgeliehen werden, kann die Investitionsnachfrage (J) die Nachfragelücke schließen.

darüber hinausgehende Teil des Volkseinkommens heißt Sparen (S). Nach neoklassischer Auffassung lockt nun der Sparzins (der als Belohnung für den „Konsumverzicht" betrachtet wird) die gesparten Gelder auf den Kapitalmarkt (zum Beispiel zu den Geschäftsbanken), damit sie von dort aus als Kredit (zum Beispiel für Investitionen I) weiter fließen und nachfragewirksam werden können. Auf diese Weise bliebe der gesamtwirtschaftliche Kreislauf – vermittelt über Spar- und Kreditzinsen – geschlossen, allerdings nur dann, wenn der Kapitalmarkt sich selbst überlassen wird.

Das „freie Spiel der Kräfte" zwischen Angebot und Nachfrage nach Geld würde immer wieder in Richtung eines „Gleichgewichtszinses" z_0 wirken *(Abbildung 27)*. Die Grafik sieht dabei genauso aus wie das entsprechende Modell für den Arbeitsmarkt oder auch für den Gütermarkt, und sie suggeriert, dass der Gleichgewichtszins der optimale Zins sei und für den denkbar besten Interessenausgleich zwischen Sparern und Investoren sorge – und dabei auch ganz von selbst ein Gleichgewicht zwischen Sozialprodukt und gesamtwirtschaftlicher Nachfrage hergestellt werde. Eine gesamtwirtschaftliche Kreislaufstörung oder gar einen Kreislaufkollaps kann es nach dieser Theorie gar nicht geben.

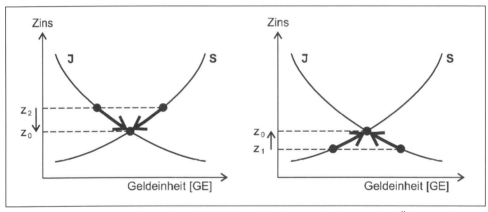

Abbildung 27: Das neoklassische Modell des Gleichgewichtszinses: Bei Überangebot an Spargeldern sinkt der Zins, bei Mangel an Spargeldern steigt der Zins.

Und dennoch: Bei näherer Betrachtung erweist sich auch diese Gleichgewichtsvorstellung der Neoklassik als ein Mythos, der nur allzu lang den klaren Blick für die langfristig destruktiven Tendenzen des Zinssystems getrübt hat und immer noch – oder schon wieder – trübt. Sie verdeckt im übrigen auch die Privilegierung des Geldkapitals gegenüber den anderen Einsatzfaktoren. Eine grundsätzliche Kritik des Zinssystems wurde schon zu Beginn des 20. Jahrhunderts von Silvio Gesell formuliert. Entgegen der neoklassischen Auffassung sah er den Zins als wesentliche Ursache verschiedener Krisen. Auf der Grundlage seiner Theorie lassen sich gegenwärtig mindestens fünf Krisentendenzen benennen, die durch den Zins verursacht oder verstärkt werden: die Krise der Wirtschaft, der Umwelt, der Gesellschaft, des Staates und der Zweiten und Dritten Welt. Gesell forderte mit allem Nachdruck eine Geldreform, in der das Geld vom Zins gelöst werden sollte („Freigeld"). Seine Gedanken wurden lange Zeit weitgehend ignoriert, und erst in den letzten Jahren erfolgt eine zunehmende Rückbesinnung auf sein Werk und eine Aktualisierung und Weiterentwicklung seiner Theorie.

3.4.2 Der Zins als Krebs des sozialen Organismus [7]

Warum das Zinssystem mit seiner scheinbar so selbstverständlichen Verknüpfung von Geld und Zins in vieler Hinsicht problematisch ist, soll im Folgenden nur kurz angedeutet werden. Aus der Sicht der Geldanleger erscheint der Zins ja als etwas sehr Positives. Er läßt automatisch das Geldvermögen immer weiter anwachsen, und wenn die jährlichen Zinserträge nicht entnommen, sondern immer wieder dem vorhandenen Geldvermögen zugeschlagen und ebenfalls verzinst werden, ergibt sich durch den Zinseszins sogar ein beschleunigtes, ein „exponentielles" Wachstum *(Abbildung 28)*: Geld wächst und wächst und wächst scheinbar ganz von selbst. Es handelt sich hierbei nicht einfach um Bestandserhaltung und auch nicht einfach nur um ein lineares Anwachsen, sondern um ein immer schneller werdendes Wachstum des Geldvermögens.

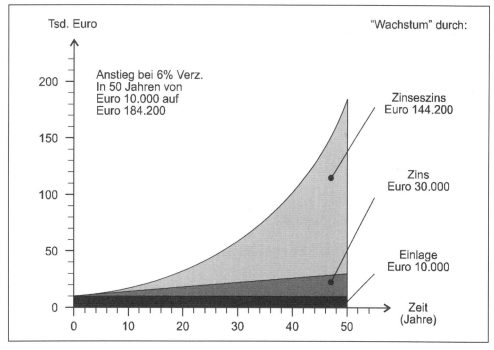

Abbildung 28: Exponentielles Wachstum des Geldvermögens durch Zinseszins.

Aber woher kann dieses Wachstum kommen, was liegt ihm zugrunde? Die angelegten Gelder fließen ja über die Geschäftsbanken an die Kreditnehmer, werden also irgendwo anders zu Schulden, die mit Tilgung, Zinsen und Sicherung verbunden sind: bei

Unternehmen, privaten Haushalten, dem Staat oder im Ausland. Die wachsenden Geldvermögen (GV) an einer Stelle entstehen also nur auf der Grundlage entsprechend wachsender Verschuldung (VS) an anderer Stelle des Gesamtsystems. Geldvermögen und Verschuldung entwickeln sich insofern spiegelbildlich, und also wächst auch die Verschuldung exponentiell *(Abbildung 29)*. Die wachsenden Schulden müssen aber bedient werden und gehen (bei gegebenem Zinssatz) mit entsprechend wachsenden Zinslasten der Schuldner einher. Und die Schuldner müssen zur Aufbringung von Tilgung und Zinsen Überschüsse erzielen – durch wachsende Erlöse und/oder durch Senkung anderer Kosten. Bezogen auf die Unternehmen bedeutet das: Der Zins setzt ihre Produktion und ihren Absatz unter einen ständigen Wachstumszwang. Auf Dauer und im Durchschnitt müßte das Unternehmenswachstum mit dem Wachstum der Zinslasten Schritt halten, wenn die Zinsen problemlos aufgebracht werden sollen. Das hieße aber auch: Die Wirtschaft müßte ständig und dauerhaft mindestens eine Wachstumsrate in Höhe des Kreditzinses am Kapitalmarkt hervor bringen.

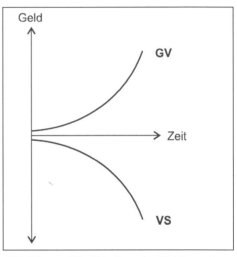

Abbildung 29: Wachsende Geldvermögen (GV) gehen einher mit spiegelbildlich wachsender Verschuldung (VS) an anderer Stelle.

Um zu veranschaulichen, welche geradezu ungeheure Dynamik der Zinseszins über längere Zeit hervor treibt, lässt sich das Beispiel vom „Josephs-Pfennig" zitieren: Was wäre aus einem Pfennig an Geldvermögen geworden, wenn Joseph diesen Pfennig zu Christi Geburt festverzinslich zu 5 % Zinseszins angelegt hätte – und dies ohne zwischenzeitliche Inflation und Währungsreform, ohne Zinssteuer und Erbschaftssteuer, und ohne Revolution und Enteignung, aber auch ohne Entnahme von Zinserträgen? Dieser eine Pfennig wäre bis zum Jahr 2000 auf einen Betrag von 2.83×10^{40} DM angewachsen, also auf

28.300.000.000.000.000.000.000.000.000.000.000.000.000 DM !

Wie heißt diese Zahl? Es sind 28.3 Sechstilliarden DM, eine Größenordnung, von der wohl sonst noch kaum jemand etwas gehört hat. Umgerechnet in Gold hätten sich schon 1990 *134 Milliarden Goldkugeln vom Gewicht der Erde* ergeben. Und im Jahr 2067 wäre es eine Goldkugel mit einem Durchmesser von 1 AE (einer „Astronomischen Einheit", der mittleren Entfernung zwischen Sonne und Erde!) Und dies alles aus einem Pfennig bei 5 % Zinseszins.

Dieses Rechenbeispiel zeigt auf eindringliche Weise, daß exponentielles Wachstum von Produktion und Absatz in einer Welt begrenzter Ressourcen, Absatzmärkte und dinglicher Sicherungen auf Dauer völlig unmöglich ist. Wenn sich aber das anfängliche Wachstum des Sozialprodukts (SP) abschwächt, während die Zinslasten (ZL) immer weiter exponentiell ansteigen, fressen die Zinsen einen immer größeren Teil des Sozialprodukts auf. Und die Schuldner geraten im Durchschnitt immer mehr in die Klemme und brechen unter der Last der Schulden zusammen: Unternehmen, private Haushalte, Staat sowie Zweite und Dritte Welt.

Der Zins ist wie der Krebs des sozialen Organismus der Gesellschaft. Die Entwicklung treibt schon innerhalb einiger Jahrzehnte nach dem Neubeginn einer Währung in eine Wirtschaftskrise *(Abbildung 30)*.

Auf der Grundlage des Zinssystems kann eine Währung auf Dauer ihrem Anspruch zu „währen", das heißt ihre Kaufkraft zu bewahren und eine stabile Grundlage des Wirtschaftens zu sein, nicht gerecht werden. Es muss zu krisenhaften Entwicklungen kommen, denen ein einzelnes Land allenfalls dadurch entgehen kann, dass es die Krise auf andere Länder abwälzt.

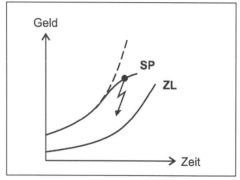

Abbildung 30: Wenn das Wachstum des Sozialprodukts (SP) mit dem Wachstum der Zinslast (ZL) nicht mehr Schritt hält, kommt es zur Wirtschaftskrise.

Die Dynamik des Zinssystems drängt geradezu – je länger, um so mehr – in Richtung gewaltsamer Lösungen, durch die auf die eine oder andere Art die krebsartig angewachsenen Schulden entwertet werden müssen, und mit ihnen spiegelbildlich die Geldvermögen *(Abbildung 31)*. Ein möglicher Verlauf besteht in einer Hyperinflation, andere mögliche Verläufe sind Revolution, Bürgerkrieg oder Krieg. Und manchmal kommt auch alles zusammen. Deutschland hat solche schrecklichen Phasen im 20. Jahrhundert zweimal durchgemacht: den Ersten Weltkrieg mit darauf folgender Hyperinflation 1923 und den Zweiten Weltkrieg mit der Nachkriegsinflation. Beide Male wurde das Krebsgeschwür der gewachsenen Verschuldung – insbesondere des Staates – aus dem sozialen Organismus heraus operiert, besiegelt durch einen „Währungsschnitt", der jeweils einen Neuanfang begründen sollte. Aber

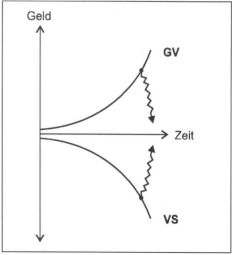

Abbildung 31: Das exponentielle Wachstum von Geldvermögen (GV) und Verschuldungen (VS) treibt unvermeidlich Entwertungsprozesse hervor.

beide Male wurde versäumt, die destruktive Dynamik des Zinseszinses aus dem Geldsystem heraus zu nehmen und das Geld vom Zins zu befreien *(Abbildung 32)*, wie Silvio Gesell dies seinerzeit gefordert hatte.

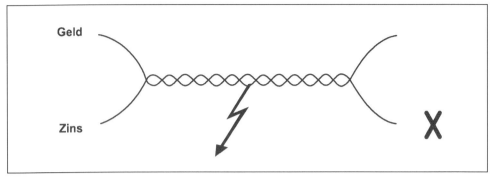

Abbildung 32: Wenn die Verknüpfung von Geld und Zins zu Krisen führt, müsste das Geld vom Zins gelöst werden.

3.4.3 Ansätze zur Überwindung des Zinssystems

Die Lösung dieses Problems ist eine der großen Herausforderungen für das 21. Jahrhundert. Es liegt bereits eine Reihe von Erfahrungen mit alternativen Geld- und Tauschsystemen vor – und auch neuere Entwürfe für „komplementäre Währungen", die das bestehende Geldsystem wenn schon nicht ersetzen, dann doch mindestens ergänzen.

Gesell hatte bereits den Kern des Zinsproblems heraus gearbeitet: Das bisherige Geld ist in seinem Wesenskern gespalten. (Ich spreche mittlerweile von „monetärer Kernspaltung" mit destruktiver Kettenreaktion.) Es ist einerseits ein Tauschmittel und kann diese Funktion nur erfüllen, wenn es kontinuierlich im real-wirtschaftlichen Kreislauf fließt. Es kann aber auch von denen, die es übrig haben, diesem Kreislauf entzogen werden, um damit zu spekulieren. Es ist also auch ein Spekulationsmittel, und aus dieser Eigenschaft heraus kann es einen hinreichend attraktiven Zins von denen erpressen, die dringend auf Kredit und auf den Durchfluss des Geldes angewiesen sind. (Gesell sprach in diesem Zusammenhang von der Überlegenheit des Geldes gegenüber den Waren, bzw. der Geldbesitzer gegenüber den Warenanbietern.) Und wenn dieser Zins nicht geboten wird, kann sich das Geld als Spekulationsmittel dem Produktions-Einkommens-Kreislauf entziehen („Geldstreik") und sich zum Beispiel in die Spekulation an die internationalen Finanzmärkte begeben, die unter diesem Einfluß immer mehr durchdrehen und von der Realität abheben, bis die Spekulationsblasen platzen. Die Funktion des Geldes als Spekulationsmittel tritt also in Gegensatz zu seiner Funktion als Tauschmittel und treibt insoweit Krisen hervor *(Abbildung 33)*.

Gesell hatte seinerzeit die Forderung formuliert, dass die Überlegenheit des Geldes gegenüber den Waren (dieser „Liquiditätsvorteil" des Geldes) durch eine Umlaufsicherungsgebühr neutralisiert werden sollte. Die Zweckentfremdung des Geldes als Spekulationsmittel sollte auf diese Weise unattraktiv gemacht und die Tauschmittelfunktion des Geldes sollte gestärkt werden. Ausgestattet mit einem nicht destruktiven Umlaufantrieb sollte das Geld auch ohne Zins in Fluss gehalten werden. Zur Vermeidung der Gebühr würde es in verstärktem Maße dem Kapital-

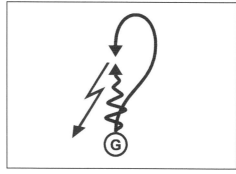

Abbildung 33: Das bisherige Geld (G) ist in seinem Wesenskern gespalten: Tauschmittel und Spekulationsmittel - "monetäre Kernspaltung" mit destruktiver Kettenreaktion.

markt zufließen und durch ein wachsendes Angebot an Geldern den Zins von selbst immer mehr absinken lassen – und mit ihm die destruktiven Folgen, die er bis dahin hervor getrieben hat.

Sollte es auf diese oder auf andere Weise gelingen, das Zinssystem zu überwinden, dann wäre das Privileg des Geldkapitals, durch Zins und Zinseszins immer mehr anzuwachsen, aufgehoben – dann wäre auch das Geldkapital dem Prinzip der Bestandserhaltung unterworfen anstelle der beschleunigten Bestandsvermehrung. Gesell hat mit diesen Überlegungen zweifellos eine wesentliche Ursache der Krise und Destruktivität des Kapitalismus aufgedeckt und einen wesentlichen Ansatzpunkt zur Lösung der Probleme herausgearbeitet. Und dennoch sollte auch dieser Aspekt nicht verabsolutiert werden, wie dies zum Teil innerhalb der Freiwirtschaftsbewegung geschieht. Denn bei aller Bedeutung ist er doch nur ein Teilaspekt eines noch umfassenderen und noch tiefer verankerten Prinzips der Missachtung des Lebendigen und der Lebensgrundlagen bei gleichzeitiger Überhöhung des toten Geldkapitals.

4 Die Not-Wendigkeit einer sozial-ökologischen Besinnung der Ökonomie

Wenn wir noch einmal Rückschau halten, läßt sich zusammenfassend feststellen, dass bei der einzelwirtschaftlichen Kosten- und Gewinnermittlung die Einsatzfaktoren bezüglich ihrer Reproduktion sehr unterschiedlich behandelt werden: Bei den leblosen Produktionsmitteln wird auf die Reproduktion geachtet, bei der Natur als Lebensgrundlage und bei der lebendigen Arbeitskraft wird demgegenüber das Prinzip der Reproduktion vernachlässigt; und dem toten Geldkapital wird nicht nur Bestandserhaltung, sondern immer schneller wachsende Bestandsvermehrung gewährt (Abbildung 34). Man kann es auch anders ausdrücken: In der deregulierten Marktwirtschaft ist die Erniedrigung von Mensch und Natur tief verankert – ebenso wie die Überhöhung des Geldkapitals. Sie sind verankert in den Grundbegriffen der Ökonomie, in den einzelwirtschaftlichen Kosten und Gewinnen.

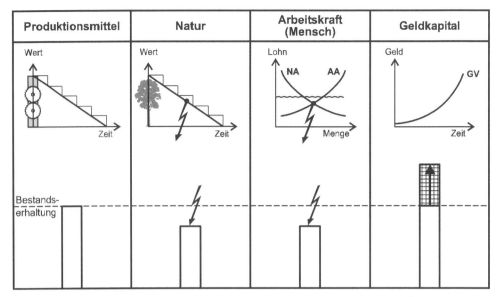

Abbildung 34: Die Missachtung von Mensch und Natur bei gleichzeitiger Überhöhung des Geldkapitals in den Grundbegriffen der Ökonomie.

Worauf es also bei der Behebung der tieferen Krisenursachen im Sinne eines sozialen und ökologischen Gesundungsprozesses ankommt, ist nicht nur ein Abbau der Privilegien des Geldkapitals (wie dies von Gesell und der Freiwirtschaftsbewegung gefordert wird), sondern auch eine hinreichende Aufwertung von Mensch und Natur in der einzelwirtschaftlichen Kosten- und Gewinnermittlung. Selbst wenn das Zinssystem überwunden würde, stellt sich die Aufwertung von Mensch und Natur nicht von selbst durch die Gesetze des Marktes ein. Und auch Sonntagspredigten oder Ethikdiskussionen werden wenig ändern können, wenn sie den Kernbereich des Wirtschaftens, die bislang besinnungslose Gewinnorientierung des Kapitalismus, diesen Tanz ums goldene Kalb, unangetastet lassen. Anstelle der Entwürdigung, die Mensch und Natur durch die bisherige Form der Gewinnermittlung in deregulierten kapitalistischen Marktwirtschaften erleiden, müsste eine ausreichende Würdigung in Form sozialer und ökologischer Mindeststandards treten. Die wesentlichen Zielgrößen des Wirtschaftens müssten mit sozialem (humanem) und ökologischem Sinn gefüllt werden: Von der Besinnungslosigkeit zur sozial-ökologischen Besinnung der Ökonomie!

Die Überwindung des krebsartigen Wachstums von Geldvermögen und Schulden bei gleichzeitiger Stärkung der Lebensgrundlagen und der lebendigen Entfaltung von Mensch und Natur sollten die Grundsätze für ein künftiges Wirtschaften sein, und sie sollten auch in den wesentlichen Orientierungsgrößen der Unternehmen (den Kosten, Erlösen und Gewinnen) verankert werden. Denn der Teufel steckt in den Grundbegriffen der Ökonomie, und dort sollte er auch erkannt und ausgetrieben werden. Erst dann wären Gewinne nicht nur Gewinne für Unternehmen und Kapital, sondern auch für Mensch und Natur. Was die Welt notwendig braucht, um die globale Not zu wenden, ist ein Wirtschaften und sind Technologien im Einklang mit Mensch und Natur – anstatt gegen sie. Wesentliche Grundlagen dafür sind bereits vorhanden.[8] Sie müssen nur noch aufgegriffen, verbreitet und umgesetzt werden.

Anmerkungen

1   Zur Problematik von Neoliberalismus und Globalisierung siehe Hans-Peter Martin / Harald Schumann: Die Globalisierungsfalle – Der Angriff auf Demokratie und Wohlstand. Rowohl Verlag, Reinbek bei Hamburg 1996.

2   Spannende Einzelheiten hierzu finden sich in dem schon erwähnten Buch von Hans-Peter Martin und Harald Schumann: Die Globalisierungsfalle – Der Angriff auf Demokratie und Wohlstand.

3   Dieser Tatbestand ist durch das mutige Engagement der „Baumfrau" in jünster Zeit ins öffentliche Bewusstsein geraten. Siehe hierzu Julia Butterfly Hill: Die Botschaft der Baumfrau. Riemann Verlag (Bertelsmann), München 2000.

4   Näheres hierzu findet sich in meinem Buch "Die Wiederentdeckung des Lebendigen" (Omega-Verlag, Aachen 2003) in Kapitel 5 sowie in meinem Aufsatz "Gewalt als Begründer und Begleiter des Feudalismus", beides unter www.berndsenf.de.

5   Siehe hierzu Jeremy Rifkin: Das Ende der Arbeit – und ihre Zukunft. Fischer Taschenbuch, Verlag Frankfurt am Main 1997.

6   Näheres hierzu unter www.paecon.net - oder unter www.berndsenf.de, Link der Rubrik "Wirtschaft & Gesellschaft".

7   Zur Problematik des Zinssystems siehe ausführlich Bernd Senf: Der Nebel um das Geld – Zinsproblematik, Währungssysteme und Wirtschaftskrisen. Gauke Verlag, Lütjenburg 1996. Die Einordnung Silvio Gesells in den theoriegeschichtlichen und historischen Zusammenhang findet sich in Bernd Senf: Die blinden Flecken der Ökonomie – Wirtschaftstheorien in der Krise. Deutscher Taschenbuch Verlag (dtv), München 2001. Siehe auch meine website www.berndsenf.de unter "Gesell" bzw. "Zins". Außerdem: www.geldreform.de sowie www.inwo.de

8   Siehe hierzu auch Bernd Senf : Die Wiederentdeckung des Lebendigen. Omega-Verlag, Aachen 2003. Darin geht es vor allem um ein tieferes Verständnis lebendiger und lebensenergetischer Funktionen in Mensch und Natur, um die Ursachen ihrer Störungen und Zerstörungen sowie um zukunftsweisende Möglichkeiten ihrer Wiederbelebung. Teile des Buches finden sich auch unter www.berndsenf.de.

Weitere Literaturhinweise

Helmut Creutz: Das Geld-Syndrom – Wege zu einer krisenfreien Marktwirtschaft, 6. Auflage, Econ Verlag, Düsseldorf 2001.

Viviane Forrester: Der Terror der Ökonomie, Zsolnay Verlag, Wien 1997.

James Goldsmith: Die Falle – und wie wir ihr entrinnen können, Deukalion Verlag, Holm 1996.

Bernard A. Lietaer: Das Geld der Zukunft – Über die destruktive Wirkung des existierenden Geldsystems und die Entwicklung von Komplementär-währungen, Riemann, Verlag (Bertelsmann), München 1999.

Werner Onken: Silvio Gesell und die Natürliche Wirtschaftsordnung – Eine Einführung in Leben und Werk, Gauke Verlag, Lütjenburg 1999.

Bernd Senf: Der Nebel um das Geld - Zinsproblematik, Währungssysteme und Wirtschaftskrisen, Gauke Verlag, Lütjenburg 1996.

Bernd Senf: Die blinden Flecken der Ökonomie - Wirtschaftstheorien in der Krise, Deutscher Taschenbuch Verlag (dtv), München 2001.

Bernd Senf: Die Wiederentdeckung des Lebendigen, Omega Verlag, Aachen 2003.

George Soros: Die Krise des globalen Kapitalismus – Offene Gesellschaft in Gefahr, Alexander Fest Verlag, Berlin 1998.

Internet

www.berndsenf.de
www.geldreform.de
www.inwo.de
www.equilibrismus.de
www.attac.de
www.paecon.net

1 Die Konferenz von Steyerberg 2000 [1]

Den Anstoß für die folgende Abhandlung bekam ich durch eine Konferenz in Steyerberg vom 15. bis 18. Juni 2000 zum Thema „Für einen neuen Geldpluralismus", veranstaltet von Margrit und Declan Kennedy. Dort trafen sich verschiedene Kritiker des bestehenden Geld- und Zinssystems, um über dessen Problematik und über mögliche Alternativen zu diskutieren. Grundlage der Diskussion bildeten die beiden kurz vorher erschienenen Bücher von Bernard A. Lietaer „Das Geld der Zukunft" und „Mysterium Geld" sowie ein entsprechendes Referat von Lietaer. Die Beiträge der übrigen Referenten bezogen sich mehr oder weniger auf diese Grundlage, gingen zum Teil aber auch darüber hinaus.

Während sich wohl alle TeilnehmerInnen in der grundlegenden Reformbedürftigkeit des bestehenden Geldsystems einig waren, gab es doch erheblich unterschiedliche bis kontroverse Auffassungen darüber, worin eigentlich die wesentlichen Problempunkte des Geldsystems liegen – und also auch über die wesentlichen Ansatzpunkte für mögliche Lösungen der damit zusammen hängenden Probleme. Zum Teil prallten die Auffassungen so auf einander, dass sie geradezu als unvereinbar erschienen. Nimmt man noch weitere Sichtweisen von Geldsystemkritikern hinzu, die auf der Konferenz nicht vertreten waren, so wird die Bandbreite der Kontroversen noch größer – und dies, wo es doch scheinbar um ein gemeinsames Anliegen geht, nämlich Lösungen zu finden und durchzusetzen, die die „destruktive Wirkung des existierenden Geldsystems" (Lietaer) überwinden helfen.

Um allerdings den „Teufel" aus dem Geldsystem auszutreiben, sollte erst einmal Klarheit darüber bestehen, worin er sich eigentlich verbirgt. Und genau darüber herrscht in der Geldreformbewegung alles andere als Einigkeit. Während die einen ihn im exponentiellen Wachstum von Geldvermögen und Schulden durch Zinseszins identifizieren (Helmut Creutz)[2], steckt er für die anderen in der Geldschöpfungsmacht der Geschäftsbanken (Ernst Dorfner, Gerhard Margreiter). Wieder andere sehen ihn in der Geldschöpfung der Zentralbanken, insbesondere dann, wenn diese ganz oder teilweise in der Hand privater Anteilseigner liegen (Eckhard Grimmel). Und noch andere sehen den monetären Sündenfall in der historisch erfolgten Loslösung des Geldes vom Gold oder Silber (Reinhard Deutsch), die das Geld zu einem (wenn auch legalen) Falschgeld habe werden lassen.

Dem gegenüber steht wiederum die Auffassung von Silvio Gesell (durch dessen Gedanken sich ja viele Geldsystemkritiker haben anregen lassen), dass die einzig sinnvolle Deckung des Geldes das erstellte Sozialprodukt sei, welches mit dem Geld gekauft werden kann. Zu ihm müsse die Geldmenge in ein sinnvolles Verhältnis gebracht werden, durch das weder Inflation noch Deflation entsteht, sondern ein stabiler Preisindex erreicht wird („Indexwährung"). Und schließlich gibt es noch die Auffassung von Gunnar Heinsohn und Otto Steiger in ihrem Buch „Eigentum, Zins und Geld", nach der Geld seine Deckung aus Wertpapieren bzw. Forderungen gegenüber Schuldnern bezieht, das heißt letztlich durch ein Versprechen von Schuldnern, den aufgenommenen Kredit zu verzinsen, zu tilgen und mit hinreichenden Sicherheiten (wie der Verpfändung von Eigentum) dafür zu haften. Demnach muss das Sozialprodukt erst einmal unter dem Druck der Schulden und der Konkurrenz geschaffen werden, ehe ihm die Geldmenge als Nachfrage gegenüber tritt und es kaufen will.

Was die einen als „Kreditgeld" oder „Schuldgeld" anprangern (zum Beispiel Thomas Estermann oder Albert Lämmel), weil das Geld von Anfang an schon bei der Emission durch die Zentralbank als Kredit in den Wirtschaftskreislauf kommt und den Kreditnehmer mit Schuld belastet, werden von anderen (Gunnar Heinsohn und Otto Steiger) Kredit und Verschuldung als wirksamer Antrieb zur Produktivitätssteigerung gepriesen. Diese könne sich nur entwickeln, wenn zur Sicherung der Schuld das Eigentum des Schuldners verpfändet werden kann, allem voran der Boden. Diese Auffassung kollidiert wiederum mit einem weiteren wesentlichen Anliegen von Silvio Gesell und anderer Bodenreformer (zum Beispiel Fritz Andres), die eine Überwindung des privaten Bodeneigentums und seine Ersetzung durch ein öffentliches Pachtsystem fordern.

Ein solch verwirrendes Nebeneinander oder gar Durcheinander und Gegeneinander verschiedenster Auffassungen war vermutlich nicht gemeint mit dem Titel des Steyerberg-Kongresses „Für einen neuen Geldpluralismus". Dabei handelt es sich ja nur um Auffassungen außerhalb des Mainstreams der Wirtschaftswissenschaft bzw. der Geldtheorie. Ist das einzig verbindende Band der Geldreformer die Ketzerei, gleichgültig aus welcher Richtung sie kommen und in welche Richtung sie gehen, oder lassen sich die einzelnen Teilaspekte – anstatt gegen einander ausgespielt zu werden – zu einem größeren Ganzen, zu einer Art Synthese zusammen fügen? Letzteres scheint mir von der Sache her mindestens zum Teil möglich zu sein, allerdings nur unter einer Voraussetzung: Dass von den Vertretern der einzelnen Auffassungen die Verabsolutierung ihrer Sichtweise, ihr Absolutheitsanspruch, überwunden wird zugunsten einer Integration unterschiedlicher Aspekte, von denen man bisher vielleicht den einen oder anderen übersehen hat.

Auf der Konferenz in Steyerberg schienen mir die Fronten zwischen unterschiedlichen Auffassungen noch ziemlich verhärtet (wobei etliche der oben genannten Richtungen noch gar nicht einmal vertreten waren). Eine besondere Verhärtung ergab sich zum Thema „Giralgelschöpfung der Geschäftsbanken", ausgelöst durch eine Kritik von Helmut Creutz an Bernard Lietaer. Mein eigener Versuch, mich in die Diskussion einzubringen, war angesichts der emotional aufgeheizten Stimmung wenig erfolgreich. Ich sah mich in dem entsprechenden Workshop mit einer erstaunlichen Abwehr konfrontiert, meine diesbezüglichen Ausführungen überhaupt erst einmal anzuhören. Mir kam es vor, als hätte ich ein Tabu berührt – selbst im Kreis von sonst so aufgeschlossenen Geldkritikern. Die Frage, um die es dabei inhaltlich ging, hat mich seither immer wieder beschäftigt, und mit einigem zeitlichen und emotionalen Abstand will ich im vorliegenden Beitrag ausführlich darauf eingehen:

„Gibt es eine autonome Giralgeldschöpfung der Geschäftsbanken,
oder handelt es sich dabei um einen Mythos?"

Wenn es sie wirklich gibt, dann handelt es sich um eine höchst problematische An-
gelegenheit – und um ein gesamtwirtschaftliches Gefahrenpotenzial dazu.

2 Problempunkte des Geldsystems

Bevor ich mich mit dieser Frage näher beschäftige, will ich aber erst einmal andeuten,
wo meiner Ansicht nach wesentliche Problempunkte des Geldsystems bzw. Punkte
von Kontroversen um das Geld liegen, und mich dabei einiger Grafiken bedienen.

2.1   Wodurch ist das Geld gedeckt?

Abbildung 1 stellt die Zentralbank als wesentliche Quelle der Geldschöpfung dar.
Das von ihr im Wege des Kredits ausgegebene (emittierte) Geld fließt in diesem Beispiel über die Geschäftsbanken als Kredit an die Unternehmen, von dort zum Beispiel über Lohnzahlungen an die privaten Haushalte, von dort über Konsumausgaben zurück an die Unternehmen, die – wenn es gut geht – davon ihre Kredite an
die Geschäftsbanken zurück zahlen können. Die Geschäftsbanken ihrerseits zahlen

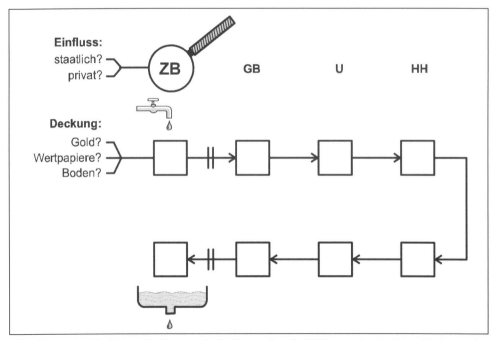

*Abbildung 1: Möglicher Einfluss auf die Zentralbank (ZB) - und mögliche Deckung des
Geldes (GB = Geschäftsbank, U = Unternehmen, HH = Haushalte).*

die anfangs von der Zentralbank aufgenommenen Kredite an diese zurück, und das Geld fließt wieder aus dem Kreislauf ab: Geldschöpfung und Geldvernichtung durch die Zentralbank – ähnlich dem Zufluss und Abfluss von Wasser bei einem Waschbecken.

Auf welcher Grundlage sollte die Zentralbank das Geld in den Wirtschaftskreislauf einfließen lassen? Als Goldmünzen, als Banknoten mit voller Golddeckung oder nur mit teilweiser Golddeckung (Goldkernwährung), als Banknoten gegen Hereinnahme von Wertpapieren, oder auf anderer „Deckungsgrundlage" wie Grund und Boden (wie in Deutschland die „Rentenmark" von 1923), oder neben Gold noch andere Ressourcen (wie Lietaer dies vorschlägt)? Dies alles folgt der Vorstellung, dass Geld bereits bei seiner Entstehung bzw. seiner Emission, durch die es in den Wirtschaftskreislauf einfließt, irgend einen Wert beinhalten oder durch irgend einen Wert gedeckt sein sollte. Ich möchte diese Auffassung „Entstehungstheorie des Geldwerts" nennen.

Dem gegenüber steht die Auffassung, dass Geld seinen Wert nicht aus irgend einer tatsächlichen oder vermeintlichen „Deckung" bezieht, sondern allein aus seiner Kaufkraft, die sich erst bei der Verwendung des Geldes zeigt, wenn das Geld als Nachfrage dem produzierten und angebotenen Sozialprodukt gegenüber tritt – und dabei einen bestimmten Preisindex bewirkt. (Ich nenne dies die „Verwendungstheorie des Geldwerts"). Oder bekommt Geld seinen Wert allein oder im Wesentlichen kraft Hoheitsakt, indem es zum allgemeinen gesetzlichen Zahlungsmittel erklärt und mit einem Annahmezwang für die Begleichung von Schulden ausgestattet wird. (Ich möchte dies die „Hoheitstheorie des Geldwerts" nennen.)

2.2   Wer steckt hinter den Zentralbanken?

Ein anderer Aspekt der Kontroversen bezieht sich auf die Frage, wer eigentlich die Zentralbanken sind bzw. durch wen sie ihrerseits beeinflusst oder kontrolliert werden. Sind es staatliche Institutionen, oder sind es private Großbanken bzw. Anteilseigner? Oder handelt es sich um Mischformen, und wenn ja, wer hat den entscheidenden Einfluss auf den „Einfluss des Geldes"? Und wie ist dieser Einfluss auf Geldschöpfung und Geldvernichtung jeweils historisch entstanden, zum Beispiel im Fall der Bank von England oder des US-amerikanischen Federal Reserve System (der „Fed") – oder der Deutschen Reichsbank, der Deutschen Bundesbank, der Europäischen Zentralbank?

Ist die „Autonomie der Zentralbanken" dort, wo es sie gibt, ein Schutz der Geldpolitik vor möglichem Missbrauch durch den Staat, oder entzieht sich die Macht über Geldschöpfung und Geldvernichtung auf diese Weise einer wirksamen öffentlichen und demokratischen Kontrolle? Waren es in der Geschichte vor allem staatliche oder vom Staat vereinnahmte Zentralbanken, die für Inflationen und Deflationen verantwortlich waren, oder waren es eher private Zentralbanken? Und wie kann dem

Missbrauch der Geldschöpfungsmacht in Zukunft am wirksamsten vorgebeugt werden? Braucht es dazu neben der Exekutive, der Legislative und der Judikative eine eigenständige und demokratisch kontrollierte Instanz der Geldschöpfung – eine „Monetative", wie ich sie nennen möchte? Oder lässt sich an dem bestehenden System der Zentralbanken (wenn es denn problematisch sein sollte) so wenig ändern, dass sich die Geldreform-Bewegung lieber auf die Entwicklung und Durchsetzung von „Komplementärwährungen" (Lietaer) auf lokaler und regionaler Ebene – oder auch auf globaler Ebene im Rahmen des Internet – konzentrieren sollte, lediglich als Ergänzung zum bestehenden Geldsystem?

2.3   Muss das Geld von Anfang an mit Zins belastet sein?

Abbildung 2 rückt einen anderen Aspekt der Gelddiskussion ins Blickfeld, nämlich die Art und Weise, wie Zentralbankgeld in den Kreislauf einfließt bzw. aus ihm heraus fließt. Vielen erscheint es ganz selbstverständlich, dass das Zentralbankgeld auf dem Weg über Kredite emittiert wird, ausgestattet mit der Verpflichtung des Schuldners zu Zinsen (Z), Tilgung (T) und dinglicher Sicherung. Das Geld käme demnach scheinbar wie naturgegeben von seiner Zeugung an mit einer Schuld daher: "Schuldgeld" – wie eine Art Urschuld.[3]

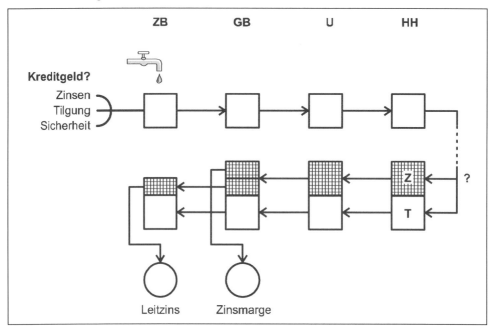

Abbildung 2: Muss das neu geschöpfte Geld von Anfang an auf Kredit und Schuld begründet sein? Und woher soll das Geld für die Zinsen kommen?

In *Abbildung 2* verschulden sich als erstes die Geschäftsbanken bei der Zentralbank. Die Zentralbank fordert für diese Kredite von ihnen einen „Leitzins". Die

Geschäftsbanken reichen das Zentralbankgeld als Kredit weiter, im vorliegenden Beispiel an die Unternehmen, und schlagen auf den Leitzins der Zentralbank ihrerseits noch einen Zinsaufschlag drauf. Die verschuldeten Unternehmen müssen nun durch ihre Erlöse nach Abzug der übrigen Kosten sowohl die Zinsen (Leitzins plus Zinsaufschlag) als auch die Tilgung erwirtschaften – und bei Abschluss des Kreditvertrages den Geschäftsbanken ausreichende Kreditsicherungen übereignen. Die Geschäftsbanken können diese Forderungen gegenüber den Unternehmen, die sie in Wertpapieren verbrieft haben, als Kreditsicherung an die Zentralbank weiter reichen. Bei Bedienung der Kredite von Seiten der Unternehmen fließen den Geschäftsbanken Zinsen und Tilgung zu, von denen sie sich den Zinsaufschlag abziehen (um ihre eigenen Kosten zu decken und einen Gewinn zu erwirtschaften). Den Rest lassen sie an die Zentralbank zurück fließen. Die Zentralbank erzielt auf diese Weise Zinserträge aus Geldemission, von denen sie ihre Kosten decken und einen Zentralbankgewinn erwirtschaften kann. Es bleibt die Frage, wem dieser Gewinn zufließt: privaten Anteilseignern oder dem Staat?

Einzelwirtschaftlich – bezogen auf den einzelnen Kredit – erscheint die Geldversorgung über Kredit und Zins sinnvoll zu sein. Gesamtwirtschaftlich wirft das Kreditgeld oder Schuldgeld allerdings grundsätzliche Fragen auf, die freilich selten gestellt werden: Wie soll das Geldsystem eigentlich funktionieren, wenn für den Rückfluss des Geldes aus dem Wirtschaftskreislauf mehr Gelder von Geschäftsbanken und Zentralbank gefordert werden (nämlich Tilgung plus Zinsen), als zu Beginn in ihn eingeflossen sind. [4] Unter solchen Bedingungen werden die Schuldner sozusagen ins Feld geschickt, um sich gegenseitig „aus dem Feld zu schlagen". Den einen kann die Begleichung der Schulden nur gelingen, wenn anderswo Schuldner auf der Strecke bleiben. Der Zins treibt die Schuldner systematisch in die Konkurrenz gegen einander – wobei sich in dem Kampf einzelne gegen andere mit einander verbinden oder verbünden können (Fusion, Kartelle). Damit aber die einen gewinnen können, braucht es wo anders Verlierer *(Abbildung 3)*.

Oder die Begleichung der Schulden aus der ersten Runde wird für alle Schuldner dadurch möglich, dass in der zweiten Runde eine wachsende Geldmenge in Umlauf gebracht wird, von der ein Teil der Bezahlung der Zinsen dient. Dies aber ist der Beginn eines Schneeballsystems, bei dem von Runde zu Runde immer mehr Geld geschöpft und über Kredite in Umlauf gebracht werden muss, um die früheren Kredite bedienen zu können. Daraus ergibt sich ein lawinenartiges Wachsen der

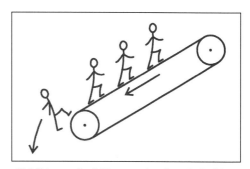

Abbildung 3: Müssen einzelne Schuldner auf der Strecke bleiben, damit die anderen den Zins erwirtschaften können?

Schulden, die im Durchschnitt nur so lange bedient werden können, wie das reale Sozialprodukt in entsprechendem Maße mit wächst – was auf Dauer aber unmöglich ist. Lässt das Wachstum nach und wird die Wachstumsrate geringer, als der Kreditzins es fordert, dann gibt es im Prinzip zwei Wege zur Spannungslösung:

- die Geldmenge wächst weiter lawinenartig an
  (also schneller als das Sozialprodukt), dann kommt es zur Inflation, oder
- das Geldmengenwachstum wird vermindert (und der Entwicklung des Sozial-produkts angepasst), dann müssen Schuldner zusammenbrechen.

Ein Geldsystem auf der Basis von Schuldgeld ist demnach ein Schneeballsystem. Im Kleinen sind solche Geldspiele verboten, im Großen sind sie die bislang selbstverständliche Grundlage nationaler und internationaler Währungssysteme. Und kaum jemand hat es gemerkt! [5]

Unter den Geldsystemkritikern gibt es eine Richtung, die diesen Aspekt betont, aber auch gleichzeitig verabsolutiert und als das einzige und wesentliche Problem des Geldsystems betrachtet: die Vertreter der so genannten „Ergokratie", zurückgehend auf den Geldreformer Heinrich Färber. Der sich auf ihr beziehende Albert Lämmel glaubt, den wesentlichen „Schlüssel" [6] zur Lösung des Geldproblems darin gefunden zu haben, dass das als Kredit in Umlauf gesetzte Geld abgelöst wird durch ein zinsfrei vom Staat emittiertes Geld. So nachdenkenswert dieser Gedanke ist, so bedauerlich ist die Bitterkeit und Polemik, mit der Lämmel nicht nur gegen das bestehende Geldsystem, sondern zum Teil auch gegen andere Geldreformer zu Felde zieht, die andere problematische Aspekte des Geldsystems beleuchten. Und umgekehrt werden die Gedanken von Albert Lämmel von etlichen „Gesellianern" nicht ernst genommen, ignoriert oder bekämpft – während doch Silvio Gesell selbst ähnliche Überlegungen hatte, als er die Schaffung eines staatlichen „Währungsamts" anstelle einer Zentralbank (damals der Deutschen Reichsbank) forderte – worauf ich später noch eingehen werde.

Wesentlich differenzierter als Albert Lämmel setzt sich Thomas Estermann mit der Problematik des Kreditgeldes und mit möglichen Alternativen in seiner hervor ragenden Broschüre „Schuldenfreies Tauschgeld Talent" [7] auseinander. Darin behandelt er nicht nur das von der Zentralbank geschöpfte und als Kredit emittierte Geld, sondern auch das (nach seiner Auffassung) zusätzlich geschöpfte Giralgeld, das ebenfalls auf dem Weg über Kredit und Zins in Umlauf gebracht wird. [8] In diesem Zusammenhang prägte er den Begriff des „Geldschöpfungszinses" – als Oberbegriff für den Zins, der im Zusammenhang der Schöpfung und Emission von Kreditgeld von der Zentralbank (Leitzins) bzw. von den Geschäftsbanken erhoben wird. Im Unterschied dazu spricht er von „Darlehenzins" für das Ausleihen von Geldern, die schon vorher in Umlauf waren – und von Darlehensgebern oder Geldanlegern (oft vermittelt über Geschäftsbanken) an Darlehensnehmer ausgeliehen werden. [9]

Wenn der Leitzins der Zentralbank weg fallen soll, dann muss natürlich darüber nachgedacht werden, was an seine Stelle treten kann, um die Geldmenge zu steuern. Im bestehenden Geldsystem geschieht dies ja wesentlich durch Veränderungen des Leitzinses: Senkung des Leitzinses zur Ausweitung der Geldmenge, Erhöhung des Leitzinses zu deren Verminderung.

Auf dem Kongress in Steyerberg war es Eckhard Grimmel, der in seinem Vortrag (wie auch in verschiedenen seiner Veröffentlichungen) die Rolle der Zentralbanken und die Art ihrer Geldemission kritisch hinterfragte – und dafür bei etlichen TeilnehmerInnen spürbar in Ungnade fiel und zum Teil sogar heftig angegriffen wurde. Als wäre auch diese Frage ein Tabu in der Geldreformbewegung geworden. Es ist zu hoffen, dass sich die Berührungsängste und Vorurteile gegenüber diesem Thema abbauen. Die Emission von Kreditgeld oder Schuldgeld durch die Zentralbank ist zwar nicht der einzige Problempunkt des Geldsystems, aber er ist ein ernst zu nehmender, und ich halte es für müßig, darüber zu streiten, ob er nun mehr oder weniger wichtig ist als andere. Wenn es mehrere Problempunkte gibt, dann sollten sie alle ins Blickfeld gerückt werden, um daraus verschiedene Ansatzpunkte zur Lösung der Probleme abzuleiten. In einem großen Gebäude gibt es auch mehrere Türen mit verschiedenen Schlössern, und es braucht mehrere Schlüssel, um sie alle öffnen zu können. Mit nur einem Schlüssel bleiben viele Räume verschlossen. Beim komplexen Gebäude des Geldsystems scheint es mir nicht viel anders zu sein. Also sollte man die verschiedenen Schlüssel zu einem Schlüsselbund verbinden – wie man dies im täglichen Leben auch tut.

2.4   Zins- und tilgungsfreies Geld für den Staat?

Eine weitere Variante der Geldreform-Diskussion, die in *Abbildung 4* angedeutet wird, bezieht sich auf die Frage, wie der Staat an die Mittel zur Finanzierung von Staatsausgaben kommen kann oder soll. Im bestehenden Geldsystem geschieht das zum Teil über die Einnahmen aus Steuern und Gebühren bzw. aus dem Verkauf öffentlichen Vermögens, zum andern Teil über Staatsverschuldung. Je weniger die Einnahmen ausreichen, um die Staatsausgaben zu decken, umso höher die Verschuldung. Es erscheint vielen ganz selbstverständlich, dass der Staat zur Deckung seiner Ausgaben Kredite aufnehmen und sie verzinsen und tilgen muss – wie jeder andere Schuldner auch.

Worin bestehen dann eigentlich die Sicherheiten, die der Staat für die aufgenommenen Kredite zu bieten hat? Übereignet er den Gläubigern zum Beispiel öffentliche Grundstücke und Gebäude und lässt sie mit einer Hypothek belasten? Oder vertrauen sie darauf, dass er zur Bedienung seiner Schulden kraft Hoheitsfunktion auf die Steuern seiner Bürger zurückgreifen und diese erhöhen kann? Oder dass er andere Staatsausgaben senkt, um die Staatsschulden zu bedienen? Oder dass er unter dem Druck der Schuldenlast öffentliches Vermögen verkauft und damit einer Art „Zwangsversteigerung" unterliegt? Oder geben ihm die Gläubiger einfach neue Kredite, um die alten Schulden zu bedienen, wodurch sich die Staatsschuld und also auch die Zinslasten in Zukunft erhöhen?

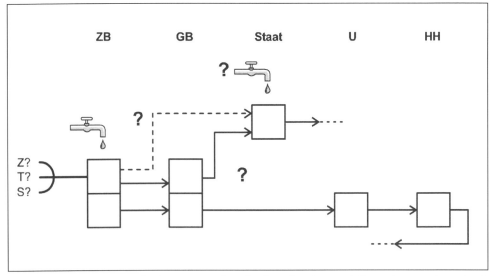

Abbildung 4: Wie sollen die Staatsausgaben (außer über Steuern) finanziert werden: durch Geschäftsbanken, durch die Zentralbank oder durch staatliche Geldschöpfung - mit oder ohne Zinsen (Z) bzw. Tilgung (T), und mit welchen Sicherheiten (S)?

Es lässt sich zeigen, dass der Staat im Rahmen des Zinssystems systematisch in eine wachsende Staatsverschuldung hinein gerät – bis zum Geht-nicht-mehr[10]. Entweder wird er sich über eine Hyperinflation, bei der alle Geldvermögen und Schulden in kürzester Zeit entwertet werden, aus seiner Staatsschuld heraus winden, oder aber es werden drastische Kürzungen der Staatsausgaben (unter dem irreführenden Begriff „Sparprogramm") notwendig – oder der Verkauf öffentlichen Vermögens durch „Privatisierung", was zum Teil einem Ausverkauf der Staates – oftmals zu Schleuderpreisen – gleich kommt. Unter dem Druck der Staatsverschuldung scheint es schließlich überhaupt keine politischen Alternativen mehr zu geben, und es ist unter solchen Bedingungen fast gleichgültig, welche politischen Parteien die Regierung stellen. Drastische „Sparprogramme" und Privatisierungen erscheinen immer mehr „alternativlos". Oder gibt es vielleicht doch grundsätzliche Alternativen der Finanzierung öffentlicher Ausgaben?

Warum eigentlich muss sich der Staat zur Finanzierung öffentlicher Aufgaben Geld beschaffen, das er zurückzahlen und auch noch verzinsen muss? Bei Krediten an private Unternehmen und Haushalte hat der Zins ja noch eine Selektionsfunktion, das heißt er wählt zwischen verschiedenen möglichen Kreditnehmern diejenigen aus, die – bei gleichen Sicherheiten bzw. gleichem Risiko – aller Voraussicht nach am ehesten in der Lage sind, neben der Tilgung den geforderten Zins zu zahlen, und das heißt letztlich auch: entsprechende Überschüsse zu erwirtschaften. Aber der Staat? Seine Aufgabe besteht doch nicht im Erwirtschaften von Überschüssen, sondern darin, öffentliche Leistungen bereit zu stellen, die vom Marktsystem als solchem nicht hinreichend bereitgestellt werden.

Und wem fließen eigentlich die Zinserträge zu, die der Staat als Zinslasten zahlen muss? [11] Werden sie auch mit in die Kürzungsprogramme einbezogen, oder wird darüber politisch gar nicht diskutiert? Wieso müssen in Zeiten der „Sparprogramme" alle den Gürtel enger schnallen, nur die Gläubiger des Staates (und auch anderer Schuldner) nicht? Im bestehenden Geldsystem bezieht der Staat seine Kredite nicht einmal direkt von der Zentralbank, sondern über die Geschäftsbanken. Also zahlt er nicht nur den Leitzins, sondern auch den Zinsaufschlag (bzw. mindestens den am Kapitalmarkt üblichen Zinssatz). Ein Teil der Zinserträge geht also an die Geschäftsbanken, ein anderer Teil fließt an diejenigen, von denen die Geschäftsbanken ihr Geld bezogen bzw. denen sie den Kauf von Staatsanleihen vermittelt haben: die Zentralbank bzw. die Geldanleger. (Die Rolle der letzteren wird in den bisherigen Grafiken noch nicht beleuchtet, aber wir kommen noch darauf zu sprechen.)

Wenn die Zentralbank ihre Gewinne an den Staat abführt (wie dies die Deutsche Bundesbank zum Teil getan hat), könnte sich doch – so sollte man meinen – der Staat oder der Finanzminister über diese Gewinnabführung freuen (wie dies verschiedentlich in den Medien auch dargestellt wird). Vergleicht man diese Beträge allerdings mit den jährlichen Zinslasten des Staates, die ein Vielfaches der Zentralbankgewinne ausmachen, so wird deutlich, dass der Staat unter dem Strich mit zu den Verlierern des Zinssystems gehört.

Ist es nicht eigentlich absurd, dass der Staat als Souverän des Volkes sich einen Großteil seiner Mittel vom Bankensystem (Zentralbank bzw. Geschäftsbanken) beschafft und dafür Zinsen zahlen muss? Und dass er im Laufe einiger Jahrzehnte unter der wachsenden Staatsschuld immer mehr zusammen bricht und einem Staatsbankrott entgegen steuert? Oder zur Vermeidung desselben öffentliches Vermögen an private „Investoren" verschleudert? Sollte nicht eigentlich der Staat auch die Souveränität über das Geldsystem haben, mindestens über die Mittel, die er für die Erfüllung seiner Aufgaben benötigt? Selbst wenn das Zinssystem ansonsten unangetastet bliebe, könnte der Staat doch direkt von der Zentralbank mit zinsfreien oder gar tilgungsfreien Mitteln versorgt werden, allerdings in wohl dosiertem Umfang, der nicht inflationär wirkt. [12]

Dies setzt natürlich voraus, dass die Zentralbank sich nicht in der Hand oder unter der Kontrolle privater Anteilseigener befindet, sondern eindeutig dem öffentlichen Interesse dient. Immerhin hat es in der Geschichte einige bemerkenswerte Beispiele gegeben, wo der Staat die Souveränität über die Geldschöpfung inne hatte und so von einer wachsenden Staatsverschuldung oder gar einem Staatsbankrott verschont blieb. Die „Brakteaten"-Währungen im blühenden Hochmittelalter (zwischen 1150 und 1350) waren eine Variante davon. Sie werden eindrucksvoll beschrieben in dem neu aufgelegten Buch von Karl Walker „Das Geld in der Geschichte".

In diesem Fall waren es die Fürsten und Bischöfe, die – ausgestattet mit dem vom Kaiser erteilten Privileg der Münzprägung – in ihrer Region ein Geld mit Umlaufsicherung heraus gaben. Dieses Geld wurde in gewissen Abständen zurück gerufen und – unter Abzug von zum Beispiel 25 % – gegen neues Geld eingetauscht usw. Bei aller Problematik der weltlichen und kirchlichen Feudalherrschaft sicherte sich der Staat auf denkbar einfache Weise die Finanzierung seines Staatshaushalts durch eine Art Besteuerung, der sich niemand entziehen konnte – ganz anders als heute angesichts der vielen legalen und illegalen Möglichkeiten von Steuerflucht und Steuerhinterziehung.

Andere Beispiele entstammen der amerikanischen Geldgeschichte: die Kolonialwährungen in den britischen Kolonien vor der Gründung der Vereinigten Staaten und deren Unabhängigkeit – sowie das „Revolutionsgeld" zur Zeit der Unabhängigkeitskriege. Allerdings gab es auch immer wieder erbitterte Kämpfe um die Geldmacht, das heißt um die Kontrolle über das Geldsystem, vor allem über die Geldschöpfung, zwischen privaten Großbanken einerseits und dem Staat andererseits. Sie werden eindrucksvoll dokumentiert in dem Buch von Stephen Zarlenga „Der Mythos vom Geld – Die Geschichte der Macht".

Mit der Gründung der Bank von England 1694 zum Beispiel wurde einer damals privaten Großbank das Privileg zur Emission von Banknoten übertragen, und der König bzw. der Staat mussten sich von da an das mit Zins belastete Geld vom Bankensystem leihen – und gerieten immer mehr unter dessen Kontrolle und in wachsende Staatsverschuldung – anstatt die Papiergeldschöpfung selbst in wohl dosiertem Maße zu betreiben. Unter solchen Bedingungen hat die private Bankenmacht direkten Einfluss auf die staatliche Politik, indem sie die Gewährung weiterer Kredite an bestimmte politische Auflagen knüpfen kann. Verschiedene Versuche, das Geldschöpfungsprivileg an den Staat zurück zu holen, sind nach Darstellung von Zarlenga immer wieder an der Macht der Banken gescheitert und zum Teil mit Gewalt vereitelt worden. Entsprechende Versuche hat es in den USA unter Präsident Lincoln und unter Präsident John F. Kennedy gegeben. Mehrere amerikanische Präsidenten haben sich – meist erst nach ihrer Amtszeit – überdeutlich zu den Gefahren geäußert, die von der Übertragung des Geldschöpfungsprivilegs auf das (private) Bankensystem ausgehen. (Siehe hierzu Kasten auf der folgenden Seite.) [13]

Das Bewusstsein der Öffentlichkeit über die wesentliche Bedeutung der Geldmacht ist im allgemeinen wenig entwickelt gewesen. Daran hat sich bis heute nicht viel geändert. [14] Wesentliche Weichenstellungen in Bezug auf das Geldsystem sind häufig unter Vermeidung öffentlicher Diskussionen vollzogen worden, zum Beispiel die Gründung des Federal Reserve System (der amerikanischen Zentralbank „Fed") 1913, hinter der private Anteilseigner der Finanzoligarchie stehen. Selbst die Weichen für die Gründung der Europäischen Zentralbank (EZB) und für die Einführung des Euro wurden 1991 auf der Konferenz von Maastricht ohne vorherige öffentliche Diskussion gestellt. [15]

Amerikanische Präsidenten zur Geldschöpfung:

"If the American people ever allow private banks to control the issue of their currency, first by inflation, then by deflation, the banks...will deprive the people of all property until their children wake-up homeless on the continent their fathers conquered.... The issuing power should be taken from the banks and restored to the people, to whom it properly belongs."

Thomas Jefferson

"History records that the money changers have used every form of abuse, intrigue, deceit, and violent means possible to maintain their control over governments by controlling money and its issuance."

James Madison

"If congress has the right under the Constitution to issue paper money, it was given them to use themselves, not to be delegated to individuals or corporations."

Andrew Jackson

"The Government should create, issue, and circulate all the currency and credits needed to satisfy the spending power of the Government and the buying power of consumers. By the adoption of these principles, the taxpayers will be saved immense sums of interest. Money will cease to be master and become the servant of humanity."

Abraham Lincoln

Despite these warnings, Woodrow Wilson signed the 1913 Federal Reserve Act. A few years later he wrote: "I am a most unhappy man. I have unwittingly ruined my country. A great industrial nation is controlled by its system of credit. Our system of credit is concentrated. The growth of the nation, therefore, and all our activities are in the hands of a few men. We have come to be one of the worst ruled, one of the most completely controlled and dominated Governments in the civilized world no longer a Government by free opinion, no longer a Government by conviction and the vote of the majority, but a Government by the opinion and duress of a small group of dominant men."

Woodrow Wilson

Quelle: www.themoneymasters.com/presiden.htm

2.5   Staatliche Grundsicherung durch zins- und tilgungsfreies Geld?

Die Frage, ob der Staat angesichts wachsender Arbeitslosigkeit und sozialer Probleme sowie drückender Schuldenlast nicht mindestens einen Teil seiner Ausgaben durch zins- und tilgungsfreies Geld finanzieren sollte, wird in jüngster Zeit von Joseph Huber in seinem Buch „Vollgeld" ausführlich diskutiert. Der Untertitel lautet: „Beschäftigung, Grundsicherung und weniger Staatsquote durch eine modernisierte Geldordnung"[16]. Darin plädiert er dafür, bei grundsätzlicher Beibehaltung des Zinssystems dem Staat von Seiten der Zentralbank soviel zins- und tilgungsfreies Geld zufließen zu lassen, wie es dem Wachstum der Geldmenge im Rahmen einer wachsenden Wirtschaft entspricht. Mit diesem Geld könnte eine allgemeine soziale Grundsicherung finanziert werden, die anders gar nicht mehr finanzierbar wäre. Dieses Modell setzt freilich ein relativ konstantes jährliches Wachstum der Geldmenge und – wenn es nicht inflationär wirken soll – ein entsprechendes Wachstum des Sozialprodukts voraus, was aber auf Dauer gar nicht möglich ist. Im Falle einer Rezession oder Geldmengenverknappung würde die Finanzierungsgrundlage dieser sozialen Grundsicherung wegbrechen – ein offensichtlicher Schwachpunkt in der Argumentation von Joseph Huber.

Auch wenn der Reformvorschlag von Huber relativ moderat vorgetragen wird und die grundsätzliche Problematik des Zinssystems von ihm unberührt bleibt, wirft er doch immerhin die ansonsten weitgehend tabuisierte Frage auf, ob der Staat neben den Steuern nicht auch zins- und tilgungsfreies Geld von der Zentralbank bekommen sollte – allerdings mit klar definierter Verwendung der Mittel für Zwecke der sozialen Grundsicherung. Ein solch moderater Vorschlag hat vielleicht eher die Chance, mindestens erst einmal diskutiert und nicht von vornherein abgewehrt zu werden. Aber im Grunde kann es sich nur um einen ersten Schritt in eine Richtung handeln, in die konsequent weiter gegangen werden sollte: dem Staat die Souveränität über das Geldsystem und über die Geldschöpfung wieder zu geben und an die Stelle einer zu verzinsenden Staatsverschuldung ein zinsfreies Geld zu schaffen (in wohl dosiertem, nicht inflationär wirkendem Umfang), mit dem der Staat sein Haushaltsdefizit decken kann, ohne unter den Druck wachsender Zinslasten zu geraten. Allerdings müsste in einem solchen System auch Sorge dafür getragen werden, dass bei einem Überhang der gesamtwirtschaftlichen Nachfrage über das angebotene Sozialprodukt dem Wirtschaftskreislauf Geld entzogen wird, damit der Preisindex annähernd konstant gehalten werden kann („Indexwährung" nach Silvio Gesell).

2.6   „Autonomie der Zentralbank" oder staatliche Souveränität über die Geldschöpfung?

Derartige Vorschläge wecken vermutlich bei vielen sogleich die Angst vor Inflation, und sie werden als Angriff auf die „Autonomie der Zentralbank" gegenüber dem Staat bzw. der Regierung abgelehnt oder abgewehrt. Der Hinweis auf die verheerende Inflation 1923 in Deutschland oder auf die Geldschöpfung der Nazis zum

Zwecke der Kriegsfinanzierung scheinen abschreckende Belege für die Gefahr der totalen Vereinnahmung der Zentralbank durch den Staat zu sein. Den wenigsten dürfte aber bekannt sein, dass die Hyperinflation in Deutschland erst einsetzte, nachdem der Staat seine Kontrolle über die private Deutsche Reichsbank 1922 weitgehend aufgegeben und sie den privaten Anteilseignern überlassen hatte – wie es Zarlenga in seinem Buch darstellt. Demnach wäre zumindest diese Hyperinflation kein Argument gegen eine staatliche Zentralbank, sondern eher ein Beispiel für die Gefahren privater Geldmacht in ihrem Einfluss auf die Zentralbank.

Zarlenga führt noch ein anderes historisches Beispiel an, das ebenfalls in einer Hyperinflation endete: das amerikanische „Revolutionsgeld" der Unabhängigkeitskriege, von dem vorhin schon kurz die Rede war. Während er zunächst die positiven Aspekte dieses vom Staat selbst geschöpften Geldes hervorhebt, erklärt er die spätere Hyperinflation als Folge eines groß angelegten Einschleusens von Falschgeld durch die britische Kolonialmacht. Die Bank von England hätte ganze Schiffsladungen von in England gedrucktem Falschgeld (das genauso aussah wie das amerikanische Revolutionsgeld) nach Amerika gebracht, um damit den amerikanischen Wirtschaftskreislauf zu überfluten und die amerikanische Währung in die Inflation zu treiben und zu ruinieren. Wenn dies zutrifft, dann wäre auch diese Inflation kein Argument gegen eine staatliche Souveränität über die Geldschöpfung, sondern gegen den Missbrauch der Geldmacht durch die Bank von England (damals eine private Zentralbank). Die Zerstörung der amerikanischen Währung wäre demnach die Fortsetzung des Krieges mit anderen (monetären) Mitteln gewesen, nachdem der Krieg mit militärischen Mitteln für England nicht zu gewinnen war.

Was den Hinweis auf den Nationalsozialismus anlangt, so sollte mindestens darauf verwiesen werden, dass in den ersten Jahren nach 1933 mit dem staatlich geschöpften Geld und mit den damit finanzierten zusätzlichen Staatsausgaben in relativ kurzer Zeit ein Abbau der Massenarbeitslosigkeit gelang, den keine vorherige Regierung nach 1929 auch nur annähernd zustande gebracht hatte – ganz im Gegenteil. Und dass diese Staatsausgaben anfangs auch in soziale und Infrastruktur-Projekte geflossen sind, ehe sie zunehmend der Aufrüstung und Kriegsfinanzierung dienten. Dieser Hinweis bedeutet in keinster Weise eine Rechtfertigung oder auch nur Verharmlosung der barbarischen Methoden, mit denen die Nazis die Gewerkschaften und die politische Opposition ausschalteten, den Krieg vorbereiteten und durchführten und mit denen sie die Zwangsarbeit und die Judenvernichtung organisiert haben. Hätten aber die vorherigen Regierungen der Weimarer Republik nach 1929 mit wohl dosierter staatlicher Geldschöpfung Staatsausgaben für zivile Produktion, Infrastruktur-Investitionen und soziale Projekte finanziert und auf diese Weise die Massenarbeitslosigkeit wirksam abgebaut, wären die Nationalsozialisten vermutlich gar nicht erst an die Macht gekommen. In dieser Zeit wurden aber nicht nur die zukunftsweisenden Geldreformvorschläge von Silvio Gesell ignoriert, sondern auch das Konzept einer „produktiver Kreditschöpfung" von Wilhelm Lautenbach (auf den in neuerer Zeit Lyndon LaRouche[17] – ein engagierter Kritiker des gegenwärtigen Weltfinanzsystems – immer wieder hinweist).

Was hier nur kurz angedeutet werden sollte, ist dies: Der Hinweis auf Hyperinflation und Kriegsfinanzierung im Zusammenhang mit Geldschöpfung sollte nicht dazu herhalten, die Diskussion um die Rückgewinnung staatlicher Souveränität über die Geldschöpfung von vornherein abzuwehren oder als „inflationistisch" oder gar als „faschistisch" zu diffamieren und damit nur Berührungsängste gegenüber diesem Thema zu erzeugen. Es geht im übrigen nicht darum, die Geldschöpfung den politischen Interessen der jeweiligen Regierung zu unterwerfen, sondern neben der staatlichen Legislative, Exekutive und Judikative eine eigenständige Instanz der staatlichen „Monetative" zu schaffen, eine staatliche Zentralbank oder Nationalbank, die der Kontrolle und dem Einfluss privater Geldmacht entzogen ist und demokratisch kontrolliert wird. Sie sollte dabei strengen Regeln der Geldversorgung unterworfen werden, die einen Missbrauch des Geldsystems sowohl von Seiten der Regierung als auch der privaten Bankenmacht verhindern.

Die gerade diskutierten Aspekte des Geldsystems – der Verlust der Geldsouveränität des Staates gegenüber dem privaten Bankensystem, die dadurch bewirkte wachsende Staatsverschuldung sowie der Verlust an politischem Handlungsspielraum – werden innerhalb der Geldreformbewegung besonders engagiert von der kanadischen Zeitschrift „Michaels Journal" vertreten. (Einige Artikel daraus wurden von Eckhard Grimmel[18] ins Deutsche übersetzt und zum Teil auch veröffentlicht.) Auch auf der Website einer amerikanischen Gruppe mit dem Namen „The Money Masters"[19] finden sich interessante Beiträge zu diesem Thema. Eine entsprechende Diskussion im deutschen Sprachraum ist nach meinem Eindruck – auch innerhalb der Geldreformbewegung – bisher viel zu kurz gekommen, obwohl wir angesichts der dramatischen Staatsverschuldung allen Anlass hätten, über diese Fragen grundsätzlich neu und vorurteilsfrei nachzudenken.

Für Bernard A. Lietaer ist die Frage nach den Anteilseignern bzw. der Kontrolle über die Zentralbanken von untergeordneter Bedeutung:

„Bis ins Jahr 1936 befanden sich nahezu alle Zentralbanken im Besitz der größten Privatbanken des jeweiligen Landes. Bis zum heutigen Tag sind zehn Zentralbanken Privatunternehmen im Besitz von Banken, darunter die Europäische Zentralbank, die Federal Reserve in den USA, die Schweizerische Nationalbank, die Bank von Italien und auch die Südafrikanische Reservebank. In den fünfziger Jahren hatten 56 Länder eine Zentralbank. Heute gibt es 170 Zentralbanken, die meisten Neuzugänge werden von den Regierungen kontrolliert. Aber es gibt auch Zentralbanken, die Regierungen und Banken gemeinsam gehören (zum Beispiel in Belgien und Japan). Entgegen den Erwartungen deutet nichts darauf hin, dass die unterschiedlichen Besitzverhältnisse sich irgendwie auf das Handeln oder die Effektivität der Zentralbanken auswirken. In allen drei Besitzkategorien finden wir sehr angesehene und effektive Zentralbanken und ebenso ausgesprochene Schlusslichter." [20]

Andere Autoren sehen das grundsätzlich anders. Und was heißt schon „angesehen" und „effektiv"? An welchen Maßstäben gemessen? Von wem angesehen – und für wen effektiv? Was besagen schon diese Begriffe, wenn im Rahmen des betreffenden Geldsystems der Staat aufgrund zu verzinsender Staatsschuld immer mehr von den wachsenden Zinslasten erdrückt wird? Wenn allerdings die staatlichen oder staatlich kontrollierten Zentralbanken nur die gleichen Grundsätze der Geldversorgung und des Zinssystems übernehmen wie die privaten, dann macht es wirklich keinen prinzipiellen Unterschied aus, ob sie nun staatlich oder privat sind. Im Rahmen einer staatlichen Zentralbank könnten aber vielleicht auch andere Modelle – wie das Modell zinsfreier oder gar tilgungsfreier Geldemission an den Staat – realisiert werden, gegen die sich private Zentralbanken vermutlich eher sträuben werden.

Auf der anderen Seite muss natürlich auch bedacht werden, dass die Privatbanken nicht von vornherein „schlecht" sind und der Staat nicht von vornherein „gut" ist. Der Staat selbst kann natürlich überall dort ein großes Problem sein, wo er von unkontrollierten Interessen durchsetzt oder von ihnen geprägt ist, sei es in Form einer Feudalherrschaft, einer Diktatur oder auch einer Scheindemokratie, die von Korruption, Bürokratie und Machtstrukturen hinter den demokratischen Kulissen beherrscht wird. Man sollte sich – auch in der Geldreformbewegung – davor hüten, den Staat allzu sehr zu verklären und von ihm allein die „Erlösung von allem Bösen" zu erhoffen, das dem bestehenden Geldsystem inne wohnt bzw. von ihm hervor getrieben wird.

2.7   Komplementärwährungen oder grundlegende Geldreform?

Vielleicht liegen die Lösungen für alternative Geld- und Tauschsysteme auch mehr in einer Loslösung nicht nur von „Vater Staat", sondern auch von „Mutter Zentralbank", in Richtung einer „monetären Autonomie" einzelner Regionen oder sozialen Netze – nach der Devise „Wir schöpfen uns unser eigenes Geld". In diese Richtung weisen auch die von Lietaer zusammen getragenen Beispiele der Geldreformbewegung in den 30er Jahren sowie in jüngster Zeit, die er unter dem Begriff „Komplementärwährungen" zusammen fasst. Sollte man sich aber deswegen mit dem bestehenden Geldsystem, mit dem Zins, mit der Rolle der Zentralbanken und mit der Staatsverschuldung abfinden – und dieses System nur durch ein paar Komplementärwährungen ergänzen, um die von ihm hervor getriebenen Probleme wenigstens sozial und ökologisch etwas abzufedern?

Mit dieser Konsequenz kann ich mich nicht abfinden. Sie mag taktisch begründet sein, um den übermächtig erscheinenden Komplex der Bankenmacht nicht allzu sehr zu Gegenreaktionen heraus zu fordern. Sie mag auch Ausdruck einer Einschätzung sein, dass sich an diesen verfestigten Machtstrukturen auch bei größten Anstrengungen wohl doch nichts ändern lässt und man die Energien lieber wirksamer in andere Zusammenhänge und Aktivitäten einbringen sollte – zum Beispiel in die Entwicklung und Umsetzung alternativer Geld- und Tauschsysteme. Und dennoch: Neben diesen wichtigen Diskussionen und Aktivitäten scheint es mir dringend geboten, mehr und mehr Klarheit über die Probleme des bestehenden Geldsystems und mögliche Alternativen zu entwickeln. Und dazu gehört auch und ganz wesentlich die Rolle der Zentralbanken und des von ihnen emittierten Schuldgeldes, insbesondere im Zusammenhang mit der wachsenden Staatsverschuldung und ihren verheerenden Konsequenzen.

Wo wäre die Anti-Atom-Bewegung denn hingekommen, wenn sie von vornherein vor dem riesigen Machtkomplex der Atomindustrie kapituliert und sich auf die Entwicklung alternativer Energiesysteme als Ergänzung zu den Atomkraftwerken konzentriert hätte? Der Ausstieg aus der Atomenergie wäre niemals eingeleitet und politisch durchgesetzt worden. Natürlich brauchte es dafür viel Geduld und Kraft, aber auch Klarheit bezüglich der Richtung notwendiger Veränderungen. Die Anti-Atom-Bewegung brauchte dafür 30 Jahre. Die Geldreformbewegung steht insoweit erst an ihrem Anfang. Sie sollte nicht frühzeitig vor den bestehenden Machtstrukturen kapitulieren, sondern ihr Ziel klar vor Augen halten: das Geldsystem aus seinen Verwicklungen mit dem Zins zu befreien. Deswegen werde ich weiterhin von „alternativen Geld- und Tauschsystemen" reden und schreiben – und mich nicht mit bloßen Ergänzungen des Zinssystems durch „Komplementärwährungen" begnügen.

In diesem Zusammenhang halte ich auch die Übertragung der taoistischen Begriffe „Yin" und „Yang" auf die verschiedenen Geld- und Tauschsysteme – wie Lietaer dies tut – für problematisch. Bei aller Würdigung des taoistischen Konzepts für Zusammenhänge, auf die es passt (zum Beispiel auf die chinesische Akupunktur, mit der ich mich selbst intensiv befasst habe [21]) erscheint mir Lietaers Gegenüberstellung von „Yang-Währungen" (dem bestehenden Geldsystem) und „Yin-Währungen" (den komplementären Geld- und Tauschsystemen) fragwürdig. Denn sie räumt den „Yang-Währungen" eine unentbehrliche Funktion ein, wenn sie nur durch „Yin-Währungen" ergänzt würden. Aber die Destruktivität des Zinssystems im Rahmen der „Yang-Währungen" würde dadurch nicht wirklich aufgehoben, und sie kehrt sich schon gar nicht in etwas Positives um.

Ich kann den Gedanken von Lietaer insoweit nicht folgen und habe mehr den Eindruck, dass er mit dieser Begriffswahl der Kritik am bestehenden Geld- und Zinssystem, die er selbst so brillant heraus arbeitet [22], gleich wieder die Spitze bricht. Vielleicht ist es Taktik, vielleicht auch Didaktik, um den möglichen Abwehrreaktionen der Gesellschaft vorzubeugen. Bei allem Verständnis für derartige Aspekte sehe ich aber die Gefahr, dass dadurch wesentliche Erkenntnisse über die grundlegende Problematik des Zinssystems und die Notwendigkeit seiner Überwindung verloren gehen. Ein missionarischer Übereifer in der Kritik des Zinssystems – wie er zuweilen in der Geldreformbewegung vorkommt – ist natürlich auch nicht sinnvoll, weil er die weit verbreiteten Abwehrhaltungen gegenüber diesem Thema nur verstärkt. Mir scheint es wichtig, in der Sache klar zu bleiben und in der Vermittlung einfühlsam in die jeweilige soziale Umgebung und das jeweilige Gegenüber zu sein.

2.8   Der Zins als Folge der Geldüberlegenheit

Im folgenden möchte ich den Blick auf einen weiteren problematischen Aspekt des bestehenden Geld- und Zinssystems richten, den viele Gesellianer bzw. Zinskritiker mittlerweile als den wesentlichen oder gar einzigen Problempunkt ansehen (obwohl Gesell durchaus auch andere Problempunkte gesehen hat). Es handelt sich im Kern um die widersprüchliche Funktion des bisherigen Geldes, nämlich einerseits Tauschmittel und andererseits Spekulationsmittel zu sein. In der einen Eigenschaft erfüllt das Geld eine öffentliche oder gesellschaftliche Funktion, indem es dem Absatz der produzierten Waren dient; in der anderen Eigenschaft erfüllt es eine private Funktion der individuellen Bereicherung. *Abbildung 5a* soll die entsprechenden Zusammenhänge verdeutlichen.

Sie zeigt links das Sozialprodukt (SP) in Form von produzierten Gütern und Dienstleistungen und rechts das dabei entstehende Volkseinkommen (VE) in Geldform. Wie das Geld in den Wirtschaftskreislauf gelangt ist (und welche Rolle dabei die Zentralbank und die Geschäftsbanken spielen), wird in dieser Grafik nicht beleuchtet. Es geht vielmehr um den Fluss des Geldes, nachdem es sich bereits im Kreislauf befindet und zum Beispiel von den Unternehmen zu den privaten Haushalten geflossen ist.

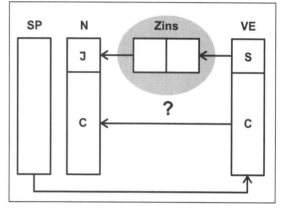

Abbildung 5a: Schafft es der Zins am Kapitalmarkt, das gesparte Geld (S) im Wirtschaftskreislauf Fluss zu halten und als Kredit (für Investitionen J) weiter zu leiten?

Das Volkseinkommen wird zum Teil für Konsumausgaben (C) verwendet, wodurch es direkt zu Nachfrage nach Sozialprodukt (N) wird. Der darüber hinaus gehende Teil wird „Sparen"[23] genannt, was noch nichts darüber aussagt, in welcher Form dies geschieht. In der vorherrschenden neoklassischen Theorie wird davon ausgegangen, dass das gesparte Geld bei den Geschäftsbanken (oder am Kapitalmarkt) gegen Sparzins angelegt und als Kredit (für Investitionen) an Unternehmen weiter geleitet wird. Dadurch entsteht eine entsprechende Nachfrage nach Investitionsgütern (I) – neben den Konsumgütern ein anderer Teil des Sozialprodukts. Die Kreditnehmer zahlen dafür den Banken den Kreditzins, der zwar mit einer bestimmten Marge über dem Sparzins liege, sich aber im Wesentlichen parallel zum Sparzins bewegen würde, so dass nur von einem „Zinsniveau" gesprochen wird. Je nachdem wie viele Spargelder angeboten und wie viele Kredite nachgefragt werden, ergibt sich ein unterschiedliches Zinsniveau, das die beiden Größen immer wieder ins Gleichgewicht bringt: der „Gleichgewichtszins". Dieser Zins würde auch für ein Gleichgewicht zwischen Sozialprodukt und gesamtwirtschaftlicher Nachfrage (C + I) führen, weil die durch das Sparen entstandene Nachfragelücke durch Investitionsnachfrage in gleicher Höhe aufgefüllt würde. Demnach dürfte es gar nicht zu einer gesamtwirtschaftlichen Kreislaufstörung oder Krise kommen.

Diese neoklassische Theorie des Gleichgewichtszinses hat Silvio Gesell in mehrfacher Hinsicht grundsätzlich in Frage gestellt. Der wesentliche Ansatzpunkt seiner Kritik liegt in dem widersprüchlichen Charakter des Geldes, den alle anderen Ökonomen vor ihm (mit Ausnahme von Pièrre Proudhon) und auch die meisten nach ihm übersehen hatten: Tauschmittel einerseits und Spekulationsmittel andererseits zu sein. Das Geld kann nämlich von denen, die es über ihre Konsumausgaben hinaus übrig haben, nicht nur zur zinsbringenden Geldanlage im realwirtschaftlichen Kreislauf verwendet werden, sondern ihm auch entzogen werden – und dies nicht nur aus irrationalen, sondern auch aus höchst rationalen Gründen. Das bestehende Geldsystem räumt jedem Geldbesitzer das Recht ein, so zu verfahren. Und je weniger attraktiv der Sparzins ist, um so mehr Geld wird dem Kreislauf entzogen und erst einmal „gehortet" (H) *(Abbildung 5b)*.

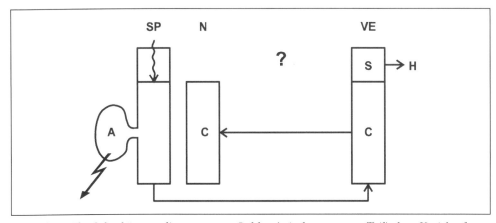

Abbildung 5b: Oder können die gesparten Gelder (mindestens zum Teil) dem Kreislauf entzogen und gehortet (H) werden - und dadurch Nach-fragemangel und Arbeitslosigkeit (A) bewirken?

Während die meisten Waren, wenn sie zurück gehalten und dem Wirtschaftskreislauf entzogen werden, mit Lagerkosten verbunden sind, könne das Geld ohne diese Nachteile gehortet werden und biete in diesem Zustand sogar noch Vorteile: der Geldbesitzer lässt sich nämlich alle Optionen offen und kann die günstigsten Gelegenheiten für seine Geldverwendung zum Beispiel in der Spekulation abwarten. Nach der Devise: „Drum prüfe, wer sich länger bindet, ob er nicht noch was Bessres findet." (In *Abbildung 5b* ist der Extremfall dargestellt, dass alle gesparten Gelder dem Kreislauf entzogen werden.) Das Geld stehe insofern mit den angebotenen Waren nicht auf einer Stufe, sei mit ihnen nicht gleichwertig („äquivalent"), sondern sei ihnen prinzipiell überlegen – und also seien auch die Geldbesitzer den Warenbesitzern überlegen und könnten ihre Überlegenheit ausspielen. In Höhe des Hortens kommt es aber im realwirtschaftlichen-Kreislauf zu einem

Nachfrageausfall, zu allgemeinen Preissenkungen (Deflation), Firmenzusammenbrüchen, Entlassungen und Arbeitslosigkeit – mit all den gesamtwirtschaftlichen Kettenreaktionen oder „Multiplikator"-Wirkungen, die die Wirtschaft immer tiefer in die Krise hinein treiben (in *Abbildung 5b* angedeutet durch den Ballon der aus dem Produktionsprozess heraus geblasenen Arbeitslosen (A) und durch den die Krise symbolisierenden Blitz).

Insofern haben die Besitzer des (den Konsum übersteigenden) Geldes die Möglichkeit, entweder die Wirtschaft in die Krise zu treiben oder aber einen für sie hinreichend attraktiven Sparzins zu fordern, als Anreiz dafür, dass sie ihr Geld dem Kreislauf nicht vorenthalten, sondern es an die Banken zwecks Kreditausleihung weiter reichen. Kommt dem Zins demnach doch eine gesamtwirtschaftlich positive Funktion zu, weil er die sonst gehorteten Gelder in den realwirtschaftlichen Kreislauf zieht und als Kredit für Investitionen verfügbar macht – und auf diese Weise einen Kreislaufkollaps verhindert? Haben die Neoklassiker demnach doch Recht, wenn sie dem „Gleichgewichtszins" eine wesentliche steuernde Funktion beimessen? Nach Auffassung von Silvio Gesell: nein! Und zwar aus drei Gründen:

- Erstens sieht er in dem Zins, den die Geldbesitzer für das Bereitstellen des Geldes fordern, eine Art Erpressung, ein Ausspielen ihrer Überlegenheit gegenüber denjenigen, die auf Kredit und auf den Durchfluss des Geldes im realwirtschaftlichen-Kreislauf angewiesen sind.

- Zweitens würde durch immer mehr Investitionen und entsprechend wachsendes Güterangebot die Durchschnittsrendite immer weiter sinken, so dass die Unternehmen im Durchschnitt auch nur noch geringere Kreditzinsen zahlen können. Das dadurch sinkende Zinsniveau würde die Geldbesitzer veranlassen, ihr Geld diesem Kreislauf zu entziehen.

- Drittens würde der Zins, selbst wenn er noch hinreichend attraktiv ist, durch die Dynamik des Zinseszinses eine Reihe von Krisen verursachen bzw. verstärken. Auf die heutige Zeit übertragen lassen sich in diesem Zusammenhang fünf Krisentendenzen benennen (in *Abbildung 5c* dargestellt durch fünf Blitze): Die Krise der Wirtschaft, der Umwelt, der Gesellschaft, des Staates und der Dritten Welt.

In meinem Buch „Der Nebel um das Geld" habe ich die entsprechenden Zusammenhänge ausführlich begründet. Hier will ich nur kurz die grundsätzliche Problematik des Zinseszinses andeuten.

Der Zinseszins lässt im Laufe der Zeit die Geldvermögen (GV) immer schneller (exponentiell) wachsen, was aber nur möglich ist, wenn irgendwo anders im Gesamtsystem die Verschuldung (VS) ebenso anwächst. Die Entwicklung der Verschuldung ist das Spiegelbild der Entwicklung der Geldvermögen *(Abbildung 6a)*. Ein derartiges Wachstum ist nicht nur unnatürlich, sondern naturwidrig, krebsartig, naturzerstörend. Was für die Geldvermögenseigentümer noch wie ein Geldsegen erscheint, bedeutet für die Schuldner im Durchschnitt einen immer unerträglicher werdenden Schuldendruck. Das Beispiel des Josephs-Pfennigs[24] macht die Dramatik des Zinseszinses überdeutlich. Ein solches System kann auf Dauer nicht funktionieren. Schon im Laufe einiger Jahrzehnte bauen sich so starke soziale Spannungen auf, dass sie sich schließlich nur noch gewaltsam entladen können. Es sei denn, die Gesellschaft verfügt über irgend welche Regeln oder Rituale (zum Beispiel das podlatch-Ritual der Nordamerikanischen Indianer)[25], durch die sich die aufbauenden Spannungen früh genug und auf relativ sanfte Weise lösen, bevor

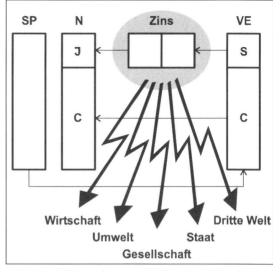

Abbildung 5c: Selbst wenn der Zins dem Horten entgegen wirkt und das Geld im Fluss hält, treibt er selbst fünf Krisentendenzen hervor.

sie immer größer werden und sich nur noch heftig und gewaltsam entladen und viele Opfer fordern (angedeutet in *Abbildung 6b*).

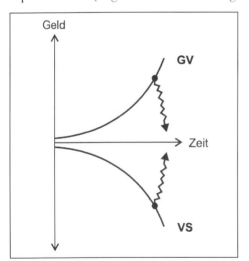

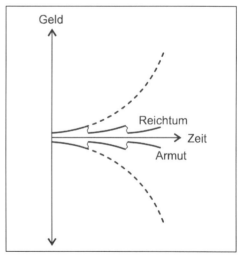

Abbildung 6a: Das exponentielle Wachstum von Geldvermögen (GV) und Verschuldung (VS) treibt unvermeidlich Entwertungsprozesse hervor - je später, um so heftiger.

Abbildung 6b: Periodischer Abbau sozialer Spannungen zwischen Arm und Reich auf freudvolle Weise: das "podlatch"-Ritual der nordamerikanischen Indianer.

Der Zins, von dem auf den letzten Seiten die Rede war, ergibt sich aus der Widersprüchlichkeit des Geldes, einerseits Tauschmittel und andererseits Spekulationsmittel zu sein. Dieses Geld ist in seinem Wesenskern gespalten *(Abbildung 7a)*,

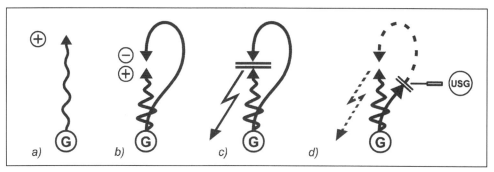

Abbildungen 7: Das bisherige Geld ist in seinem Wesenskern gespalten ("monetäre Kern-spaltung"): Fließendes Geld hat eine für den Wirtschaftskreislauf positive Funktion (a), gehor-tetes Geld (H) schlägt ins Gegenteil um (b) und treibt Krisen hervor (c). Die Umlaufsicherungs-gebühr (USG) soll die Zweckentfremdung des Geldes unterbinden und Krisen verhindern (d).

weswegen ich von „monetärer Kernspaltung" spreche – in bewusster Analogie zur atomaren Kernspaltung. Als fließendes Geld im realwirtschaftlichen-Kreislauf erfüllt es eine gesamtwirtschaftlich positive Funktion, nämlich den Absatz der pro-duzierten Waren zu ermöglichen. Wird es hingegen diesen Kreislauf entzogen, dann schlägt seine gesamtwirtschaftliche Wirkung ins Gegenteil um *(Abbildung 7b)* und treibt Krisen hervor. Wird nun versucht, mit Hilfe des Zinses das sonst gehortete Geld in den Kreislauf zurück zu ziehen bzw. den Geldumlauf zu sichern, so kommt dies dem "Austreiben des Teufels mit dem Beelzebub" gleich: Ein Übel wird mit einem noch größeren Übel bekämpft.

Der gerade behandelte Aspekt des Zinses, der sich aus der Überlegenheit des Geldes gegenüber den Waren ergibt, würde in einer Wirtschaft selbst dann entstehen, wenn es keinen Leitzins der Zentralbank gäbe, wenn also das Geld zinslos in den Kreislauf einfließen würde – jedenfalls solange die Widersprüchlichkeit des Geldes (die monetäre Kernspaltung) nicht überwunden ist. Beim „Zins durch Geldüber-legenheit" handelt es sich demnach um einen grundlegend anderen Aspekt des Zinses als beim Leitzins der Zentralbank. Deswegen wäre es auch verfehlt, allein aus der Abschaffung des Leitzinses im Zusammenhang der Geldemission eine Lösung der Zinsproblematik insgesamt zu erwarten. Sie könnte lediglich zu einer Senkung des Zinsniveaus beitragen.

Der Ansatzpunkt zur Überwindung des „Zinses aus Geldüberlegenheit" liegt dem gegenüber auf einer ganz anderen Ebene: Entsprechend den Ideen von Gesell soll-te die Überlegenheit des Geldes gegenüber den Waren aufgehoben werden, indem es ähnlich mit Lagerkosten belastet wird wie im Durchschnitt die Waren. Der Vor-teil des Geldhortens (bzw. der Spekulation) sollte neutralisiert werden, damit das Horten unattraktiv wird, und zwar durch Einführung einer „Umlaufsicherungsge-bühr" auf gehortetes Geld, die um so höher ausfallen sollte, je mehr und je länger das Geld dem realwirtschaftlichen-Kreislauf entzogen wird. So wie mit einer Akupunk-turnadel beim menschlichen Organismus am richtigen Punkt angesetzt ein gestörter

Energiefluss wieder einreguliert werden kann, so könnte mit einer Umlaufsicherungsgebühr – an der richtigen Stelle angesetzt und wohl dosiert – der gestörte Geldfluss wieder einreguliert werden, so dass sich die daraus ergebenden Krisensymptome von selbst abbauen *(Abbildung 7d)*.[26] Auf diese Weise könnten mit kleinen Einwirkungen große Auswirkungen erzielt werden: im Fall der Wirtschaft die Überwindung bzw. Vermeidung von Wirtschaftskrise und Massenarbeitslosigkeit durch Überwindung gesamtwirtschaftlicher Kreislaufstörungen *(Abbildung 8)*.

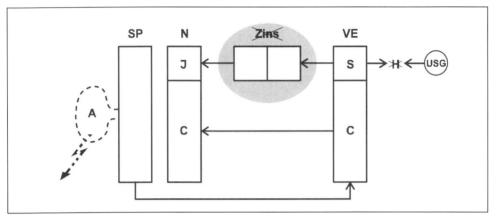

Abbildung 8: Die Umlaufsicherungsgebühr (USG) hält das Geld auch ohne Zins im realwirtschaftlichen Kreislauf und trägt zur Gesundung der Wirtschaft bei.

Man kann natürlich darüber diskutieren, welchem der beiden Aspekte des Zinses ein größeres Gewicht zukommt, dem „Zins aus Geldüberlegenheit" oder dem Leitzins der Zentralbank. Auf diese Frage bezog sich auch eine Diskussion in Steyerberg. Vor allem von Helmut Creutz und Erhard Glötzl wurde darauf verwiesen, dass die jährlichen Zinsen aufgrund des Leitzinses geradezu lächerlich seien gegenüber den Zinslasten aus aufgetürmten Schuldenbergen. Die statistischen Daten und ihre anschauliche Aufbereitung sprechen insoweit tatsächlich eine deutliche Sprache. Und dennoch meine ich, dass die Rolle der Zentralbanken und ihr Einfluss auf die Geldschöpfung mit in das Blickfeld der Öffentlichkeit gehören – einschließlich einer historischen Aufarbeitung ihrer jeweiligen Geldpolitik im Zusammenhang mit den großen Krisen (wie dies Zarlenga in seinem Buch thematisiert).

Wenn eine Zentralbank zum Beispiel Einfluss darauf hat, mit ihrer Geldpolitik eine Hyperinflation zu verursachen und anschließend die Wirtschaft in eine Deflation und Depression zu stürzen (sei es aus Unwissenheit, sei es aus bestimmten dahinter stehenden Interessen), dann sollten ihre Politik und die Strukturen der Einflussnahme kritisch beleuchtet und hinterfragt werden. Die Zentralbank sollte sich nicht hinter ihrer „Autonomie" verstecken und sich gegen grundlegende Kritik und demokratische Kontrolle immunisieren. Auch sollte sie sich zum Beispiel die Frage gefallen lassen, welchen Beitrag ihre Geldpolitik zur Entstehung von Spekulationsblasen an den Börsen und deren Platzen geleistet hat bzw. leistet. (Denn ohne ein

ständiges Füttern des Kreislaufs mit Liquidität hätten derartige Spekulationsblasen wie in den letzten Jahren gar nicht entstehen können. Heißt die amerikanische „Fed" vielleicht auch deswegen so? [27]

2.9   Giralgeldschöpfung der Geschäftsbanken

Bei aller Würdigung der Verdienste von Helmut Creutz um die Geldreformbewegung [28] gibt es auch Punkte, in denen ich mit seiner Sichtweise und Interpretation nicht übereinstimme. Einer davon bezieht sich auf die Frage: „Gibt es eine autonome Giralgeldschöpfung der Geschäftsbanken, oder handelt es sich dabei um
einen Mythos?" Helmut Creutz behauptet seit langem: Es gibt sie nicht! Ich selbst
vertrete die These: Es gibt sie doch! Allerdings anders begründet als in vielen volkswirtschaftlichen Lehrbüchern (mit der Theorie der „multiplen Kreditschöpfung", die
ich – ebenso wie Creutz, aber aus anderen Gründen – für absurd halte). Am Ende
der zum Teil emotional sehr gereizten Diskussion in Steyerberg zu dieser Frage gab
es ein Meinungsbild unter den TeilnehmerInnen. Die überwiegende Mehrheit war
danach überzeugt: Eine Giralgeldschöpfung der Geschäftsbanken gibt es nicht.

Auf diese Kontroverse will ich im Folgenden näher eingehen. Sie bezieht sich auf
einen weiteren Problempunkt des Geld- und Zinssystems, von dem in dieser Abhandlung bisher noch nicht ausführlich die Rede war. In *Abbildung 9* wird diese
Frage in den größeren Zusammenhang eingeordnet.

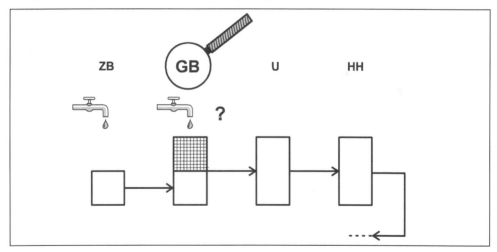

*Abbildung 9: Gibt es eine autonome Kreditschöpfung der Geschäftsbanken - über das Zentral-
bankgeld hinaus?*

In meiner Auffassung sehe ich mich in weitgehender Übereinstimmung mit Irving
Fisher (der schon in den 30er Jahren in den USA ein „100%-Money" forderte) und
mit Joseph Huber (mit seiner neuen und ähnlichen Forderung nach einem „Vollgeld"). Beide Forderungen beruhen auf der These, dass das Giralgeld [29] nur zum

Teil durch Zentralbankgeld „gedeckt" (also eigentlich nicht gedeckt) sei und dass insoweit die Geschäftsbanken zusätzliche Giralgeldschöpfung [30] betreiben. Beide sehen darin auch ein Gefahrenpotenzial, das es zu beseitigen gelte. Ich sehe mich in dieser Hinsicht auch in Übereinstimmung mit Reinhard Deutsch, der sowohl die Papiergeldschöpfung der Zentralbanken als auch die Giralgeldschöpfung der Geschäftsbanken einschließlich ihrer historischen Entstehung und Entwicklung sehr klar, anschaulich und spannend in seiner Broschüre „Zaubergeld" beschrieben hat [31]. Auch er war in Steyerberg anwesend und trug seine Sichtweise vor.

Anlass für die Kontroverse um die Giralgeldschöpfung war eine Kritik von Helmut Creutz an der Darstellung der Geldschöpfung durch Bernard Lietaer in seinem Buch „Das Geld der Zukunft". Auch ich habe Probleme mit diesem Abschnitt, der die Überschrift „Das Geheimnis des „modernen" Geldes" trägt (S. 68 bis 71). Nach meinem Eindruck wird darin das Geheimnis oder die „Alchemie des Geldes" nicht wirklich aufgeklärt, im Gegenteil. In dem Kasten auf Seite 68 findet sich zum Beispiel folgende Zusammenfassung:

„Die Alchemie des modernen Geldes (oder mit der offiziellen Bezeichnung der „Geldmengenmultiplikator") beginnt damit, dass, sagen wir, 100 Millionen „Zentralbankgeld" in das Bankensystem eingeschossen werden, zum Beispiel weil die Zentralbank Rechnungen der Regierung in dieser Höhe begleichen muss. Diese Mittel werden schließlich von den Empfängern irgendwo im Bankensystem hinterlegt, und das ermöglicht der Bank, die eine solche Einlage erhalten hat, irgend jemandem ein Darlehen über 90 Millionen zu geben (die restlichen 10 Millionen werden „stillgelegte Mittel"). Das Darlehen über 90 Millionen wird wiederum eine Einlage in entsprechender Höhe erbringen, damit ist die nächste Bank in der Lage, ein weiteres Darlehen über 81 Millionen zu vergeben – usw. – Auf diese Weise können auf dem Weg durch das Bankensystem aus den ursprünglich 100 Millionen der Zentralbank 900 Millionen als „Kreditgeld" entstehen." [32]

Es folgt eine entsprechende Grafik *(Abbildung 10)*, die diesen Zusammenhang veranschaulichen soll. Und anschließend schreibt Lietaer: „Wenn Sie diese „Alchemie des Geldes" verstanden haben, haben Sie bereits das tiefste Geheimnis unseres Geldwesens gelüftet." (Seite 70) Aber genau das tut er mit seinen Ausführungen nicht. Das Geheimnis bleibt vielmehr weiterhin im Nebel verborgen.

Lietaer bezieht sich in seinen Ausführungen auf einen Grundgedanken, der der „Theorie der multiplen Kreditschöpfung der Geschäftsbanken" in den volkswirtschaftlichen Lehrbüchern zugrunde liegt. Ich selbst bin auf diese Theorie in meinem Buch „Der Nebel um das Geld" näher eingegangen (S. 158 ff), wenn auch unter Vermeidung des mathematischen Formalismus, der üblicherweise in den Lehrbüchern darauf verwendet wird. Dieser Formalismus stiftet meiner Ansicht nach mehr Verwirrung, als dass er zum tieferen Verständnis beiträgt, und erzeugt einen falschen Schein von Exaktheit. Außerdem lenkt er den Blick von der wesentlichen Problematik der Giralgeldschöpfung ab. In dem schon 1971 von Dieter Timmer-

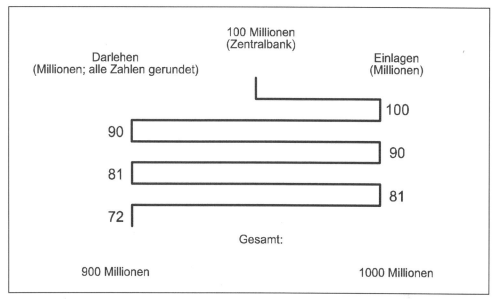

Abbildung 10: "Die Alchemie des Geldes" (Bernard Lietaer): Multiple Kreditschöpfung des Bankensystems ("Geldmengenmultiplikator") - eine fragwürdige Theorie..

mann und mir veröffentlichten dreibändigen Lehrbuch „Denken in gesamtwirtschaftlichen Zusammenhängen"[33] hatte ich diese Theorie noch viel ausführlicher dargestellt und ansatzweise auch hinterfragt. Ich muss allerdings gestehen, dass mir damals die Brisanz dieses Themas selbst noch viel weniger bewusst war, als sie es heute ist.

Während sich die Theorie der multiplen Kreditschöpfung und des darin abgeleiteten „Kreditschöpfungs-Multiplikators" üblicherweise auf die Geschäftsbanken bezieht und davon ausgeht, dass sich das Zentralbankgeld (wodurch auch immer) bereits im Wirtschaftskreislauf befindet, überträgt sie Lietaer auch gleich noch auf die Geldschöpfung der Zentralbank. Was dabei heraus kommt, ist allerdings, dass beides unverständlich und in seiner Problematik undurchschaubar bleibt – eben wie Magie[34] oder auch Alchemie. Was aber ist „des Pudels Kern"der Geldschöpfung, was hat es auf sich mit der Papiergeldschöpfung der Zentralbanken und der Giralgeldschöpfung der Geschäftsbanken? Ich möchte im Folgenden das Problem auf den mir wesentlich erscheinenden Kern reduzieren, der beiden Formen der Geldschöpfung inne wohnt. Dabei will ich nicht gleich das fertige Ergebnis nennen, sondern mich langsam und schrittweise an das Problem heran tasten – damit jeder die einzelnen gedanklichen Schritte mit verfolgen und sie kritisch überprüfen kann.

3 Die Geheimnisse der Geldschöpfung

3.1   Banknoten als Quittung für deponiertes Gold

Beginnen wir gedanklich mit der Phase der Währungsgeschichte [35], wo Goldmünzen (bzw. Silbermünzen) allgemeines Zahlungsmittel waren – und zwar Münzen mit vollem Edelmetallgehalt. Vor allem aus Sicherheitsgründen (zum Beispiel aus Angst vor Überfällen) entwickelte sich bei den Besitzern großer Goldmengen – zum Beispiel bei den Händlern – die Tendenz, das Gold in sicheren Tresoren bei den Goldschmieden und später bei den Banken zu deponieren. Dafür bekamen sie eine Quittung, auf der die eingelagerte Goldmenge bestätigt wurde. In *Abbildung 11a* wird der damit zusammen hängende Vorgang grafisch dargestellt.

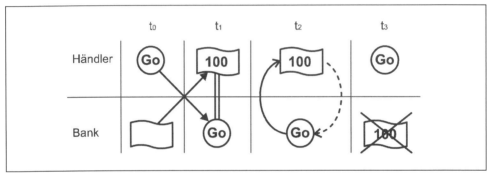

Abbildung 11a: Deponierung des Geldes bei der Bank gegen Quittung (t_1) mit Goldeinlöse-garantie (t_2). t_3 zeigt den Zustand nach erfolgter Goldeinlösung.

In der oberen Zeile befindet sich der Händler, in der unteren Zeile die Bank. Die Buchstaben t_0 bis t_3 bezeichnen die verschiedenen Zeitpunkte im Zeitablauf. Zum Zeitpunkt t_0 befindet sich das Gold noch beim Händler und das Papier für die Quittung bei der Bank. Zum Zeitpunkt t_1 ist das Gold des Händlers zur Bank geflossen, und die Bank hat dem Händler dafür eine Quittung über 100 ausgestellt und ausgehändigt. Dieser Zettel ist in Bezug auf seinen Wert dem Gold gleich, obwohl er nur aus Papier besteht. Denn er ist ausgestattet mit einer Garantie, jederzeit bei der betreffenden Bank in Gold im Wert von 100 eingelöst werden zu können („Goldeinlösegarantie"). Wird von dieser Garantie Gebrauch gemacht, dann fließt zum Zeitpunkt t_2 die Quittung vom Händler zur Bank und das Gold von der Bank zum Händler zurück. Zum Zeitpunkt t_3 befindet sich das Gold wieder beim Händler, und die Quittung wird von der Bank eingezogen und vernichtet. Die Quittung ist also insofern eine Forderung des Händlers gegenüber der Bank auf Herausgabe des entsprechenden Goldes, die von der Bank jederzeit eingelöst werden muss. Nach Abschluss dieses Vorgangs hat der Händler sein Gold wieder [36], und die Quittung der Bank ist gegenstandslos geworden, das heißt die Forderung des Händlers (bzw. die Schuld der Bank) ist gelöscht. [37]

3.2   Banknote als Zahlungsmittel mit Goldeinlösegarantie

Wenn es sich bei der Bank um eine allgemein vertrauenswürdige Bank handelt, die nicht nur das Vertrauen des Händlers A, sondern auch anderer Wirtschaftsteilnehmer (zum Beispiel B und C) genießt, dann kann sich aus der Quittung der Bank ein Zahlungsmittel entwickeln: ein Wechsel oder eine „Banknote" [38]. Anstatt dass Händler A selbst die Quittung wieder in Gold einlöst, reicht er sie weiter an B und bezahlt damit Güter oder Dienstleistungen, die er von B bezieht – vorausgesetzt, B akzeptiert diese Banknote als Zahlungsmittel. Letzterer könnte das deshalb tun, weil die Quittung ja mit einer jederzeitigen Goldeinlösegarantie einer Bank seines Vertrauens ausgestattet ist und demnach den gleichen Wert besitzt wie das Gold selbst. Aber auch er braucht die Banknote nicht selbst in Gold einzulösen, sondern kann sie seinerseits weiter reichen an C, wenn dieser sie ebenfalls als Zahlungsmittel akzeptiert. Und so weiter. *Abbildung 11b* stellt den entsprechenden Vorgang grafisch dar.

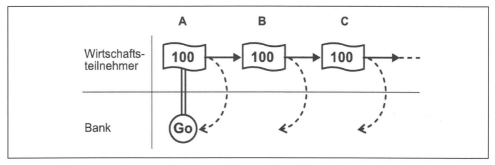

Abbildung 11b: Die Quittung (Banknote) kann als Zahlungsmittel weiter gereicht werden, jeweils ausgestattet mit Goldeinlösegarantie - ohne dass jedoch jedesmal davon Gebrauch gemacht wir.

Wohl gemerkt: Bis jetzt ist die Banknote noch zu 100 % durch Gold gedeckt und in Gold einlösbar. Denn die Goldeinlösegarantie wandert ja mit der Banknote von A zu B und von B zu C usw., und jeder von ihnen kann – wenn er sich im Besitz der Banknote befindet – jederzeit von der Goldeinlösegarantie Gebrauch machen. Diese Garantie ist auch auf der Banknote verbrieft – sozusagen „mit Brief und Siegel", und das heißt auch: fälschungssicher.

3.3   Von der Volldeckung zur Teildeckung

Nehmen wir nun aber an, aus irgendwelchen Gründen würde nun doch ein Teil der Banknoten zur Goldeinlösung bei der Bank vorgelegt – zum Beispiel um mit Gold auch im Ausland bezahlen zu können, wo die Banknoten nicht akzeptiert werden. Nehmen wir weiter an, dass erfahrungsgemäß höchstens 1/3 der Banknoten davon betroffen ist *(Abbildung 11c)*. Von dem bei der Bank deponierten Gold wird also höchstens 1/3 als Reserve für diese Goldeinlösung gebraucht. 2/3 des Goldes wären demnach „Überschussreserven".

Natürlich könnte die Bank diese 2/3 Überschussreserven dennoch in ihrem Tresor lassen, auch wenn sie nie angetastet und zur Goldeinlösung gebraucht werden. Nichts anderes würde man wohl von einer vertrauenswürdigen Bank erwarten. Denn auch diese 2/3 gehören schließlich zur Deckung der Banknoten dazu. Andererseits ist auch verständlich, dass die Bank unter den gegebenen Bedingungen auf ganz andere Gedanken kommen kann: zum

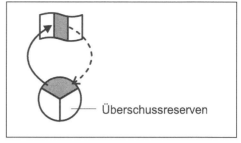

Abbildung 11c: Wenn die Banknote nur zu 1/3 in Gold eingelöst wird, werden 2/3 des deponierten Goldes zu Überschussreserven.

Beispiel die 2/3 Überschussreserven an andere als Kredite in Form von Gold ausleihen – und dafür neben der Tilgung auch noch Zinsen und Sicherheiten von den Schuldnern zu verlangen. Auf diese Weis könnten die Goldvorräte der Bank – wenn alles gut geht – vergrößert werden. Sie würde damit zwar Gold verleihen, das ihr gar nicht gehört, aber was macht das schon, wenn es keiner merkt?

3.4 Papiergeldschöpfung aus dem Nichts

Es gibt aber noch eine andere und viel genialere Idee, nämlich die Überschussreserve als Grundlage für die Schöpfung und Ausgabe zusätzlicher Banknoten zu verwenden. An dieser Stelle beginnt die Magie der Papiergeldschöpfung. Banknoten gab es ja vorher schon, aber sie waren durch entsprechendes Gold gedeckt. Jetzt aber wird zusätzlich Papiergeld aus dem Nichts geschöpft, sozusagen „aus

dem Hut gezaubert", oder besser gesagt: aus der Bank. Und wie beim Zauberer wird auch hier die Aufmerksamkeit des Publikums durch lauter Nebensächlichkeiten von der Hauptsache des Zaubertricks abgelenkt (worauf Reinhard Deutsch in seiner Broschüre „Zaubergeld" zu Recht verweist). Der Trick ist aber bei näherer Betrachtung eigentlich ganz einfach:

Die Bank druckt – zusätzlich zu dem ersten Hunderter – noch zwei weitere Hunderter, die ganz genau so aussehen wie der erste und mit der gleichen Goldeinlösegarantie ausgestattet sind (ohne dass dafür allerdings vorher zusätzliches Gold eingezahlt und deponiert wurde). Im Vertrauen darauf, dass

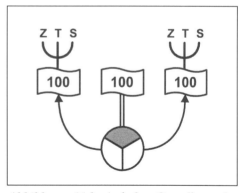

Abbildung 11d: Auf der Grundlage der Überschussreserven können zwei neue Banknoten aus den Nichts geschöpft werden (!) und über Kredit in den Umlauf gebracht werden - als Forderung der Bank (mit Zinsen, Tilgung und Sicherheit) gegenüber den Schuldnern.

auch von diesen Banknoten höchstens 1/3 in Gold eingelöst werden wird, reichen die 2/3 Überschussreserven als Reserve für die zwei neuen Hunderter aus *(Abbildung 11d)*.

Bei den zwei neu geschöpften Banknoten allerdings noch von einer „Golddeckung" zu sprechen wäre verfehlt. Denn sie sind nicht mehr voll durch Gold gedeckt, auch wenn jeder von ihnen mit einer Goldeinlösegarantie versehen ist. Von hier ab wäre es eigentlich sinnvoll, statt von „Geld" nunmehr von einem „Geldschein" zu sprechen, denn es ist eigentlich ein falscher Schein, der die neuen Banknoten umgibt. Aber es funktioniert so lange, wie alle daran glauben, wie sie sich vom falschen Schein blenden lassen und ihm vertrauen – ganz ähnlich wie im Märchen von des Kaisers neuen Kleidern. Handelt es sich also bei der Papiergeldschöpfung um "des Kaisers neue Gelder"? Und wenn ja: wer ist in diesem Fall der Kaiser?...[39]

3.5   Die Emission geschöpften Geldes durch Kreditvergabe

Die zusätzlich aus dem Nichts geschöpften Banknoten kommen dadurch in Umlauf, dass die Bank Kredite vergibt. Auf diese Weise schafft sie also Kreditgeld oder Schuldgeld. Sie benötigt dafür natürlich Kreditnehmer, die an diesem Geld interessiert und bereit sind, sich zu verschulden. Im Gegenzug gegen die Ausgabe der zusätzlichen Banknoten erhält die Bank also ein Schuldversprechen des Kreditnehmers, ausgestattet mit den typischen Eigenschaften eines Kredits: Zinsen (Z), Tilgung (T) und Sicherung (S) – in *Abbildung 11d* dargestellt durch die dreizakkigen Gabeln. Aus der Sicht der Bank handelt es sich dabei um eine verzinsliche und dinglich abgesicherte Forderung gegenüber einem Schuldner.

Damit hat die Bank sozusagen den Spieß umgedreht: Denn während die erste (auf der Goldeinzahlung begründete) Banknote noch eine Forderung des Banknoteninhabers gegenüber der Bank (auf Einlösung in Gold) darstellte, tritt dieser Aspekt bei der zweiten und dritten zusätzlich geschöpften Banknote in den Hintergrund und wird überlagert durch eine Forderung in umgekehrter Richtung, nämlich eine Forderung der Bank gegenüber dem Kreditnehmer. Mit aus dem Nichts geschöpftem Papiergeld begründet die Bank also eine sehr reale Forderung, die den Schuldner unter Druck setzt, den Schuldendienst zu leisten und dafür „zu ackern" – im wahren oder im übertragenen Sinn des Wortes.[40]

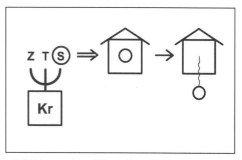

Abbildung 11e: Wird der Kredit (Kr) nicht mit Zinsen(Z) und/oder Tilgung (T) bedient, dann verliert der Schuldner die dingliche Sicherung (S) (zum Beispiel das Haus oder das Land) an die Bank - für aus dem Nichts geschöpftes Geld!

3.6   Die Enteignung säumiger Schuldner

Im Ernstfall kann diese Forderung der Bank erbarmungslos eingetrieben werden. Und wenn Zinsen und Tilgung vom Schuldner nicht – wie im Kreditvertrag vereinbart – bezahlt werden (können), dann verliert er in letzter Konsequenz das Eigentum an der dinglichen Sicherung, das stattdessen auf die Bank übergeht. Handelt es sich zum Beispiel um ein Haus, dann wird der verschuldete Hauseigentümer von seinem Haus getrennt *(Abbildung 11e)*; handelt es sich um Grund und Boden, dann verliert der Schuldner „den Boden unter den Füßen". In beiden Fällen handelt es sich faktisch um eine Enteignung des Schuldners durch die Bank – obwohl dies üblicherweise nicht so genannt wird.

Auf diese Weise haben – mit der historischen Entstehung und Entfaltung des Kapitalismus – Millionen selbständiger Bauern und Handwerker, aber auch kleine und mittlere Unternehmer ihre Existenzgrundlagen verloren und sind in die Lohnabhängigkeit abgestürzt. [41] Auf der anderen Seite bildete sich Eigentum an Produktionsmitteln bzw. Produktivkapital (in der Hand weniger heraus, die einen Teil der Lohnabhängigen einstellten, während ein anderer Teil arbeitslos blieb *(Abbildung 11f)*.

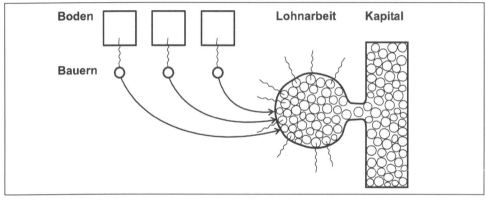

Abbildung 11f: Überschuldete und ins Bodenlose abgestürzte Bauern und Handwerker wurden zu Lohnarbeitern und überfluteten die Arbeitsmärkte.

Wenn es sich bei den Schuldner um ganze Länder handelt, die ihren Zahlungsverpflichtungen gegenüber ausländischen Gläubigern nicht nachkommen können und schließlich Bankrott machen, verlieren sie gar das Eigentum oder die Kontrolle über ihr Land. [42] Und dies alles ist möglich auf der Grundlage von Geld, das aus dem Nichts geschöpft wird! Aber wieso hat es dann kaum jemand gemerkt und kaum jemand verstanden?

3.7   Die vermeintliche „Deckung" des Papiergeldes durch Wertpapiere

Rein formal betrachtet scheint das zusätzlich geschöpfte Papiergeld durchaus „gedeckt" zu sein, und zwar durch Wertpapiere, das heißt durch Forderungen der

Bank gegenüber Schuldnern. In der Bankbilanz finden sich diese Wertpapiere – neben anderen Posten – auf der Aktivseite, während die vergebenen Kredite und die darüber emittierten Banknoten in gleicher Höhe auf der Passivseite der Bilanz ausgewiesen werden. Durch die Banknotenemission hat sich also die Bankbilanz lediglich verlängert („Bilanzverlängerung"), und alles scheint in Ordnung. Für eine „Geldschöpfung aus dem Nichts" scheint demnach gar kein Platz zu sein. Und dennoch hat sie statt gefunden! Aber sie wird verdeckt durch die Umwandlung der aus dem Nichts geschöpften Banknoten in reale Forderungen bzw. Wertpapiere.

Man könnte auch den Eindruck gewinnen, dass der Schuldner selbst – durch Über-eignung einer dinglichen Sicherung (zum Beispiel durch Beleihung seiner Immobilie mit einer Hypothek) – der eigentliche Schöpfer des Geldes sei, wie dies von manchen Geldtheoretikern vertreten wird. Aber all das ändert nichts daran, dass letztendlich die Bank als Gläubiger am längeren Hebel sitzt und im Konfliktfall auch den Schutz des Gesetzes genießt, wenn es um das Eintreiben der Forderung geht. Und dieser Gläu-bigerschutz greift nicht nur beim Ausleihen von Geld, das der Bank von Geldanlegern anvertraut wurde und nun als Kredit an andere weiter gereicht wird, sondern wohl-gemerkt auch beim Ausleihen von zusätzlich geschöpftem Geld.

Wieso wird dann eigentlich von einer „Deckung des Papiergeldes durch Wert-papiere" gesprochen? Was kann denn damit gemeint sein? Letztlich handelt es sich bei den Wertpapieren ja um ein auf die Zukunft gerichtetes Versprechen des Schuld-ners, nämlich die Schuld zu verzinsen und zu tilgen und sein Eigentum zur Kredit-sicherung zu verpfänden – das heißt es für den Ernstfall seiner Zahlungsunfähigkeit als Pfand zu übereignen. Ob das Schuldversprechen tatsächlich eingehalten werden wird, steht allerdings in den Sternen, und die Bank kann lediglich nach bestem Wissen und Gewissen alles tun, um vor der Kreditvergabe die Kreditwürdigkeit des Schuld-ners zu prüfen. Aber auch das ist keine Garantie auf die Zukunft. Denn trotz gewis-senhafter Prüfung kann es dazu kommen, dass sich im Laufe der Zeit Kredite als „faul" erweisen und Schuldner zahlungsunfähig werden. Und ob die „Sicherheiten" dann ausreichen, ist auch nicht sicher, denn sie können sich unerwartet entwerten (wenn zum Beispiel die Preise der verpfändeten „Sicherheiten" aus irgendwelchen Gründen abstürzen).

Aber immerhin werden die Schuldner erst einmal unter Druck gesetzt, mit dem auf-genommenen Kredit etwas zu erwirtschaften, was ihnen die Verzinsung und Tilgung des Kredits ermöglicht. Indem die Kredite zum Beispiel in Produktionsanlagen inve-stiert werden und damit zusätzliches Warenangebot geschaffen wird, können sie zur Hervorbringung von Sozialprodukt und zur Steigerung der Produktivität beitragen. Dem zusätzlich geschöpften Geld würden auf diese Weise nachträglich zusätzlich geschaffene Güter und Dienstleistungen gegenüber treten, die mit dem in Umlauf befindlichen Geld auch gekauft bzw. abgesetzt werden können. Auf dieser Linie der Argumentation liegen übrigens die Ausführungen von Gunnar Heinsohn und Otto Steiger in ihrem viel diskutierten Buch „Eigentum, Zins und Geld".[43] Und dennoch haftet dieser Art der Geldschöpfung etwas Problematisches an.

3.8   Geld regiert die Welt – doch wer regiert das Geld? [44]

Das Problematische an der Geldschöpfung liegt meiner Auffassung nach nicht darin begründet, dass überhaupt – zusätzlich zu Gold- und Silbermünzen bzw. voll durch Edelmetall gedecktem Papiergeld – Geld geschöpft wird. Ganz im Gegenteil: Ich halte – in Anlehnung an Silvio Gesell – eine Loslösung des Geldes vom Gold und eine Überwindung des Goldmythos sogar für eine notwendige Weiterentwicklung des Geldsystems. [45] Die Problematik liegt für mich in der Antwort auf die Frage: Wer betreibt eigentlich die Geldschöpfung mit welchen Mitteln und mit welchen Konsequenzen? Kurz ausgedrückt:

„Wer sind die Herren der (Geld-)Schöpfung?"

Wenn es Privatbanken sind, die das zusätzliche Geld aus dem Nichts schöpfen und in reale Forderungen gegenüber Schuldnern umwandeln können, dann gewinnen sie einen enormen „Einfluss" auf die Schuldner, seien es nun private Unternehmen, private Haushalte, der Staat oder „das Ausland" – indem sie das neu geschöpfte Geld (verknüpft mit Zinsen, Tilgung, Sicherheit) als Kredit in den Wirtschaftskreislauf einfließen lassen. Man sollte meinen, dass es eigentlich die Aufgabe des Staates – als dem Souverän des Volkes – sein sollte, das allgemeine Zahlungsmittel Geld zu „beeinflussen" und die Geldemission und Geldmengensteuerung in die Hand zu nehmen – anstatt dass dieses Privileg privaten Banken zukommt.

3.9   Die Gründung der Bank von England: Private Großbank mit staatlichem Privileg

Die historische Entwicklung des Geldsystems ist tatsächlich nicht bei der Emission von Banknoten durch einzelne private Banken stehen geblieben, sondern hat Zentralbanken entstehen lassen, deren Rolle in Bezug auf die Geldschöpfung im folgenden näher beleuchtet werden soll. Einen Meilenstein in dieser Entwicklung stellte die Gründung der „Bank von England" im Jahre 1694 dar. [46] Den Hintergrund bildeten Finanznöte des damaligen englischen Königs Wilhelm III. von Oranien, der – wie viele andere Könige, Kaiser, Fürsten, Bischöfe und Päpste – unter drückender Verschuldung zu leiden hatte. Angesichts der leeren Staatskasse war er auf der verzweifelten Suche nach neuen Geldern. In dieser Situation wurde ihm von William Patterson, dem späteren Gründer der Bank von England, ein genialer Vorschlag unterbreitet, auf den sich der König einließ: Stephen Zarlenga schreibt hierzu in seinem Buch „Der Mythos vom Geld – die Geschichte der Macht":

„Von der Öffentlichkeit kaum bemerkt ... wurden die mit der Gründung der Bank of England notwendig werdenden Gesetze in aller Stille verabschiedet – als Zusatz zu einem Steuergesetz über Schiffstonnage." (S. 207) „Der vorgegebene Beweggrund für die Gründung der Bank war die Beschaffung eines enormen Kredits für die Regierung Wilhelms III. Anteile dieser als Aktiengesellschaft gegründeten Institution kon-

nten gegen Goldmünzen oder -barren erworben werden ... Der Bank war es erlaubt, Noten in derselben Höhe auszugeben, wie sie Kredite an die Regierung vergab ... Die Noten der Bank of England hatten jedoch den enormen Vorteil, dass sie vom Staat für sämtliche Zahlungen akzeptiert wurden. Auch die Staatsausgaben wurden mit ihnen beglichen. Daher sollten die Noten bald mit dem Staat identifiziert werden."
(S. 208f)

Das Gold war also in diesem Falle nicht durch Händler, die es deponieren wollten, zur Bank geflossen, sondern zunächst auf dem Weg über die Neuemission von Aktien bei der Gründung der Bank. Auf der Grundlage dieser Goldbestände gab die Bank dem König Banknoten in Form von Krediten heraus, mit denen dieser seine Soldaten, seine Baumeister, seine Lieferanten und sein Personal bezahlen konnte. Dadurch, dass diese Banknoten vom Staat verausgabt, aber auch von ihm für Steuerzahlungen akzeptiert wurden, bekamen sie mehr und mehr den Charakter eines allgemeinen Zahlungsmittel. Von der anfänglichen Goldeinlösegarantie wurde nur zu einem Bruchteil Gebrauch gemacht, so dass von der Bank ein Vielfaches der Goldreserven an Papiergeld geschöpft werden konnte. Später wurden die Banknoten auch noch mit einem gesetzlichen Annahmezwang ausgestattet, das heißt sie mussten ganz allgemein zur Begleichung von Schulden akzeptiert werden.

Damit war einer privaten Großbank vom König das Privileg der Banknotenemission in Form eines allgemeinen Zahlungsmittels übertragen worden, aus dem später sogar das gesetzliche Zahlungsmittel wurde. Die Bank von England wurde auf diese Weise zur Zentralbank, zu einer „Staatsbank", aber doch nach wie vor in privaten Händen – eine merkwürdige Mischform mit enormen Konsequenzen. Von den heute noch bekannten Ökonomen war es vor allem David Ricardo (1772 bis 1823), der diese Konstruktion der Bank von England entschieden kritisierte, deren Kontrolle in den Händen von Privatleuten lag:

„Sie haben die Macht, die vorhandene Geldmenge nach ihrem Belieben und ohne jegliche Kontrolle zu erhöhen oder zu verringern: eine Macht, die weder dem Staat selbst noch irgendjemandem darin anvertraut werden sollte.... Wenn ich mir die üblen Konsequenzen vorstelle, die aus einer plötzlichen großen Reduktion oder auch aus einer beträchtlichen Erhöhung der Geldmenge erwachsen können, komme ich nicht umhin, die Leichtfertigkeit zu missbilligen, mit der der Staat die Bank mit einem solch erstaunlichen Vorrecht ausgestattet hat."[47]

Anstelle der privaten Bank von England forderte Ricardo die Gründung einer englischen Nationalbank, mit der die Regierung eigenes Geld ausgeben sollte. Auf diese Weise könnte sie davor bewahrt werden, unter wachsende Zinslast gegenüber der privaten Bank von England zu geraten:

„Wenn Papiergeld nicht mehr von der Bank geliehen werden müsste, sondern wenn die Ausgabe von Papiergeld einzig und allein in den Händen der Regierung selbst läge, dann würde dies in Bezug auf die Zinsen einen offensichtlichen Unterschied machen.

Die Bank würde keine Zinsen mehr erhalten, und die Regierung würde keine Zinsen mehr bezahlen." [48]

Andere Ökonomen der damaligen Zeit, aber auch durch die folgenden Jahrhunderte hindurch bis in die Gegenwart, haben die Problematik dieser Abhängigkeit des Staates vom Bankensystem gar nicht mehr thematisiert, sondern stattdessen den Blick in ganz andere Richtungen gelenkt oder abgelenkt. Zarlenga zieht mit einigen von ihnen hart ins Gericht. Das 12. Kapitel seines Buches trägt die Überschrift: „Die Nationalökonomen: die Priester der Bankentheologie" [49]. (S. 221) Darin schreibt er unter anderem:

„Diejenigen, deren Aufgabe es gewesen wäre, das Geldsystem ihres Landes zu verstehen und ökonomische Weichen zu stellen, die „Nationalökonomen" oder „Volkswirtschaftler", wurden statt dessen zu den Priestern einer neuen Bankenaristokratie und zu Propagandisten der monetären Machtstrukturen. Diese Ökonomen brachten falsche monetäre Vorstellungen, verhüllende Geldtheorien und primitive Konzepte vor, welche die Machtposition der Banken festigten." (Zarlenga, S. 223)

In diesem Zusammenhang findet Zarlenga auch harte Worte für Adam Smith (1723 – 1790):

„Bevor er seine Definition des Geldbegriffes vorstellt, verfälscht Adam Smith in seinem nationalökonomischen Hauptwerk Der Wohlstand der Nationen nach Kräften geschichtliche Fakten, um die Rolle der Regierung im monetären Bereich auf ein Minimum zu reduzieren." (S. 226) Indem er unter dem Preis der Waren die Menge an reinem Gold oder Silber verstehe, für die sie gekauft wird, falle er hinter die Zeit der längst existierenden Papiergeldschöpfung zurück: *„Die Bank of England war schon 80 Jahre früher in ihrer Praxis (nicht in der Theorie!) zu fortschrittlichem, abstraktem Papiergeld übergegangen. Adam Smith dagegen schlug in der Theorie eine Rückwärtsentwicklung zum Warengeld ein. Die Anwendung seiner Theorie auf die Praxis der Bank sollte für große monetäre Verwirrung und Geheimnistuerei sorgen." (Zarlenga, S. 228)*

Der „monetäre blinde Fleck" (nicht nur in Bezug auf die Zinsprolematik, sondern auch auf die Problematik der Geldschöpfung) schleppt sich tatsächlich durch mehr als zwei Jahrhunderte durch die Wirtschaftswissenschaft hindurch und hat sich weitgehend bis heute erhalten. Ob allerdings Adam Smith und andere Ökonomen diesen „Nebel um das Geld" bewusst erzeugt haben, wie Zarlenga dies unterstellt, wage ich zu bezweifeln. Vielfach scheinen es mir ganz unbewusste Mechanismen zu sein, die dazu führen, bestimmte Aspekte der Realität aus der Wahrnehmung auszublenden. Im weiteren Verlauf der Geschichte wurde die Bank von England zur mächtigsten und einflussreichsten Zentralbank der Welt. Später wurde sie in dieser Rolle abgelöst durch die 1913 gegründete amerikanische Zentralbank „Fed". Dazwischen liegen rund 300 Jahre Geschichte der Industrialisierung und des von England ausgehenden Kolonialismus, der zum Aufbau des Britischen Empires führte. Das Bankenzentrum der Londoner City mit der Zentralbank, den Hauptsitzen der

Geschäftsbanken und der Börse, wurde in dieser Zeit zum wichtigsten Finanzplatz der Welt. Wie hieß doch gleich die These zur Macht der Banken:

„Mit selbst geschöpftem Geld beherrschen sie die Welt."

Nachdem also der König das Privileg der staatlichen Banknotenemission auf die Bank von England übertragen hatte, konnte diese – auf der Grundlage der uns schon bekannten Zusammenhänge – Banknoten aus dem Nichts schöpfen, denen später durch Brief und Siegel bzw. durch das Portrait und die Unterschrift des Königs noch der Schein der Vertrauenswürdigkeit anhaftete. Brauchte der König (über die Steuereinnahmen hinaus) noch weiteres Geld, so musste er sich dies auf dem Weg über verzinste Kredite besorgen – zum Beispiel von der Bank, der er vorher das Banknotenprivileg übertragen hatte. Die Souveränität über das Geld, das die Könige früher durch das Münzprägerecht innehatten, war ihm auf diese Weise abhanden gekommen. Es lag nun in der Hand der Bank von England, die zwar nach außen hin den Anschein einer staatlichen Bank erweckte, die aber tatsächlich eine private Großbank mit staatlich erteiltem Privileg war. [50]

Sie hatte es nun in der Hand, ob und unter welchen Bedingungen sie dem König neue Kredite gewährte – und sei es auch nur zur Bedienung der Altschulden. So konnte sie zum Beispiel auch Einfluss darauf nehmen, welche Kriege gegen wen von ihr finanziert wurden und welche öffentlichen Ausgaben nicht. Über die Beeinflussung des Geldes bekam sie damit einen wesentlichen Einfluss auf die Politik, ohne aber mit ihrer Macht direkt in Erscheinung treten zu müssen. Ihren Einfluss konnte sie sozusagen hinter den Kulissen geltend machen. War dies schon unter feudalstaatlichen Bedingungen im Rahmen der Monarchie problematisch, so wurde es noch problematischer im Rahmen demokratischer Gesellschaften, die ja zumindest den Anspruch erheben, dass die Politik von den demokratisch gewählten Parlamenten und Regierungen bestimmt wird – und nicht von der unsichtbaren und unkontrollierten Macht der Banken.

Durch die aufgezeigte Entwicklung war die im Grunde genommen absurde Situation entstanden, dass der König (bzw. allgemein: der Staat) die Gelder zur Finanzierung öffentlicher Ausgaben nicht nur zurück zahlen, sondern auch noch verzinsen musste und dadurch immer tiefer in die Staatsverschuldung hinein geriet – und in die Abhängigkeit von derjenigen Institution, der er erst einmal die Souveränität über die Geldemission übertragen hatte - und, die später mit dem Begriff „Autonomie der Zentralbank" als unantastbar galt.

3.10 Geschichte des Geldes – Geschichte der Macht

Waren damals dem König und später den Parlamenten von Seiten der Großbanken bewusst Fallen aufgestellt worden, in die sie nichts ahnend hinein getappt sind, oder wurden sie gar unter Druck gesetzt, um einer solchen Konstruktion des Geldwesens zuzustimmen? Wenn man die Geschichte des Geldes unter diesem Gesichtspunkt studiert, verdichten sich solche oder ähnliche Vermutungen immer mehr. Das sehr umfängliche Buch von Stephen Zarlenga „Der Mythos vom Geld – die Geschichte der Macht", in dem er unter anderem die Geldgeschichte der USA, aber auch anderer Länder dokumentiert, liest sich über weite Strecken wie ein Krimi. Auch in der Broschüre von Reinhard Deutsch (mit dem Titel „Zaubergeld") werden Funktionsweise und Problematik der Geldschöpfung sowie die Geschichte des Geldes sehr klar und spannend beschrieben (S. 9 – 59). [51] Sehr aufschlussreich ist auch das Buch von Karl Walker „Das Geld in der Geschichte", in dem unter anderem über die Versuche staatlicher Papiergeldschöpfung von John Law in Frankreich 1718 und über die so genannten „Assignaten" zur Zeit der französischen Revolution 1789 berichtet wird – und auch über die Hintergründe für deren Scheitern. In dem Kapitel „John Law und sein Papiergeld" schreibt Karl Walker:

„Als der Sonnenkönig Ludwig XIV. 1715 starb, waren in Frankreich allein die jährlichen Zinsen für die Staatsschuld schon größer als die laufenden Staatseinnahmen. Der Regent Herzog Philipp von Orléans, der den unmündigen Knaben Ludwig XV. vertrat, fand keinen Rat mehr. In dieser Zeit hatte John Law einigen europäischen Höfen phantastisch anmutende Finanzierungsprojekte unterbreitet, war zuerst abgewiesen, dann aber in Frankreich doch herangezogen worden. John Law, ein Mann von schottischer Herkunft, im Bankwesen bewandert und weit gereist, bekam die Erlaubnis zur Errichtung einer privaten Kreditbank, die bald schon zu einer Staatsbank umgewandelt wurde. Diese Bank gab Zettel aus, von denen Law zunächst nicht mit Unrecht sagte, dass sie genauso gut wie Metallgeld für Zahlungszwecke benutzt werden könnten. Nach seiner Theorie sollten diese Zettel durch den Grund und Boden gedeckt sein..." (S. 171)

„Bereits im Jahre 1718 wurden seine Zettel Staatspapiergeld. Da in Frankreich um diese Zeit dank der Verschwendung des Hofes Geldmangel herrschte, brachte das Papiergeld wirklich eine Erleichterung. Handel und Gewerbe blühten wieder auf, und der Zinsfuß sank... Die Staatsbank gab Geld aus, Gewerbe und Manufakturen blühten auf, zahlloses Volk aus aller Welt strömte nach Frankreich und nach den französischen Kolonien." (S. 171f)... „Aber die Notenpresse der Staatsbank war nicht mehr aufzuhalten. Der Herzog von Orléans soll mehr Geld haben drucken lassen, als John Law überhaupt wusste... Und so, wie das Geld vermehrt wurde, stiegen die Preise – sie stiegen so rasch, dass die Produktion bei aller Emsigkeit nicht mehr nachkommen konnte." (S. 172)

Die Inflation und die gegen sie erlassenen Gesetze führten schließlich zu einem solchen Aufruhr, dass sich John Law dem Volkszorn nur noch durch Flucht entziehen konnte.

Die Geldgeschichte der USA, wie sie Stephen Zarlenga nachzeichnet, liest sich ebenfalls ungeheuer spannend. Er widmet ihnen mehrere Kapitel, deren Überschriften allein schon neugierig machen:

- Die Kolonialwährungen der USA
- Die Geldmacht gegen die Verfassung der Vereinigten Staaten
- Ein Vergleich zwischen der staatlichen und der privaten Geldemission der USA
- Greenbacks – echtes amerikanisches Geld
- Die monetären Verbrechen des 19. Jahrhunderts – die großen Demonetisierungen
- Der Triumph der Bankiers – die Einrichtung des Federal Reserve System
- Das Federal Reserve System ruiniert Amerika
- Ein Plädoyer für eine vierte Staatsgewalt

Die Ausführungen von Bernard Lietaer zur Frage von Geldschöpfung und Zentralbanken in seinem Abschnitt „Das Geheimnis des „modernen" Geldes" geben dem gegenüber nur wenig her, wenn er zum Beispiel schreibt:

„Nachdem der Nationalstaat die maßgebliche Macht geworden war, schlossen die Regierungen und das Bankensystem einen Handel ab. Das Bankensystem erhielt das Recht, Geld als „gesetzliches Zahlungsmittel" in Umlauf zu bringen, und im Gegenzug verpflichtete es sich, jederzeit finanzielle Mittel in der von der Regierung benötigten Höhe zur Verfügung zu stellen." [52]

Man kommt bei diesen Formulierungen gar nicht auf den Verdacht, dass daran irgendetwas problematisch sein könnte. Die „Alchemie des Geldes" und der Geldschöpfung zu entzaubern oder auch nur verständlich zu machen, ist Lietaer mit diesem Abschnitt wirklich nicht gelungen.

4 Silvio Gesells Konzept eines staatlichen Währungsamts mit zinsfreier Geldemission

Ganz im Unterschied dazu hatte Silvio Gesell die Problematik der zinsbelasteten Geldemission durch die Zentralbank schon 1916 in seinem Hauptwerk „Die Natürliche Wirtschaftsordnung" angesprochen – eine Tatsache, die in der Geldreformbewegung weitgehend in Vergessenheit geraten ist und auf die Eckhard Grimmel [53] in seinen Veröffentlichungen besonders eindringlich hinweist. Auf der Konferenz in Steyerberg hat er mit diesem Hinweis bei vielen TeilnehmerInnen eine erhebliche Abwehr hervorgerufen. Ich möchte ihn dennoch darin unterstützen, diesen Aspekt des Gesamtwerks von Gesell in Erinnerung zu rufen und als Anstoß zur weiteren Diskussion und Aktualisierung aufzunehmen.

Unter den Überschriften „Wie der Staat das Freigeld [54] in Umlauf setzt" bzw. „Wie das Freigeld verwaltet wird" finden sich bei Gesell unter anderem folgende Formulierungen [55]:

- *„Mit Einführung des Freigeldes wird der Reichsbank das Recht der Notenausgabe entzogen, und an die Stelle der Reichsbank tritt das Reichswährungsamt, dem die Aufgabe zufällt, die tägliche Nachfrage nach Geld zu befriedigen.*

- *Das Reichswährungsamt betreibt keine Bankgeschäfte... Es tritt in keinerlei Beziehungen zu Einzelpersonen.*
- *Das Reichswährungsamt gibt Geld aus, wenn solches im Lande fehlt, und es zieht Geld ein, wenn im Lande sich ein Überschuss zeigt...(S. 243)*
- *Nachdem das Freigeld in Umlauf gesetzt ... worden ist, wird es sich für das Reichswährungsamt nur mehr darum handeln, das Tauschverhältnis des Geldes zu den Waren ... zu beobachten und durch Vermehrung oder Verminderung des Geldumlaufs den Kurs des Geldes fest auf ein genau bestimmtes Ziel, die Festigkeit des allgemeinen Preisstandes der Waren, zu lenken...*
- *Um die Geldausgabe zu vergrößern, übergibt das Reichswährungsamt demFinanzminister neues Geld... Das Reichswährungsamt beherrscht also mit dem Freigeld das Angebot von Tauschmitteln in unbeschränkter Weise. Es ist Alleinherrscher, sowohl über die Geldherstellung, wie über das Geldangebot." (S.244f*

Das Wesentliche an diesen Ideen scheint mir die Forderung zu sein, dass dem Staat die Souveränität über die Geldschöpfung und Geldmengensteuerung zukommen sollte – und dass er das Geld zinsfrei in Umlauf bringen sollte, im Gegensatz zu einer mit Zins belasteten Geldemission durch das Bankensystem. Es sollte allerdings auch gesehen werden, dass Gesell in späteren Schriften gegenüber der zentralen Rolle des Staates eine wesentlich skeptischere Einstellung entwickelt und sich mehr an dezentralen bis anarchistischen Vorstellungen orientiert hat.

5 Giralgeldschöpfung der Geschäftsbanken – Mythos oder Realität?

Wenden wir uns nun der Frage zu, ob es über die Papiergeldschöpfung der Zentralbanken hinaus eine eigenständige Giralgeldschöpfung der Geschäftsbanken gibt – und wenn ja, wie diese zu begründen ist. Ich möchte hierzu gleich meine eigene Sichtweise vorstellen und sie anschließend in Beziehung zu anderen Auffassungen zu diesem Thema setzen.

5.1   Sichtguthaben mit Bargeld-Einlösegarantie

Beginnen wir gedanklich damit, dass ein Bankkunde A bei der Geschäftsbank GB_1 ein Girokonto eröffnet und auf dieses Konto eine (von der Zentralbank ausgegebene) Banknote von 100 Euro einzahlt. Der Bankkunde bekommt dafür auf seinem Konto diesen Betrag gut geschrieben und verfügt damit über ein so genanntes Sichtguthaben, das durch eine Sichteinlage[56] begründet wurde (in *Abbildung 12a* durch das eingerahmte Konto unter t_1 dargestellt). Es handelt sich wohlbemerkt nicht um ein Sparkonto, bei dem das eingezahlte Geld für die Dauer des Sparvertrags fest angelegt wird, sondern um ein Girokonto oder „laufendes Konto", von dem der Bankkunde maximal in Höhe seines Sichtguthabens Bargeld bei seiner Bank abheben (oder aus dem Geldautomaten ziehen) kann. Das Sichtguthaben bedeutet also insoweit eine jederzeit einlösbare Forderung des Bankkunden

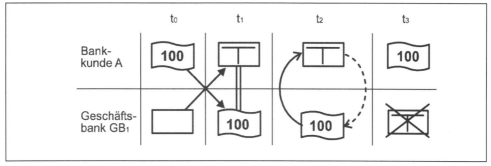

Abbildung 12a: Einzahlung von Bargeld bei der Bank gegen (passive) Schaffung eines Sichtguthabens (t₁) mit Bargeldeinlösegarantie (t₂). t₃ zeigt den Zustand nach erfolgter Bareinlösung (Barabhebung) in voller Höhe.

gegenüber der Geschäftsbank auf Auszahlung von Bargeld, eine Art „Bargeld-Einlösegarantie". (Von Überziehungskrediten oder Dispokrediten wollen wir erst einmal absehen.) Die Bank muss darauf achten, dass sie diese Forderung erfüllen kann. Für sie bedeutet das Sichtguthaben des Bankkunden eine Verpflichtung (eine Verbindlichkeit) und erscheint auf der Passivseite ihrer Bilanz, während der eingezahlte 100-Euro-Schein auf der Aktivseite als Barreserve verbucht wird. Eigentlich müsste die Bank das auf das Girokonto eingezahlte Bargeld jederzeit für den Fall bereit (liquide) halten, dass der Bankkunde es in bar abheben will. Dann wäre das Sichtguthaben zu 100 % durch Bargeld gedeckt („100%-Money" nach Irving Fisher).

5.2 Sichtguthaben und bargeldlose Zahlung

Nun hat aber der Bankkunde A noch eine weitere Möglichkeit, über sein Sichtguthaben zu verfügen, nämlich den darauf stehenden Betrag (oder einen Teil davon) weiter zu reichen an B, der ebenfalls ein Girokonto bei der gleichen Geschäftsbank GB₁ besitzt – und zwar auf dem Weg über eine bargeldlose Zahlung *(Abbildung 12b)*.

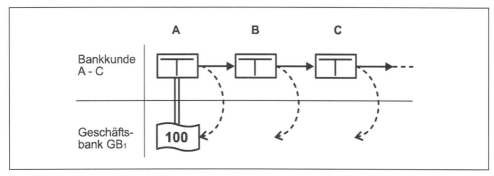

Abbildung 12b: Das Sichtguthaben kann durch bargeldlose Zahlung weiter gereicht werden, jeweils ausgestattet mit Bargeldeinlösegarantie - ohne dass jedoch jedesmal davon Gebrauch gemacht wird.

Das kann ein Scheck sein oder eine Überweisung oder eine Kreditkarte. Die Bank braucht zur Durchführung des Zahlungsauftrags lediglich eine Umbuchung vorzunehmen: Die 100 Euro werden vom A-Konto abgebucht und dem B-Konto gut geschrieben *(Abbildung 12c)*.

Auf diese Weise verliert A sein Sichtguthaben über 100 Euro (oder Teile davon) (= Minus-Schraffur), während B ein (zusätzliches) Sichtguthaben in gleicher Höhe (= Plus-Schraffur) erhält.

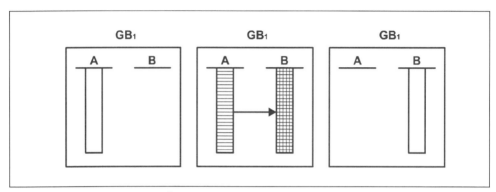

Abbildung 12c: Bankinterne Überweisung vom Konto des A auf das Konto des B - alleine durch Umbuchung ohne Bargeldbewegung.

Bankkunde B kann den entsprechenden Betrag (oder Teile davon) nun seinerseits an C überweisen, der ebenfalls ein Girokonto bei der gleichen Bank besitzt. Mit der Überweisung geht jeweils auch die Bargeld-Einlösegarantie auf B bzw. auf C über. Auch sie könnten nun jederzeit in Höhe ihres Sichtguthabens die Auszahlung in Bargeld von ihrer Bank fordern *(angedeutet durch die gestrichelten Pfeile in Abbildung 12b)*. Die Bank hätte dafür die 100 Euro, die Kunde A zu Anfang eingezahlt hatte, als Bargeldreserve verfügbar.

Während das erste Sichtguthaben von A in unserem Beispiel noch durch eine Einzahlung von Bargeld entstanden ist (also auch „Sichteinlage" genannt werden kann), sind die folgenden Sichtguthaben bei B und C lediglich aus Umbuchungen entstanden. Und dennoch kann mit diesen Sichtguthaben bezahlt werden wie mit Bargeld – wenn bargeldlose Zahlungen erst einmal allgemein akzeptiert sind. Dieses lediglich durch Umbuchungen entstandene Geld wird vielfach auch „Buchgeld" oder „Giralgeld" genannt.[57]

5.3   Von der Volldeckung zur Teildeckung der Sichtguthaben

Wenn sich nun der bargeldlose Zahlungsverkehr so verbreitet hat, dass erfahrungsgemäß höchstens 1/3 der Sichtguthaben noch in Bargeld (bzw. Zentralbankgeld[58]) eingelöst wird *(Abbildung 12d)*, dann ergeben sich für die Geschäftsbanken bis-

her ungeahnte Möglichkeiten, zusätzliche Sichtguthaben aus dem Nichts
zu schöpfen. Denn 2/3 der Bargeldreserven wären unter diesen Bedingungen
ja „Überschussreserven" und würden für
die Einlösung in Bargeld gar nicht mehr
gebraucht.

Natürlich könnte man die Forderung
aufstellen, dass die Geschäftsbanken die
Sichtguthaben ihrer Kunden zu 100 %

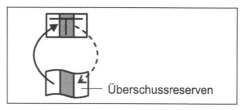

Abbildung 12d: Wenn das Sichtguthaben
nur zu 1/3 in Bargeld eingelöst (bar abge-
hoben) wird, werden 2/3 des eingezahlten
Bargeldes zu Überschussreserven.

durch Bargeld decken sollten („100%-Money"), aber die Realität hat sich anders
entwickelt, und das ist bis heute so geblieben. Sie lässt den Geschäftsbanken im
Prinzip die Möglichkeit, ihre Überschussreserven als Grundlage für die Schaffung
zusätzlicher Sichtguthaben aus dem Nichts zu verwenden – ganz analog der Schöpfung zusätzlicher Banknoten im Rahmen der an Gold gebundenen Papierwährung.

5.4   Die Emission des geschöpften Giralgeldes über Kreditvergabe

Auch das aus dem Nichts geschöpfte Giralgeld kommt (wie das geschöpfte Papiergeld) auf dem Weg über Kredit in Umlauf – und wird in eine reale Forderung der
Geschäftsbank gegenüber dem Schuldner verwandelt, ausgestattet mit Zinsen,
Tilgung und Sicherheit *(Abbildung 12e)*. Diese Forderung erscheint wiederum auf
der Aktivseite der Bankbilanz als scheinbare „Deckung" des aus dem Nichts geschöpften Giralgeldes – und sie hat die Konsequenz, dass dem Schuldner sein zur
Sicherheit übereignetes Eigentum abhanden kommt, wenn er den Schuldendienst

mit Zinsen und Tilgung nicht verein-
barungsgemäß leisten kann. In der bestehenden Rechtsordnung schützt das
Gesetz auch in diesem Falle den
Gläubiger und hilft ihm beim erbar-
mungslosen Eintreiben seiner Forderungen bzw. bei der Zwangsversteigerung des Eigentums des
Schuldners. Allein der Schuldner erscheint als der „Schuldige". Und all
dies auch dann, wenn die Forderungen
des Gläubigers durch Giralgeldschöpfung (oder „Sichtguthabenschaffung")
aus dem Nichts geschöpft wurden!

Mit einer scheinbaren Selbstverständlichkeit werden die so geschaffenen Forderungen auch noch mit Kreditzinsen

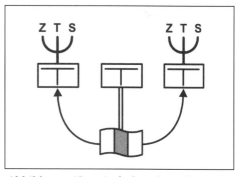

Abbildung 12e: Auf der Grundlage der
Überschussreserven können zwei neue Sicht-
guthaben aus den Nichts geschöpft (!) und
über Kredit in Umlauf gebracht werden -
als Forderung der Bank (mit Zinsen,
Tilgung und Sicherheit) gegenüber den
Schuldnern: "aktive Sichtguthabenschaffung"

(Sollzinsen) belegt, ohne dass die Bank dafür an irgend jemanden Sparzinsen (Habenzinsen) zahlen muss, nicht einmal an den Bankkunden A, der in unserem Beispiel mit der anfänglichen Bareinzahlung auf sein Girokonto ja erst einmal die Grundlagen für die Giralgeldschöpfung geschaffen hat. Denn auf sein Girokonto erhält er bei positivem Saldo – ebenso wie B und C – nur einen lächerlichen Zins, während er bei Überziehung des Kontos, also bei Inanspruchnahme eines Dispokredits – hohe Zinsen zahlen muss, sofern ihm überhaupt ein solcher Kredit gewährt wird. Gibt es dafür irgendeine Berechtigung?

Daran wird erkennbar, welch ungeheures Machtpotential durch die Giralgeldschöpfung in den Händen der Geschäftsbanken liegt – und dies selbst dort, wo sie keinen direkten Einfluss auf die Zentralbank ausüben, sondern umgekehrt die (staatliche oder halbstaatliche) Zentralbank eigentlich einen Einfluss auf die privaten Geschäftsbanken ausüben sollte. Die so bedingte Macht der Geschäftsbanken wächst mit Ausweitung des bargeldlosen Zahlungsverkehrs ganz von selbst immer weiter an. Um in unserem Modell zu bleiben: Wenn nur noch 1/10 der Sichtguthaben in Bargeld eingelöst werden, könnte die Giralgeldschöpfung das 10fache der Bargeldreserven betragen, bei 1/20 das 20fache usw. Heißt das nun, dass die Geschäftsbanken fast beliebig viel Giralgeld schöpfen können, wenn der Anteil der Barzahlungen im Zahlungsverkehr immer mehr zurück geht und die bargeldlosen Zahlungen per Kreditkarte oder aufladbarer Chipkarte sich immer mehr durchsetzen? Ganz so ist es nicht, denn es gibt einige Begrenzungen, auf die im Folgenden näher eingegangen werden soll.

5.5   Grenzen der Giralgeldschöpfung der Geschäftsbanken

Eine erste Begrenzung ergibt sich daraus, dass die Zentralbank den Geschäftsbanken „gesetzliche Mindestreserven" abverlangen kann, die über das Maß der bisher erörterten („banktechnischen") Mindestreserven hinaus gehen. Der Sinn besteht in der indirekten Beeinflussung der Giralgeldschöpfung durch die Zentralbank: Werden die gesetzlichen Mindestreserven erhöht und die entsprechenden Beträge bei der Zentralbank still gelegt, dann vermindert sich die Möglichkeit der Giralgeldschöpfung der Geschäftsbanken um ein Vielfaches – in unserem Beispiel um das Dreifache. Der Zusammenhang lässt sich grafisch darstellen wie das Verhältnis eines Kerns (Bargeld) zu einer größeren Peripherie (Giralgeld)[59] *(Abbildung 13a und b).* Man könnte übrigens – in Analogie zur Goldkernwährung– von einer „Bargeldkernwährung" (oder einer „Zentralbankgeld-Kernwährung") sprechen, bei der das Giralgeld nur durch einen gewissen Kern Zentralbankgeld „gedeckt" (also eigentlich nicht wirklich gedeckt) ist. Werden hingegen die gesetzlichen Mindestreserven gesenkt und verbleiben den Geschäftsbanken dadurch höhere Überschussreserven, dann vergrößern sich deren Möglichkeiten der Giralgeldschöpfung.

Es sieht demnach so aus, als könne die Zentralbank mit dem Instrument der Mindestreservepolitik (der Veränderung des Mindestreservesatzes) mit relativ kleinen

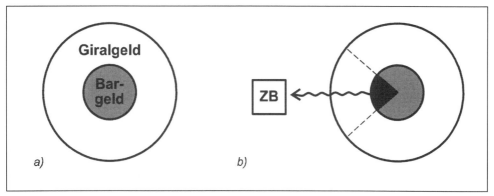

Abbildung 13a und b: "Bargeldkernwährung" und Mindestreservepolitik: Um einen Kern von Bargeld befindet sich eine Peripherie von Giralgeld (a). Die Abführung gesetzlicher Mindestreserven an die Zentralbank (ZB) vermindert den Giralgeldschöpfungsspielraum der Geschäftsbanken um ein Vielfaches (b).

Einwirkungen große Auswirkungen auf die Giralgeldschöpfung der Geschäftsbanken erzielen. Die Mindestreservepolitik galt deshalb auch lange Zeit – vor allem in den Händen der Deutschen Bundesbank bis zur Einführung des Euro – als besonders wirksames geldpolitisches Instrument zur Steuerung der Geldmenge M_1 (Zentralbankgeld plus Sichtguthaben der Bankkunden) und zur Begrenzung der Giralgeldschöpfung der Geschäftsbanken.[60] Im Rahmen des Euro spielt sie für die Europäische Zentralbank EZB allerdings praktisch keine Rolle mehr – worin Kritiker die Gefahr eines wachsenden Kontrollverlustes der Zentralbank über die privaten Geschäftsbanken sehen.[61]

Eine zweite Begrenzung ergibt sich daraus, dass die Geschäftsbanken – selbst wenn sie beliebig viele Sichtguthaben schaffen könnten – in ausreichendem Maße verschuldungsbereite Schuldner finden müssen. Denn nur auf dem Weg über Kredit (das heißt als Forderung gegenüber einem Schuldner) gelangt ja das zusätzlich geschöpfte Giralgeld in Umlauf. Würde die Bank sich selbst das Giralgeld zukommen lassen, dann hätte sie lediglich eine Forderung gegen sich selbst zu verbuchen, und dass diese Forderung nicht hinreichend gedeckt ist, wäre zu offensichtlich. Die Verschuldungsbereitschaft oder -fähigkeit der Schuldner ist nun aber nicht unendlich groß, sondern begrenzt. Denn die Schuldner wissen, was ihnen im Ernstfall droht, wenn sie die Schulden nicht mehr bedienen können. Und auch die dinglichen Sicherheiten können nicht beliebig ausgeweitet werden.

Aufgrund dieser Begrenzungen können die Geschäftsbanken allenfalls unter Inkaufnahme wachsender Kreditrisiken immer mehr Kredite vergeben, allerdings auf die Gefahr hin, dass diese sich irgendwann als „faule Kredite" entpuppen, bei denen die ausstehenden Forderungen nur noch zu einem Bruchteil – wenn überhaupt – eingetrieben werden können. Der Bank entstehen dadurch Verluste, die Kettenreaktionen auslösen und sie in den Konkurs treiben können. Die Banken haben also sehr wohl auf die Kreditwürdigkeit möglicher Schuldner zu achten; aber die

Versuchung, das Kreditvolumen trotz immer größerer Risiken auszuweiten, ist groß. Sie ist umso größer, je billiger sich die Banken Zentralbankgeld als Grundlage der Giralgeldschöpfung direkt bei der Zentralbank beschaffen können – anstatt auf Bareinzahlungen von Bankkunden angewiesen zu sein.

Eine dritte Begrenzung der Giralgeldschöpfung kann sich durch gesetzliche Regelungen oder Empfehlungen ergeben, zum Beispiel von der Art, dass das Kreditvolumen ein bestimmtes Vielfaches einer Bezugsgröße nicht übersteigen darf oder soll. Das sicherste Verfahren läge wäre dann gegeben, wenn alle Kreditausleihungen zu 100 % durch entsprechende Einlagen gedeckt sind – und wenn die Fristen für das Ausleihen mit den Fristen der Geldanlagen übereinstimmen: kurzfristig angelegte Gelder dürfen nur kurzfristig ausgeliehen werden, mittelfristige nur mittelfristig und langfristige nur langfristig. Dieses Prinzip der Übereinstimmung der Fristen von Geldanlage und Geldausleihung sollte eigentlich selbstverständlich sein. Die Praxis sieht indes anders aus: Jederzeit in bar einlösbare Sichteinlagen werden zum Teil mittelfristig ausgeliehen, und mittelfristige Termingelder zum Teil langfristig. Man spricht in diesem Zusammenhang von „Fristentransformation". Dieser schön klingende Begriff ändert aber nichts an dem Risiko, das sich ganz allgemein daraus ergibt, dass die Geldanleger ihr Geld früher von der Bank zurück fordern können, als es der Bank lieb ist und als die ausgeliehenen Gelder wieder zu ihr zurück fließen.

Eine nur scheinbare Sicherheit wird zum Beispiel dadurch hergestellt, dass das Kreditvolumen ein bestimmtes Vielfaches des Eigenkapitals der Bank – mit dem sie im Ernstfall für Kreditausfälle gegenüber Geldanlegern haftet – nicht übersteigen darf (wie das in Deutschland der Fall ist)[62]. Derartige scheinbare Sicherheiten mögen für den Normalbetrieb in relativ krisenfreien Zeiten ausreichen, aber sie können sich in krisenhaften Zeiten sehr schnell als unzureichend erweisen: wenn es zum Beispiel zu hohen Kreditausfällen kommt – und wenn ein Sturm auf die Banken von Seiten der Geldanleger einsetzt und die fälligen und jederzeit in bar einlösbaren Beträge von den Konten abgehoben werden wollen. Unter solchen Umständen kann eine Geschäftsbank schnell illiquide werden, und wenn ihr nicht von anderer Seite ausgeholfen wird, dann wird die Bank zahlungsunfähig und bricht zusammen. Und die Forderungen der Geldanleger werden entwertet oder vernichtet, es sei denn, sie werden aus einem gemeinsamen „Einlagensicherungsfonds"[63] abgedeckt.

5.6   Bankexterne Überweisungen und Bargeldbewegungen

Eine vierte Begrenzung der Giralgeldschöpfung kann sich für einzelne Banken daraus ergeben, dass die bargeldlosen Zahlungen von den eigenen Bankkunden an Kunden anderer Banken fließen. Anstelle der bisher angenommenen „bankinternen" Überweisungen würden dann „bankexterne" Überweisungen erforderlich werden. An diesem Punkt setzt unter anderem die Kritik von Helmut Creutz an den Vorstellungen von einer Giralgeldschöpfung der Geschäftsbanken an.[64]

94

Die folgenden Abbildungen sollen verdeutlichen, worum es dabei geht. Angenommen, A und B besitzen ein Girokonto bei der Geschäftsbank GB₁, während C und D ihr Konto bei einer anderen Geschäftsbank GB₂ haben. In der Ausgangssituation sollen alle über ein Sichtguthaben in gleicher Höhe von 100 Euro verfügen (dargestellt durch die vier Blöcke in *Abbildung 14a*).

Wenn nun B in Höhe von 50 Euro bargeldlos an C überweisen will, dann müsste GB₁ das Konto von B um 50 Euro vermindern (Minus-Schraffur in *Abbildung 14b*), während GB₂ das Konto von C um 50 Euro erhöhen müsste (Plus-Schraffur). Eine Geschäftsbank allein kann diesen Vorgang nicht mehr abwickeln. Die beiden Geschäftsbanken müssen sich vielmehr unter einander verständigen.

Helmut Creutz geht nun davon aus, dass bei bargeldloser Zahlung mit jeder Umbuchung von einem auf das andere Konto der gleiche Betrag an Bargeld oder Zentralbankgeld (parallel zur Umbuchung) bewegt werden müsse. Bei bank-

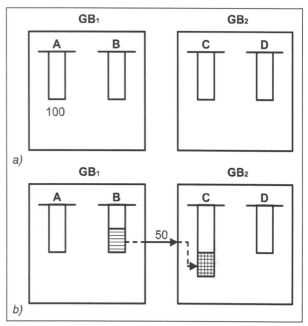

Abbildung 14a und b: Bankexterne Überweisungen von B an C erfordern eine entsprechende Bewegung von Bargeld von Geschäftsbank 1 (GB₁) zur Geschäftsbank 2 (GB₂).

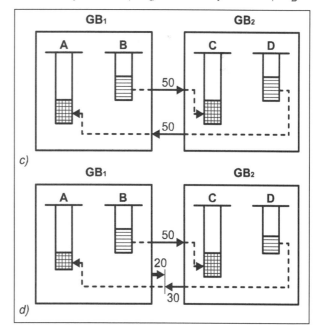

Abbildung 14c und d: Bei ausgeglichenen Zahlungsströmen zwischen den Geschäftsbanken GB₁ und GB₂ bedarf es keiner Bargeldbewegung (c) - bei unausgeglichenen Zahlungsströmen braucht es sie nur in der Höhe des Saldos (20 in d).

95

internen Überweisungen und Umbuchungen ist das aber nicht erforderlich. Bei bankexternen Überweisungen dagegen scheint es zuzutreffen – bei näherer Betrachtung allerdings nur in eingeschränktem Maße. Findet nämlich im selben Zeitraum eine bargeldlose Zahlung von D an A in gleicher Höhe statt, dann wäre ein paralleler Bargeldstrom in umgekehrter Richtung (von GB$_2$ nach GB$_1$) erforderlich, das heißt das Bargeld würde zur Geschäftsbank GB$_1$ zurück fließen *(Abbildung 14c)*. Unter diesen Bedingungen gleichen sich aber beide Ströme aus, ihr Saldo wäre gleich Null. Bargeld brauchte also auch in diesem Fall von bankexterner Überweisung gar nicht erst bewegt zu werden.

Selbst wenn die Zahlungsströme zwischen beiden Banken unausgeglichen sind (wie in *Abbildung 14d)*, braucht das Bargeld oder Zentralbankgeld nicht in voller Höhe der Zahlungsströme bewegt zu werden, sondern lediglich in Höhe des Saldos (in unserem Beispiel in Höhe von 20 Euro). Lediglich in Höhe des Saldos braucht also GB$_1$ Liquidität in Bargeld bzw. Zentralbankgeld.[65]

5.7   Zusammenfassung

Aus den bisherigen Überlegungen ergibt sich folgendes:

- Je größer eine Bank und je größer die Zahl ihrer Kunden, umso größer ist der Anteil bankinterner Überweisungen, die allein über interne Umbuchungen abgewickelt werden können und für die kein Zentralbankgeld bewegt werden muss.
- Bei bankexternen Überweisungen muss Zentralbankgeld nur in Höhe des jeweiligen Saldos zwischen verschiedenen Geschäftsbanken (oder zwischen deren Konten bei der Zentralbank) bewegt werden.
- Das Gesamtvolumen bargeldloser Zahlungsströme ist demnach ungleich viel höher als das in diesem Zusammenhang bewegte Zentralbankgeld.
- Das Giralgeld der Geschäftsbanken ist nicht in voller Höhe durch Zentralbankgeld gedeckt (100%-Money), sondern nur zu einem Bruchteil ("fractional banking"). Dieser Bruchteil ist gesamtwirtschaftlich umso geringer, je mehr sich der bargeldlose Zahlungsverkehr ausgeweitet hat und je weniger deshalb auf Bargeld bzw. Zentralbankgeld zurückgegriffen wird.
- Auf der Grundlage einer gegebenen Menge an Zentralbankgeld können die Geschäftsbanken nicht nur Zentralbankgeld in Sichtguthaben umwandeln, sondern zusätzliches Giralgeld aus dem Nichts schöpfen – und dieses als Kredite, das heißt also Forderungen gegenüber Schuldnern, in Umlauf bringen.
- Die Möglichkeiten der Giralgeldschöpfung der Geschäftsbanken können durch gesetzliche Mindestreserven von Seiten der Zentralbank eingeschränkt werden. Giralgeldschöpfung muss nicht notwendig zu einer Vergrößerung der gesamten Geldmenge M1 (Zentralbankgeld plus Sichtguthaben) und zur Inflation führen, wenn mit Ausweitung des Giralgeldes das Zentralbankgeld in gleichem Maße vermindert wird.
- Die Ausweitung der Giralgeldschöpfung führt allerdings zu einer zunehmenden

Gewichtsverlagerung bezüglich der Geldschöpfung: zu einem verminderten Einfluss der Zentralbank und zu einem vermehrten Einfluss der privaten Geschäftsbanken. Auf diese Weise wird selbst in Ländern, in denen die Zentralbank wirksamer staatlicher Kontrolle unterliegt, diese Kontrolle zunehmend unterlaufen, und die Macht privater Großbanken wächst allein schon deshalb weiter an.

5.8   Helmut Creutz zur Geldschöpfung [66]

Die Kontroversen um die Geldschöpfung haben Helmut Creutz schon 1996 zur Veröffentlichung eines 20seitigen Artikels veranlaßt. [67] Die Überschrift des 1. Kapitels lautet: „Im Dschungel der Geldschöpfungstheorien". Darin zeigt er meiner Meinung nach sehr zutreffend auf, welche höchst fragwürdigen Theorien und Veröffentlichungen zur Geldschöpfung existieren und wie groß die Verwirrung selbst unter Experten der Wirtschaftswissenschaft bzw. der Zentralbanker zu diesem Thema ist. „Der Nebel um das Geld" scheint hier besonders dicht zu sein. So zitiert er unter anderen den weltbekannten Ökonomen Paul A. Samuelson, dessen Lehrbücher über Volkswirtschaftslehre weltweit Generationen von WirtschaftsstudentInnen geprägt haben, mit dem Satz:

„Nur das Währungsproblem hat mehr Menschen um den Verstand gebracht als die Liebe." (S. 23)

Ein anderes Zitat stammt von dem langjährigen Vizepräsidenten der Deutschen Bundesbank, Ottmar Issing [68]:

„Wie kaum ein anderes Gebiet hat die Geldtheorie in jüngster Vergangenheit eine stürmische Entwicklung erlebt. Als Folge davon sehen sich die Studierenden einer Flut von Veröffentlichungen gegenüber und verfolgen im Allgemeinen ziemlich hilflos die Diskussionen zwischen Keynesianern, Monetaristen und Liquiditätstheoretikern, sofern sie nicht von vornherein vor den kontroversen Auffassungen und den meist erheblichen formalen Schwierigkeiten in der Spezialliteratur resignieren." (S. 24)

Wie schon weiter oben erwähnt, bringt auch der ehemalige Zentralbanker Bernard Lietaer in seinem sonst so hervorragenden Buch „Das Geld der Zukunft" wenig Erhellendes zum Thema Geldschöpfung. Er wurde insoweit zu Recht von Helmut Creutz auf der Tagung in Steyerberg kritisiert. Wie sieht es aber mit der Argumentation von Helmut Creutz selbst aus, mit der er versucht, die Geldschöpfung der Geschäftsbanken als einen Mythos zu entzaubern, der jeder realen Grundlage entbehre?

In seinem 2. Kapitel „Geldschöpfungstheorien und Bankenwirklichkeit im Widerspruch" versucht er unter anderem, die Nichtexistenz der Giralgeldschöpfung statistisch zu begründen:

„Denn von einer Schöpfung könnte nur dann die Rede sein, wenn die Kreditgewährung der Banken an den Nichtbankensektor größer wäre als die Ersparnisse, die den Banken aus diesem Sektor zur Verfügung gestellt werden." (S. 28)

Zu diesen Ersparnissen rechnet Helmut Creutz unter anderem die so genannten „Sichteinlagen". Ich spreche bewusst von „so genannten", weil der Begriff „Sichteinlagen" – wie ihn auch die Deutsche Bundesbank in ihren Statistiken verwendet – irreführend ist. Denn er suggeriert, dass diesen Beträgen Einlagen oder Einzahlungen zugrunde liegen. Genau das muss aber – wie weiter oben heraus gearbeitet wurde – überhaupt nicht der Fall sein! In unserem Beispiel war es nur der Bankkunde A, der sein Sichtguthaben mit einer Bareinzahlung begründete, und per Überweisung war dieses Guthaben erst auf B und dann auf C übergegangen. Die späteren aufgrund der Überschussreserven zusätzlich geschöpften Sichtguthaben, die als Kredite an Schuldner vergeben wurden, hatten aber mit Einlagen oder Ersparnissen überhaupt nichts zu tun. Sie begründeten zwar ebenfalls das Recht, die entsprechenden Beträge in bar abzuheben (wovon aber im Normalbetrieb nur zu einem Bruchteil Gebrauch gemacht wird), aber ihnen ist keine entsprechende Einlage oder Einzahlung voraus gegangen. Insofern hat Ottmar Issing Recht, den Creutz zwar zitiert, aber offenbar missversteht:

„Von einer „aktiven Schaffung" (von Sichtguthaben, B.S.) spricht Issing, wenn eine Bank einem Kunden einen Kredit einräumt, von einer „passiven Schaffung", wenn ein Bankkunde durch eine Einzahlung Bargeld in Sichtguthaben umwandelt. „Im Fall der passiven Geldschöpfung durch den Geschäftsbankensektor ändert sich die Geldmenge nicht, da hier lediglich eine Umwandlung einer Geldart in eine andere vorgenommen wird, (Issing, S. 57) [68] *Man fragt sich allerdings, wie bei einer Umwandlung von Bargeld in Sichtguthaben und einer dabei unverändert bleibenden Gesamtgeldmenge überhaupt von einer „Schöpfung" gesprochen werden kann." (Creutz, S. 24)*

Das hat Issing auch gar nicht behauptet. Wohl aber kann sich nach Issing aus einer „aktiven Schaffung" von Sichtguthaben, das heißt aus der Gewährung von Krediten auf der Grundlage von Überschussreserven, eine zusätzliche Geldschöpfung ergeben. Und genau das wird von Helmut Creutz bestritten, wohl auch deshalb, weil er zwischen den unterschiedlichen Entstehungsbedingungen der Sichtguthaben nicht unterscheidet (von denen nur ein Teil durch Einlagen begründet wird und der andere durch Kreditgewährung). So irreführend können zuweilen Begriffe sein (in diesem Fall der Begriff „Sichteinlagen"), dass man mit ihnen Wesentliches gerade nicht begreift, sondern der Blick davon abgelenkt wird. Mir scheint, dass in diesem Fall auch Helmut Creutz, der sonst so viel zur Entwirrung des Geldsyndroms beigetragen hat, der offiziellen Begriffsverwirrung erlegen ist, wenn er schreibt:

„Wie die von der Bundesbank benutzten Begriffe „Sichtguthaben" oder „Sichteinlagen" bestätigen, sind diese Bestände durch Einlagen entstanden und stellen einen

Guthabenanspruch auf Rückgabe dessen dar, womit sie aufgefüllt wurden, nämlich auf Bargeld." (Creutz, S. 33)

Durch die Nicht-Unterscheidung zwischen Sichtguthaben aufgrund von Einlagen und Sichtguthaben aufgrund von Krediten[69] kommt er zu dem Schluss, den ich für einen Trugschluss halte:

„Alle von den Banken vergebenen Kredite stammen also aus Einkommen anderer Marktteilnehmer, die von diesen nicht zur Nachfrage benutzt worden sind." (S. 28) „Wenn die Bankstatistiken zweifelsfrei ergeben, dass die herausgehenden Kredite nicht über, sondern sogar unter den eingehenden Ersparnissen liegen, dann kann – nach den Gesetzen der Logik – mit diesen Kreditgewährungen keine Schöpfung verbunden sein." (S. 28)

Und es schließt sich gleich ein weiterer Trugschluss an:

„Würde im übrigen eine Bank Kredite aus dem Nichts schöpfen, zum Beispiel durch einfache Bilanzverlängerung, könnte die damit geschaffene Kaufkraft die Bank nicht verlassen. Denn alle Übertragungen auf andere Banken werden von diesen nur in Zentralbankgeld akzeptiert, das allein die Notenbanken schaffen können." (S. 28)

Dem ist zweierlei entgegen zu halten:

- Erstens könnte dieser zusätzlich geschöpfte Kredit durch bankinterne Überweisungen bargeldlos in Kaufkraft umgewandelt werden.
- Zweitens wären auch bankexterne Überweisungen nicht in vollem Umfang von Zentralbankgeldbewegungen begleitet, sondern nur im Umfang der jeweils anfallenden Salden zwischen den verschiedenen Geschäftsbanken. Die Salden sind aber – gerade bei Großbanken – ungleich viel geringer als das Gesamtvolumen der Zahlungsströme.

Dem zufolge bleibt ein erheblicher Teil der geschöpften Kredite, über den bargeldlos (bzw. ohne Rückgriff auf die Zentralbank) verfügt werden kann. Für den anderen Teil müssen allerdings Reserven an Bargeld bzw. Zentralbankgeld gehalten werden – wie auch für die jederzeit in bar einlösbaren Sichteinlagen (= passive Sichtguthaben).

Eine weitere Argumentation von Creutz bezieht sich darauf, dass es eine Giralgeldschöpfung der Geschäftsbanken auch deswegen nicht geben könne, weil es ja sonst längst zu einer starken Inflation hätte kommen müssen:

„In der Realität lässt sich jedoch keine Inflation nachweisen, die ihre Ursache in einer Schöpfungstätigkeit der Banken hätte. Vielmehr hingen Inflationen in Vergangenheit und Gegenwart immer mit Überproduktionen der Notenpresse zusammen. Außerdem sind gerade in Ländern mit hohen Inflationsraten die Bankentätigkeiten oft sehr gering, während in den Ländern mit umfangreicher Banktätigkeit die Kaufkraft des Geldes meist stabiler ist. Das gilt selbst für Länder mit extrem hoher Bankentätigkeit wie beispielsweise Schweiz

oder Luxemburg. Träfe die Theorie von der Geldschöpfung zu, dann müssten diese Länder wie auch die übrigen Industrienationen die höchsten Inflationsraten haben." (S. 28f)

Diese Argumentation trifft vielleicht solche (nach meiner Auffassung unhaltbare) Thesen, die behaupten, die Giralgeldschöpfung der Geschäftsbanken müsse notwendig zu einer vergrößerten Geldmenge und zur Inflation führen. Ich habe aber schon weiter oben darauf verwiesen, dass ja im Zuge der Ausweitung des Giralgeldes der Banken das Zentralbankgeld entsprechend vermindert werden könnte, so dass sich unter solchen Bedingungen die Gesamtgeldmenge nicht vergrößern müsste.

Gegen Ende seines Artikels räumt Helmut Creutz dann doch noch ein, dass es so etwas wie Giralgeldschöpfung der Geschäftsbanken geben kann (er spricht in diesem Zusammenhang von einer „Ausweitung kreditärer Kaufkraft"), und zwar aufgrund der Doppelfunktion der Sichtguthaben:

„Womit sich die Theorie der Geldbasis meines Erachtens noch intensiver befassen müsste, ist die Doppelfunktion der Sichtguthaben, die heute sowohl als Zahlungsmittel wie als Kreditmittel verwendet werden. Wenn überhaupt, findet in diesem Bereich eine Ausweitung kreditärer Kaufkraft statt, und zwar in dem Umfang wie die Geschäftsbanken – auch bei gleich bleibender Geldmenge M_1 – von baren zu unbaren Zahlungsgewohnheiten übergehen." (S. 41)

Auf eben dieser Doppelfunktion der Sichtguthaben habe ich allerdings von Anfang an meine Argumentation aufgebaut[70] – im Gegensatz zur Theorie der multiplen Kreditschöpfung in den meisten volkswirtschaftlichen Lehrbüchern. Insofern scheint es doch eine gewisse Übereinstimmung zwischen Helmut Creutz und mir bezüglich der Erklärung der Kreditschöpfung der Geschäftsbanken zu geben. Einig sind wir uns auf jeden Fall darin, dass die Theorie der multiplen Kreditschöpfung als Erklärung untauglich ist, und auch darin, dass die mathematischen Modelle der Kreditschöpfungstheorie eher zur Vernebelung als zur Aufklärung wesentlicher Zusammenhänge beitragen. Hierzu schreibt Creutz:

„Jedenfalls wird man durch die immer komplizierter und in mathematische Gleichungen eingekleideten Berechnungen etwas an jene Astronomen erinnert, die versuchten, ihre Ansicht über die Erde als Mittelpunkt des Sonnensystems mit immer neuen Berechnungsvariationen gegen das heliozentrische Weltbild zu verteidigen." (Creutz, S. 41)

Vor allem aber lenkt die Theorie der multiplen Kreditschöpfung[71] den Blick in eine grundlegend verkehrte Richtung. Sie unterstellt nämlich, dass es im Laufe von unendlich langer Zeit als Folge einer ersten Bareinzahlung immer wieder zu neuen – wenn auch abnehmenden – Bareinzahlungen im Bankensystem komme, die zur Grundlage neuer Kreditausleihungen werden. Neue Kredite ergeben sich nach dieser Theorie immer nur aus vorher getätigten Einzahlungen, und es wird der Eindruck erweckt, als seien die Kreditzinsen schon deshalb gerechtfertigt, weil die Banken ja auch jeweils Zinsen an die Geldanleger zahlen müssten.

Dem ist aber zum Teil gar nicht so. Denn für aus dem Nichts geschöpfte Kredite verlangen die Banken zwar Kreditzinsen, müssen diese aber nicht an irgendeinen Geldanleger weiter leiten. Man fragt sich dann natürlich zu Recht, worin eigentlich die Berechtigung für derartige Kreditzinsen liegt. Und noch mehr fragt man sich, wieso die Banken mit selbst geschöpftem Geld im Ernstfall sogar Zugriff auf das Eigentum von säumigen Schuldnern haben. Auf solche oder ähnliche Fragen kommt man allerdings nicht im Rahmen der Theorie der multiplen Kreditschöpfung. Wenn es nach ihr geht, scheint die Bankenwelt in Ordnung zu sein, und dieser Schein wird auch noch mit viel mathematischem Formalismus aufrecht erhalten.

5.9   Erhard Glötzl zur Geldschöpfung [72]

Ein weiterer engagierter Geldreformer und Teilnehmer der Steyerberg-Konferenz, der eine Giralgeldschöpfung der Geschäftsbanken leugnet, ist Erhard Glötzl. Er hat in den letzten Jahren einige hervor ragende Beiträge zur Problematik des Zinssystems veröffentlicht [73] und einiges dazu beigetragen, dieses Thema auch in höhere Etagen von Wirtschaft und Politik einzubringen. Sein Artikel „Die Verwirrungen um die vermeintliche Giralgeldschöpfung durch Geschäftsbanken" vom September 2002 ist ein Nachtrag zur kontroversen Diskussion in Steyerberg, in der er weitgehend die Position von Helmut Creutz vertreten hatte. Er enthält darüber hinaus aber noch einige zusätzliche Argumente, mit denen ich mich im Folgenden auseinander setzen möchte. Er beginnt mit einer klaren Positionsbestimmung:

„.Geschäftsbanken können kein selbst geschöpftes Geld kaufkraftwirksam verleihen. Sie können nur Geld, das sie von der Notenbank oder von Einzahlern bekommen haben, kaufkraftwirksam weiter verleihen... Warum die im Bankwesen unbestrittene Tatsache in verschiedenen Kreisen immer wieder in Zweifel gezogen und damit unnötig Verwirrung gestiftet wird, hat folgende Ursachen:

- Die Darstellung, die sich in Büchern im Zusammenhang mit der Ablösung von Gold als Geld durch Papiergeld finden;
- die unpräzise Verwendung der verschiedenen Begriffe von Geld;
- durch die Verwendung des Begriffes „der aktiven Giralgeldschöpfung" (im Gegensatz zum Begriff der „passiven Giralgeldschöpfung") ...
- Missverständnisse beim Vorgang der „multiplen Geldschöpfung"." (S.2)

Als erstes geht Erhard Glötzl auf „das Missverständnis bei der Entstehung von Papiergeld" ein. Im vorliegenden Artikel habe ja auch ich diese Entstehung dargestellt (siehe Kap. 3.1 bis 3.7). Dabei ging es um die Emission zusätzlicher Banknoten auf der Grundlage der überschüssigen Goldreserven, die auf dem Wege über Kredit in Umlauf gebracht wurden. Zu diesem Thema schreibt Glötzl:

„Leider steht in den Büchern an dieser Stelle meist nicht dabei, dass dieser Vorgang nichts anderes bedeutet als die Herstellung von ungedecktem Falschgeld [74], und dass der Vor-

gang der Geldschöpfung heute nicht in Analogie dazu abläuft. – Aus der Analogie allerdings, dass es heute bequemer ist, mit Giralgeld (Sichtguthaben) als Bargeld zu zahlen, wird daher oft der falsche Schluss gezogen, dass Giralgeld heute in der gleichen Weise wie dieses Papiergeld als Falschgeld geschöpft wird, was natürlich nicht der Fall ist." (S. 3)

Immerhin räumt Glötzl mit dieser Formulierung ein, dass es bei der damaligen Papiergeldschöpfung vielleicht doch nicht so ganz mit rechten Dingen zugegangen sein mag. Ich würde an dieser Stelle allerdings anders argumentieren: So wenig wie früher in den Lehrbüchern die Problematik der Papiergeldschöpfung aus dem Nichts aufgezeigt wurde, so wenig geschieht dies bis heute in Bezug auf die Giralgeldschöpfung. Dass die Analogie zwischen Papiergeldschöpfung und Giralgeldschöpfung sachlich zutrifft, habe ich weiter oben schrittweise abgeleitet. Ich habe den Eindruck, dass Erhard Glötzl in Abwehr des Begriffs *„Falschgeld"* argumentiert, und zwar nach der Devise, *„dass nicht sein kann, was nicht sein darf"*. Denn dass die Geschäftsbanken Falschgeld produzieren, ist *„natürlich nicht der Fall"*.

Danach versucht er zu beweisen, dass es sich ja auch bei der zusätzlichen Papiergeldschöpfung nicht um Falschgeld gehandelt habe (ganz im Gegensatz zu seiner Argumentation zwei Abschnitte vorher), weil ja auch dieses zusätzliche Geld gedeckt gewesen sei, wenn auch nicht durch Gold, so doch aber durch Wertpapiere:

„Auch beim Übergang von einer 100 % gedeckten Goldwährung zu einer nur teilweise gedeckten Goldwährung waren die zusätzlichen Geldscheine nicht ungedeckt, sondern etwa durch Wertpapiere gedeckt. Durch die Aufgabe des Goldstandards hat sich an der Deckung nichts Grundlegendes geändert, nur wurde die Garantie aufgegeben, einen Geldschein jederzeit bei der Notenbank in Gold tauschen zu können." (S. 3)

Was Erhard Glötzl hier nicht sieht, ist die weiter oben heraus gearbeitete Tatsache, dass sich mit der schrittweisen Loslösung vom Geld die *„Deckungsgrundlage"* des Geldes fundamental verändert hat. Bedeutete eine Banknote ursprünglich eine Forderung des Banknoteninhabers gegenüber der Bank auf jederzeitige Einlösung in Gold, so bedeutete das zusätzlich aus dem Nichts geschöpfte Papiergeld eine Forderung der Bank gegenüber dem Schuldner. Diese Forderung kann zwar in einem Wertpapier verbrieft sein, aber von einer *„Deckung des Geldes durch Wertpapiere"* kann deswegen dennoch kaum gesprochen werden. Vor allem geht bei einer solchen Formulierung die Problematik unter, dass mit aus dem Nichts geschöpften Geld reale Forderungen gegenüber Schuldnern begründet werden können, durch die die Schuldner unter Schuldendruck gesetzt werden. Diese Problematik gilt – wie ich aufgezeigt habe – sowohl für die Schöpfung zusätzlichen Papiergeldes wie für die Schöpfung zusätzlichen Giralgeldes der Geschäftsbanken.

Im Zusammenhang mit der Klärung einiger Begriffe geht Erhard Glötzl auch auf die Sichtguthaben ein:

„Sichtguthaben haben gegenüber den Sparguthaben den Vorteil, dass sie als bargeld-
loses Zahlungsmittel dienen können und damit die gleiche Liquidität wie Bargeld
haben. Der Ausdruck „bargeldloses Zahlungsmittel" verleitet allerdings zu der An-
nahme, dass Zahlungen mit Sichtguthaben (Giralgeld) grundsätzlich ohne Einsatz von
Notenbankgeld ablaufen, was natürlich falsch ist." (S. 4)

Dass sie „grundsätzlich ohne Einsatz von Notenbankgeld ablaufen", wird – jedenfalls
von mir – auch gar nicht behauptet. Vielmehr benötigt es nur einen Bruchteil der
bargeldlosen Zahlungsströme an Zentralbankgeld. Falsch ist stattdessen die These
von Glötzl, dass jede bargeldlose Zahlung in gleicher Höhe von einer Bewegung von
Zentralbankgeld begleitet wird. Weiter oben wurde gezeigt, dass Zentralbankgeld für
bankinterne Überweisungen gar nicht erforderlich ist; und für bankexterne Überweisungen braucht es Zentralbankgeld lediglich in der Höhe der Salden zwischen
den jeweiligen Geschäftsbanken. Also ist der Umfang der bargeldlosen Zahlungsströme weit größer als das im Zusammenhang damit bewegte Zentralbankgeld. Und
also kann auf der Grundlage einer gegebenen Menge an Zentralbankgeld ein Vielfaches an Sichtguthaben „aktiv" durch Kreditvergabe geschaffen werden – jedenfalls
solange im Normalbetrieb des Zahlungsverkehrs nur ein Bruchteil in Bargeld abgehoben bzw. in Form von Zentralbankgeld bewegt werden muss.

Wenig später räumt Glötzl diesen Aspekt sogar selbst ein, wenn er am Beispiel
einer bargeldlosen Überweisung von Bankkunde A zu Bankkunde X schreibt:

„Wenn A und X das Girokonto bei der gleichen Bank haben, ist das ein rein bankin-
terner Buchungsvorgang, ohne dass Notenbankgeld fließt." (S. 4)

Und sogar für den Fall bankexterner Überweisungen (zwischen der Bank des Kunden
A und einer anderen Bank des Kunden X)[75] hebt er hervor, dass Zentralbankgeld
lediglich in Höhe der Salden zwischen den Geschäftsbanken bewegt werden muss:

„Da statistisch die Buchungen von der A-Bank an die X-Bank täglich ähnlich hoch
sind wie Buchungen der X-Bank an die A-Bank, ist der tatsächlich zu buchende Saldo
relativ zur absoluten Höhe der Transaktionen verhältnismäßig klein." (S. 4f)

Genau das ist der springende Punkt. Aber an dieser entscheidenden Stelle bricht der
Gedanke bei Erhard Glötzl plötzlich ab, und er zieht aus dieser Erkenntnis nicht die
logische Konsequenz: dass nämlich nur ein Bruchteil der Sichtguthaben durch Zentralbankgeld „gedeckt" sein muss, dass es also eine über das Zentralbankgeld hinaus gehende Giralgeldschöpfung der Geschäftsbanken gibt! Und zwar eine Schöpfung aus dem Nichts, die allerdings in reale Forderungen gegenüber Schuldnern
umgewandelt wird und dadurch als „gedeckt" erscheint – bis sich vielleicht heraus
stellt, dass der Schuldner gar nicht zahlungsfähig ist. Aber dann greift die Bank ja
auf die dingliche Sicherung des Schuldners zurück und eignet sich sein verpfändetes
Eigentum an. Erst wenn dieses Pfand zur Begleichung der Schuld nicht ausreicht,
wird der Kredit zum „faulen Kredit" oder zum Kreditausfall – und muss entspre-

chend von der Bank als Verlust verbucht und abgeschrieben werden – wofür sie auch noch Steuerersparnisse erhält.

Nachdem Erhard Glötzl schon ganz nah am wesentlichen Punkt zum Verständnis der Giralgeldschöpfung angelangt war, fällt er kurz danach wieder auf eine Argumentationsebene zurück, als hätte es die vorherigen Erkenntnis nicht gegeben. Am Beispiel zweier Bankkunden A und X, die ihr Girokonto jeweils bei einer anderen Bank haben, erläutert er nochmals den Ablauf einer bargeldlosen Überweisung:

„Diese zu überweisende Notenbankgeldmenge kann die A-Bank jedenfalls nur dann überweisen, wenn sie über eine entsprechende Einlage des Kunden auf der Passivseite verfügt oder durch ein Wertpapiergeschäft mit der Notenbank Notenbankgeld geschöpft wird. Eine kaufkraftwirksame Kreditschöpfung aus dem Nichts ist also nicht möglich. Dies käme einer Bilanzfälschung gleich." (S. 5)

Es ist aber eben nicht der volle Betrag der bargeldlosen bankexternen Überweisung in Zentralbankgeld zu bewegen, sondern nur der viel geringere Saldo gegenüber der anderen Geschäftsbank, wie Glötzl ja weiter oben selbst schon heraus gearbeitet hatte. In seiner Argumentation widerspricht er sich demnach selbst. Im folgenden Abschnitt, wo es nochmals um die bankinterne Überweisung geht, wird seine Argumentation noch komplizierter. Während er ja selbst schon betont hatte, dass für bankinterne Überweisungen kein Zentralbankgeld bewegt werden muss, kommt er schließlich zu einer ziemlich absurden Gedankenkonstruktion, um doch noch seine Anfangsthese von der Nichtexistenz der Giralgeldschöpfung zu retten:

„Hat der Fahrradhändler (X) sein Konto ebenfalls bei der A-Bank, überweist die Bank den Rechnungsbetrag vom A-Konto auf das X-Konto, ohne dass Notenbankgeld fließt. Inhaltlich bedeutet in diesem Fall die Erhöhung des X-Kontos des Fahrradhändlers nichts anderes als die Hintereinanderausführung eines Bargeldkredits, eines normalen Bargeldkaufs und der anschließenden Einzahlung des Bargeldes auf ein Konto, also die Kombination eines Bargeldkredits mit einer passiven Buchgeldschöpfung." (S. 6)

Umständlicher geht es kaum noch! In der Realität eines weit verbreiteten bargeldlosen Zahlungsverkehrs werden die Sichtguthaben auf den Girokonten eben nicht in voller Höhe in bar abgehoben, um sie hinterher in gleicher Höhe wieder in bar einzuzahlen. Und weil dem nicht so ist, sondern nur ein Bruchteil in bar abgehoben wird, brauchen die Banken auch nur einen Bruchteil an Barreserven im Verhältnis zu den Sichtguthaben. An dieser Stelle hat sich Erhard Glötzl in seiner Argumentation offenbar verrannt. So klar wie ich seine früheren Artikel zur Problematik des Zinssystems empfunden habe, so wenig trägt sein hier diskutierter Artikel dazu bei, „die Verwirrungen um die vermeintliche Geldschöpfung durch Geschäftsbanken" zu entwirren. Im Gegenteil! Er fügt den zweifellos verbreiteten Verwirrungen noch einige hinzu.

Mir ist im übrigen auch der Eifer nicht ganz verständlich, mit dem Erhard Glötzl versucht, den Blick von der Geldschöpfung durch Zentralbank und Geschäftsbanken weg zu lenken und ausschließlich die Problematik des exponentiellen Wachstums von Geldvermögen und Schulden hervor zu heben, wenn er in seiner Zusammenfassung schreibt:

„Heutzutage sind immer mehr Menschen über die zunehmende Spaltung der Gesellschaft in Arm und Reich und die zunehmende Instabilisierung unserer Wirtschaft durch die Finanzwirtschaft berechtigterweise beunruhigt. Intuitiv verspüren sie richtigerweise, dass diese Fragen eng mit unserem Geldwesen, den Krediten und dem Zinssystem zu tun haben. Die Vorgänge um die Geldschöpfung und die Zusammenhänge zwischen Notenbankgeld und Buchgeld sind sehr kompliziert und daher schwer verständlich. Darüber hinaus werden in der Literatur sehr unglückliche irreführende Formulierungen verwendet, die manche veranlassen zu glauben, dass die Hauptursache für die oben genannten Probleme in der heutigen Form der Geldschöpfung und insbesondere in der Buchgeldschöpfung durch Geschäftsbanken liegt. – Dem ist aber nicht so. Im Vorangehenden wurde versucht zu zeigen, dass sowohl das Zentralbankgeld durch Aktiva der Zentralbank als auch das Buchgeld der Geschäftsbanken durch Aktiva der Geschäftsbanken gedeckt sein muss und nicht beliebig aus dem Nichts geschöpft werden können." (S. 7)

Ganz kurz taucht dann doch noch ein Zweifel auf, was es denn mit den vermeintlichen Sicherheiten auf sich habe, wenn Glötzl schreibt:

„Das heißt natürlich nicht, dass der Wert des Notenbankgeldes oder der Wert des Buchgeldes ... hundertprozentig gesichert ist. Die Sicherheit ist nur in dem Ausmaß gegeben, wie sicher die Aktiva sind, das heißt zum Beispiel wie sicher einbringlich die von den Banken vergebenen Kredite sind." (S. 7)

Ich würde noch hinzu fügen: Die Sicherheit hängt auch davon ab, ob es beim Normalbetrieb des Zahlungsverkehrs bleibt oder ob es zu einem Super-Gau des Bankensystems kommt, zu einem plötzlichen Sturm auf die Banken, bei dem die Kunden ihre Sichtguthaben in voller Höhe in Bargeld abheben wollen – zu einer Art „Kernschmelze" bezüglich des Bargeldkerns, um den sich ein Vielfaches an Giralgeld aufgebaut hat. Spätestens dann würde sich nämlich heraus stellen, dass die Sichtguthaben nur zu einem Bruchteil durch Bargeld „gedeckt", also eigentlich nicht gedeckt sind.[76] Aber nach diesem kurzen Zweifel kehrt Erhard Glötzl schnell wieder zu seiner Argumentationslinie zurück, in der für die Problematik der Giralgeldschöpfung kein Platz ist:

„Im heutigen Geldwesen würde die Produktion von Falschgeld[77] einer Bilanzfälschung entsprechen, vor der uns die Instrumente unseres Rechtsstaates ausreichend schützen sollten." (S. 8)

In der Tat „sollten" sie es tun. Aber ob sie es wirklich tun, ist eine andere Frage. Die weiter oben dargestellten Methoden der Zentralbankgeldschöpfung und der

Giralgeldschöpfung der Geschäftsbanken sind ja nicht illegal, sondern gesetzlich zulässig! Und die bestehenden Gesetze schützen schließlich auch ein Geldsystem, in dem Zinseszins gefordert werden kann durch diejenigen, die Geld übrig haben, während die Schuldner unter wachsendem Schuldendruck vielfach zu leiden haben oder gar zusammen brechen – ein Geldsystem also, durch das es zu exponentiellem Wachstum der Geldvermögen und der Schulden und damit zu einer wachsenden Kluft zwischen Arm und Reich sowie zu einer Reihe weiterer Krisen kommt.

Bisher haben uns „die Instrumente unseres Rechtsstaates" offenbar auch davor nicht geschützt, sondern stehen im wesentlichen auf der Seite der Gläubiger, die ihre Forderungen im Rahmen von Recht und Gesetz mit Erbarmungslosigkeit gegenüber den Schuldnern eintreiben können – koste es an Opfern, was es wolle. Schützt ein solcher Rechtsstaat insoweit wirklich wirksam die Interessen der Mehrheit seiner Bürger oder nicht vielmehr die Interessen einer reichen Minderheit? Der Verfassungsrechtler Dieter Suhr ist jedenfalls zu der Rechtsauffassung gelangt, dass das bestehende Geld- und Zinssystem nicht mit der Verfassung der Bundesrepublik Deutschland vereinbar sei.[78]

Man kann sich natürlich fragen, ob sich der Gesetzgeber der Problematik solcher Gesetze bewusst war, oder auch, wer mit welchen Mitteln eine derartige Gesetzgebung auf den Weg gebracht und durchgesetzt hat. Wenn man unter diesem Gesichtspunkt die Geschichte des Geldes studiert, kommt man vor lauter Ungeheuerlichkeiten aus dem Staunen nicht mehr heraus. Und Erhard Glötzl will gerade darauf den Blick nicht richten (jedenfalls was die Geldschöpfung anlangt), sondern vertraut stattdessen auf den Rechtsstaat. Mehr noch: Er will den Blick all derer, die sich für diese Zusammenhänge interessieren oder noch interessieren könnten, davon ablenken, um ihn auf „die wahre Ursache für die Instabilisierung unserer Gesellschaft" zu richten. Seinen Artikel beschließt er mit den Worten:

„Die wahre Ursache für die Instabilisierung unserer Gesellschaft liegt darin, dass die Geldguthaben und damit die Kapitaleinkommen in unserem Wirtschaftssystem notwendigerweise rascher als das Bruttosozialprodukt wachsen müssen... Die angesprochene Instabilisierung unserer Gesellschaft kann nur durch geeignete Kapitalsteuern verhindert werden und nicht durch Modifikationen im Geldschöpfungsprozess. In diesem Sinne hoffe ich, mit dem vorliegenden Artikel einen Beitrag dazu zu leisten, dass alle Kräfte von einem Scheinproblem abgelenkt und wieder auf die Lösung der Hauptprobleme fokussiert werden." (S. 8)

Warum eigentlich nicht „sowohl als auch"? Es gibt nach meiner Erkenntnis nicht nur einen wesentlichen Problempunkt im bestehenden Geldsystem, sondern mehrere, und dazu gehören auch die Geldschöpfung der Zentralbank und die der Geschäftsbanken – und die Frage: Wer sind eigentlich „die Herren der Geldschöpfung", und in wessen Interessen, mit welchen Mitteln und welchen Konsequenzen wurde und wird die Geldschöpfung betrieben? Mir scheinen dies keine „Scheinprobleme" zu sein, sondern Probleme von fundamentaler Bedeutung für ein tieferes Verständnis von Macht- und Herrschaftsstrukturen – als Grundlage für ihre Überwindung.

5.10   Gerhard Margreiter zur Geldschöpfung

Innerhalb der Geldreformbewegung hat es zum Teil heftige Auseinandersetzungen um die von Helmut Creutz vertretene (und von Erhard Glötzl unterstützte) Sichtweise zur Giralgeldschöpfung der Geschäftsbanken gegeben.[79] Ich will in diesem Zusammenhang lediglich auf einen Beitrag von Gerhard Margreiter eingehen, der inzwischen die österreichische Redaktion der Zeitschrift „r-evolution"[80] leitet. Dieser Beitrag hat den viel sagenden Titel:

„Banken kaufen die Welt mit selbst gemachtem Geld." [81]

Seiner darin entwickelten Argumentation kann ich mich über weite Strecken anschließen. Gegenüber meiner Ableitung der Giralgeldschöpfung finden sich bei ihm allerdings einige andere Akzente bzw. zusätzliche Aspekte, aber auch wesentliche Übereinstimmungen. Zu den Übereinstimmungen gehört auch die folgende These:

„Die Bezeichnungen „Sichteinlagen" und „Spareinlagen" ... sind leider gänzlich irreführend. (Sie) suggerieren, dass diese Guthaben durch Einzahlung von Bargeld entstanden sind." Und er fügt hinzu: „Der Ausgangspunkt ist heute praktisch immer eine Buchung der Bank." (S. 4)

Nun habe ich allerdings selbst am Anfang meiner Ableitung eine Bareinzahlung des Bankkunden A auf sein Girokonto unterstellt. Aber es könnte ebenso gut eine bargeldlose Überweisung seines Gehalts sein, die sein Sichtguthaben begründet, über das er seinerseits bargeldlos verfügen oder es auch in bar abheben kann. Für den Fall von Barabhebungen müssten sich dann die Geschäftsbanken eine Bargeldreserve von irgendwo anders her beschaffen, zum Beispiel von der Zentralbank – gegen Zahlung entsprechender Zinsen. Auch unter dieser Annahme bleibt es dabei, dass auf einem Sockel von Bargeld (bzw. Zentralbankgeld) ein Vielfaches an Giralgeld aufgebaut werden kann; und dass das zusätzlich geschöpfte Giralgeld auf dem Wege über Kreditvergabe in Umlauf kommt. Unter der Überschrift *„Wie wirkt sich eine Kreditvergabe in der Bankbilanz aus?"* schreibt Gerhard Margreiter:

„Die notwendigen Buchungen führen ... dazu, dass auf beiden Seiten der Bilanz gleiche Werte hinzukommen. Der neue Kredit des Kunden ist für die Bank eine Forderung, also auf der Aktivseite aufscheinend. Gleichzeitig wird – zwangsläufig in der doppelten Buchhaltung – dem Kunden ein Guthaben (eine Forderung gegen die Bank) auf sein Konto gebucht, wodurch für ihn der Kreditbetrag sicht- und greifbar wird. Er kann dann entscheiden, ob er den Betrag in bar abheben oder ihn bargeldlos zu Zahlungszwecken benutzen will." (S. 7)

„Äußerst wichtig ist es auch zu erkennen, dass für diese Buchungsvorgänge keinerlei Sparkonten gebraucht oder verändert werden müssen. Sparkonten sind keine Voraussetzung für die Buchgeldschöpfung der Banken. Es gibt auch keine Vorschriften, die die Höhe der Kredite an die Sparkonten binden. Die gegebenen Kredite müssen allerdings zu 8 % durch Eigenkapital der Banken (verkaufte Aktien) gedeckt sein. Eine Erhöhung des Aktienkapitals ist aber heutzutage für keine Bank eine Schwierigkeit. Die Investmentfonds greifen sicher gleich zu, wenn eine Neuemission erscheint.“ (S. 8)*

Selbst die Erfüllung der gesetzlichen Mindestreserve-Verpflichtung sei für die Geschäftsbanken *„nicht im geringsten schwierig“* (S. 8), weil sie sich durch Verkauf von Wertpapieren an die Bundesbank bzw. die EZB das dazu notwendige Zentralbankgeld beschaffen könnten. Die dafür erforderlichen Wertpapiere könnten sie wiederum mit selbst geschöpftem Giralgeld kaufen – ein Aspekt, der meiner Ableitung der Giralgeldschöpfung noch hinzu zu fügen ist und eine weitere Problematik enthält. Margreiter schreibt hierzu:

„Mit welchem Geld bezahlt eine Bank ein Wertpapier (Anleihe, Aktie o.ä.), das sie erwirbt? Selbstverständlich zunächst mit Buchgeld auf das Konto des Verkäufers... Die Staaten haben regelmäßig zur Bedeckung ihrer Defizite mehr oder weniger festverzinsliche Anleihen aufgelegt, die auch immer von Banken teilweise angekauft werden... Neue Aktiengesellschaften werden gegründet oder bestehende bringen Neuemissionen von Aktien auf den Finanzmarkt. Auch in diesem Fall kaufen Banken eine Tranche und bezahlen mit Giralgeld (das sie nur eine Buchung kostet).“ (S. 4f)

„Die Veränderungen auf beiden Seiten der Bilanz durch den Kauf eines Wertpapiers sind gleich hoch. Einerseits erhöht sich der Besitzstand der Bank um das Wertpapier, das zum augenblicklichen Börsenkurs den Aktiva zugezählt wird. Andererseits hat die Bank mit der „Forderung gegen sich selbst“, d.i. Giralgeld, den Verkäufer mit dem gleichen Betrag auf seinem Konto bezahlt. Der Verkäufer des Wertpapiers fühlt sich bezahlt, aber die Bank kostet diese Buchung nichts. Die entstandene zusätzliche Forderung des Kunden erhöht die Passivseite um denselben Betrag, um den die Aktivseite wächst. Man spricht in so einem Fall von einer Bilanzverlängerung. Durch den Kauf selbst entsteht für die Bank somit kein Gewinn. Ein Gewinn entsteht später aus den Zins- oder Dividendenforderungen, die mit dem Wertpapier verbunden sind.“ (S. 5)

Gerhard Margreiter kommt auf diesem Weg zu einer höchst interessanten Einsicht:

„Hier ist der Punkt, an dem sich die Finanzwelt (vorläufig) am eigenen Zopf aus dem Sumpf zu ziehen in der Lage ist. Börsenkurse steigen, wenn genügend Nachfrage nach einem Wertpapier besteht, und genau diese Nachfrage können die Banken nun, ohne dass es sie einen Groschen Geld kostet, in ihnen zuträglicher Weise regulieren. Sie brauchen dazu nur die Art Wertpapier weiterhin (für sie gratis) mit Buchgeld zu kaufen.“ (S. 6)

Mit aus dem Nichts geschöpften Giralgeld können die Geschäftsbanken demnach das Kursniveau an den Börsen in die Höhe treiben und Spekulationsblasen erzeugen – und auf diese Weise auch noch andere mit in den Sog des Börsenfiebers hinein ziehen. Darüber hinaus können die Banken mit den von ihnen gehaltenen Aktien auch noch Stimmrecht in den Hauptversammlungen der betreffenden Aktiengesellschaften ausüben und je nach Anteilen mehr oder weniger Kontrolle über Unternehmen bzw. Konzerne ausüben. Unter der Überschrift *„So beherrschen Banken die Wirtschaftsentscheidungen"* schreibt Margreiter:

„Mit dem Erwerb eines Anteils an einer Aktiengesellschaft erwirbt man im Prinzip auch immer ein Mitspracherecht im obersten Organ, der Aktionärsversammlung... Wenn sich 50 % der Aktien in Streubsitz befinden, genügt mit großer Sicherheit ein 25%-Anteil, um in der Aktionärsversammlung diktatorisch alle Entscheidungen zu beeinflussen." (S. 6) Und an anderer Stelle schreibt er, *„dass die Geschäftsbanken zu den wahren Gelderzeugern aufgestiegen sind. Dieses Privileg macht sie allen anderen Wirtschaftstreibenden überlegen."* (S. 12)

Bei all dem stellt sich natürlich zu Recht die Frage, wieso Geschäftsbanken dann überhaupt zusammen brechen können. Auch damit setzt sich Gerhard Margreiter auseinander – unter der Überschrift *„Warum können Banken trotz Geldschöpfung pleite gehen?"*:

„Sehr oft wird das Argument verwendet, wenn Banken tatsächlich Geld schöpfen könnten, dann wäre es doch unmöglich, dass sie auch Bankrott gehen können. Dabei wird übersehen, dass Banken immer nur in Zusammenarbeit mit Kunden, die Kredite nehmen oder Wertpapiere anbieten, ihre Buchgeldschöpfung erzeugen können und müssen. Bei diesen Vorgängen verbessert sich aber – wie betont wurde – die Bilanzsituation der Banken nicht. (Es findet lediglich eine Bilanzverlängerung statt, aber es entstehen dadurch keine Gewinne. B.S.) Erst Zinsforderungen und Kursanstiege verhelfen der Bank später zu einem Buchgewinn. Die Bank kommt aber sogleich in eine Schräglage, wenn offenbar wird, dass ein zu großer Kreditbetrag von den Kunden nicht mehr bezahlt werden kann. Ähnliches passiert bei einem allgemeinen Kursverfall an der Börse. Dann schrumpfen die Aktiva der Bank, ohne dass deshalb die Passiva abnehmen." (S. 9)

Die diesbezüglichen Ausführungen schließen allerdings mit einer Formulierung, der ich mich nicht uneingeschränkt anschließen kann:

„Durch einen Run auf eine Bank aber (alle Sparer wollen plötzlich Bargeld sehen) [82] *ist ein heutiges Kreditinstitut nicht mehr gefährdet. In so einem Fall springt die Zentralbank ein und liefert das nötige Bargeld..."* (S. 9)

In einem Fall, wenn es bei nur einer Bank passiert, dann ja. Aber diese Sicherungen werden versagen, wenn ein gleichzeitiger Sturm auf viele Banken einsetzt. Dann wäre auch die Zentralbank mit ihrer Bereitstellung von Bargeld oder Liquidität überfordert, und sie würde im übrigen die Kontrolle über die Geldmenge immer mehr verlieren, wenn sie immer mehr Geld in den Kreislauf hinein pumpen müsste. Mir scheinen die Probleme in einer solchen Situation ganz ähnlich zu sein wie beim Feuerlöschen: Solange nur ein Haus oder wenige Häuser gleichzeitig brennen, mag es der Feuerwehr gelingen, die Brände zu löschen. Wenn es aber zu einem Flächenbrand kommt, sei es in einer Stadt, sei es gar in Form von Waldbränden, dann muss sie hilflos zusehen, wie sich die Feuer ausbreiten. Auf das Bankensystem übertragen wäre dies eine Kette von Bankzusammenbrüchen, die es ja nicht nur in der Theorie geben kann, sondern in der Realität immer wieder gegeben hat, allem voran in der Weltwirtschaftskrise Anfang der 30er Jahre – und in jüngster Zeit schon wieder.

6 Weltwirtschaftskrise 1929 und die Diskussion um ein „100%-Money"

Im Gefolge des Börsenkrachs von New York 1929 und der dadurch ausgelösten Weltwirtschaftskrise gab es in den USA eine Diskussion um die Problematik der Geldschöpfung – sowohl der Zentralbank als auch der Geschäftsbanken. Dabei ging es um die These, dass die Geldschöpfung und ihre konkrete Handhabung in den USA wesentlichen Anteil an der Entstehung und an dem dramatischen Verlauf der Krise hatte – und dass daraus monetäre Konsequenzen gezogen werden müssten, um ähnliche wirtschaftliche Katastrophen in Zukunft zu verhindern. Ich will die Rolle der Geldschöpfung in diesem Zusammenhang hier nur kurz andeuten.

In den Jahren vor 1929 war in den USA die Durchschnittsrendite im Bereich der Realwirtschaft abgesunken, immer mehr Gelder wurden dem realwirtschaftlichen Kreislauf entzogen und strömten in die Spekulation an die Börsen. Indem der Wirtschaft durch billige Kredite von Seiten der Zentralbank und der Geschäftsbanken in wachsendem Maße Geld zugeführt wurde, entstand an den Börsen eine steigende Nachfrage nach Wertpapieren, wodurch die Kurse immer mehr in die Höhe getrieben wurden. Immer größere Teile der amerikanischen Bevölkerung gerieten in ein Spekulationsfieber, das von den Banken geschürt wurde – bis schließlich am Schwarzen Freitag die Stimmung kippte, die Spekulationsblase platzte und die Kurse ins Bodenlose abstürzten. Diejenigen, die ihre Aktienkäufe mit Krediten finanziert hatten, konnten die Kredite nicht mehr bedienen, was für die Banken zu Kreditausfällen führte. Etliche Banken brachen daraufhin zusammen, was wiederum einen Sturm auf die übrigen Banken auslöste, bei dem die Kunden ihr Geld in bar von ihren Girokonten abheben und in Sicherheit bringen wollten.

An die Stelle des „Normalbetriebs" war mit einem Mal ein „Super-Gau des Finanzsystems" getreten, der in einer unkontrollierten Kettenreaktion immer mehr Banken in den Abgrund riss. Während die Bankkunden in viel größerem Maße als normal die Beträge auf ihren Girokonten in bar abheben wollten, zeigte sich schlagartig, dass die entsprechenden Reserven dafür überhaupt nicht annähernd bei den Banken vorhanden waren. Je mehr Banken schließen mussten, um so stärker griff die Panik unter den Bankkunden um sich, und um so heftiger wurde der Sturm auf die noch geöffneten Banken usw. Der Kern der Bargeldreserven war in kürzester Zeit dahin geschmolzen, es gab eine „Kernschmelze".

110

Ähnliche Kettenreaktionen hat es seither mehrmals gegeben, wenn auch bislang nicht mit derart dramatischen weltweiten Auswirkungen, zum Beispiel in der Bankenkrise in Japan in der zweiten Hälfte der 90er Jahre, der Finanzkrise in Südostasien bzw. aktuell in der Krise in Argentinien Ende 2001. Solche Krisen haben in der Regel natürlich nicht nur eine Ursache, aber in ihnen zeigt sich, auf welch schmalem Fundament das breite Gebäude des Geldsystems mit seiner Giralgeldschöpfung steht. In solchen Situationen erinnert tatsächlich vieles an einen Super-Gau eines Atomkraftwerks, bei dem – entgegen allen vorherigen Sicherheitsbekundungen – die atomare Kettenreaktion außer Kontrolle gerät. Im Katastrophenfall reichen eben die Sicherheiten eines Normalbetriebs nicht mehr aus.

Nicht von ungefähr setzte Anfang der 30er Jahre in den USA eine Diskussion zur Erhöhung der „Sicherheitsstandards" des Finanzsystems ein, und ein wesentlicher Gegenstand der Diskussion war die Forderung nach einem „100%-Money", einer hundertprozentigen Deckung der Sichtguthaben durch Zentralbankgeld. Der bekannteste Vertreter dieser Richtung war Irving Fisher. Auch daran zeigte sich übrigens, dass die Giralgeldschöpfung der Geschäftsbanken – auch „fractional banking" genannt – nicht ein Mythos oder Phantom, sondern eine Realität war, die einige Geldtheoretiker als wesentlichen Verstärker der amerikanischen Bankenkrise, wenn nicht gar als deren Ursache ansahen. Joseph Huber vermittelt in seinem Buch „Vollgeld" einen guten Überblick über diese Diskussion eines „100%-Plans", für dessen Realisierung sich seinerzeit namhafte Ökonomen einsetzten:

„Der Kernpunkt des Plans bestand darin, die Sichtguthabenschaffung durch die Geschäftsbanken zu unterbinden, indem das Fisher zufolge damals vorhandene 10-Prozent-Barreserve-System in ein 100-Prozent-Barreserve-System überführt werden sollte. Banken sollten auf Sichteinlagen der Kunden, über die per Scheck verfügt wer-den kann, eine 100-Prozent-Bargeldreserve halten müssen. Das würde bedeuten, dass Überschussreserven der Banken durch Sichtguthaben vollständig gebunden werden, weil die 100-Prozent-Barreserve die überhaupt nur denkbare Maximalreserve bedeu-tet. Die Banken könnten nicht mehr frei Kredit schöpfen, nur noch Kredit vergeben aufgrund von Anlagen/Ausleihungen, die nicht zugleich als Anlage und Zahlungsmittel dienen können..." (Huber, S. 272)

„Fisher sah die Vorteile seines 100%-Money in der absoluten Gewahrsamkeit des Geldes, der dadurch verringerten Gefahr von Bankenzusammenbrüchen, der Ver-ringerung der staatlichen Zins- und Tilgungsverpflichtungen gegenüber den Banken, der Vereinfachung des Geld- und Bankenwesens, der Unterbindung großer Inflationen und Deflationen ebenso wie überschießender Booms und Rezessionen sowie in einer Zügelung des Bankeneinflusses auf realwirtschaftliche Entscheidungen. (Fisher 1935, 51 – 58)[53] Geschäftlich werde es den Banken gleichwohl gut gehen, denn das Zinsniveau werde sinken, das Volumen der Bankengeschäfte zunehmen und die Laufzeit der Investitionskredite sich verlängern (Fisher, 176ff, 187ff). Den Banken gehe es gut, wenn es ihren Kunden gut geht (Fisher 210) ..." (Huber, S. 273)

„Fisher betonte den Sachverhalt, dass die Geldordnung ein Teil der Rechtsordnung ist. Er beschrieb die Kontrolle über das Geld als eine öffentliche ordnungspolitische Aufgabe von Verfassungsrang (Fisher 241ff), im Unterschied zum Bankengeschäft und den Finanzmärkten, die auch seines Erachtens zivilrechtlich, privat- und marktwirtschaftlich funktionieren sollen: „Nationalization of money, yes; of banking, no." (Fisher 58)" (Huber, S. 274)*

Bei aller Würdigung dieses Ansatzes formuliert Joseph Huber aber auch eine Kritik und sieht in Fishers Konzept des 100%-Money eine gewisse Inkonsequenz:

„Fisher hielt den Goldstandard zwar für überholt, vertrat aber die vollständige Bargelddeckung aller Sichtguthaben... Damit aber blieb Fisher der traditionalen Vorstellung der Deckung von Geld durch Geld verhaftet. Weder er noch andere 100-Prozent-Reserve-Theoretiker wurden sich der Gänze des Sachverhaltes gewahr, dass modernes funktionales Geld aus dem Nichts geschöpft wird, und dass es letztlich ein Unfug wäre, ein aus dem Nicht geschöpftes Buchgeld durch ein aus dem Nichts geschöpftes Papier- und Münzgeld „decken" zu wollen. Worauf es ankommt, ist nicht die kreditorische Absicherung von Geld durch Geld- oder Sachvermögen (das interessiert nur den Bankier), sondern wesentlich ist die kontrollierte Knappheit der Geldmenge und eine zirkulatorische Übereinstimmung zwischen Geldeinnahmen und realem Wirtschaftsumsatz sowie zwischen Geldeinkommen und Wirtschaftsprodukt. Der wesentliche Fortschritt des frei geschöpften chartalen Geldes [84] liegt darin, zwar wirtschaftlicher Kompetenzen und praktischer Handlungskapazitäten, aber keiner sonstigen Reserve mehr zu bedürfen." [85]

Huber erwähnt darüber hinaus auch noch die Chicago-Gruppe um Milton Friedman, den Begründer des Monetarismus[86], der 1948 den so genannten Chicago-Plan für ein „100%-reserve banking" entwickelte:

„Die Chicago-Gruppe übte starke Kritik an der Sichtguthabenschaffung durch die Banken... Knight brachte die Überzeugung der Gruppenmitglieder so auf den Punkt: „Es ist absurd und ungeheuerlich, dass das Publikum den Geschäftsbanken für die Vervielfachung der Menge umlaufender Zahlungsmittel Zinsen zahlt" [87]... Kritisiert wurde damit die kaum kontrollierte Ausbreitung und Kontraktion von Guthaben durch den Bankensektor ebenso wie der dabei privat angeeignete Margenextragewinn [88]." (Huber, S. 275)

„Vor allem Friedman ging es später darum, nicht nur die Kreditschöpfung der Banken an die Kandarre zu legen, sondern auch die Geldschöpfung der Zentralbank, um dadurch die Geldaufnahme der Regierung einzudämmen." (Huber, S. 275f)

Dass dieses monetaristische Konzept restriktiver Geldpolitik unter grundsätzlicher Beibehaltung des Zinssystems die Probleme langfristig nicht lösen kann, sondern eher zu deren Verschlimmerung beiträgt, habe ich ausführlich an anderer Stelle abgeleitet.[89]

7 Das Vollgeld-Konzept von Joseph Huber

Die Konzepte des 100%-Money betrachtet Joseph Huber als theoretische und historische Vorläufer seines eigenen weiter entwickelten „Vollgeld-Konzepts", auf das im folgenden näher eingegangen werden soll. Ich lasse dazu über weite Strecken Huber selbst zu Worte kommen. In Kapitel 13 („Das Vollgeld-Konzept. Übergang vom Geldreserveprinzip zu Vollgeld durch Umwandlung von Girokonten in Geld-konten") formuliert er seine Vorstellungen über eine grundlegende Reform des Geld-systems, mit der den Geschäftsbanken die Möglichkeit einer autonomen Geldschöp-fung (bzw. Sichtguthabenschaffung) über das Zentralbankgeld hinaus genommen werden soll. Zum Verständnis seiner Ausführungen ist es wichtig zu betonen, dass er von „Geld" nur spricht in Bezug auf das von der Zentralbank ausgegebene Geld, sei es in Form von Geldscheinen, Münzgeld oder Giralgeld. Die von den Geschäfts-banken zusätzlich geschaffenen Sichtguthaben sind in seinem Verständnis nicht geldgleich und also auch nicht Geld, sondern nur Guthaben auf Zentralbankgeld.

„Als Konsequenz der vorangegangenen Analysen und Betrachtungen wird nun ein Schritt vorgeschlagen, der historisch fällig und geeignet ist, heute bestehende Un-deutlichkeiten bezüglich des Geldes aufzuheben zugunsten einer Geldmenge mit kla-rer Abgrenzung und Identität. Es soll ein chartales Geld als binnen- und außenwirt-schaftliches Generaläquivalent in uneingeschränkter Zahlungs- bzw. Repartitions-funktion gewährleistet werden. Die Kontrolle darüber soll gewaltenteilig unabhängig gestellten Zentralbanken mit stabilitätspolitischem Gesetzesauftrag übertragen wer-den. Der Schritt besteht darin, vom heutigen Geldreserve-System überzugehen zu einem vollwertigen Buchgeld, dem Vollgeld, indem Girokonten zu Geldkonten werden. Täglich fällige Sichtguthaben werden umgewandelt in echtes Buchgeld. Der obsolete Dualismus von Zentralbankgeld und „Bankengeld", der unnötige Komplikationen ver-ursacht und der, wenn überhaupt, allenfalls einem Sonderinteresse der Banken ent-spricht, nicht jedoch in einem allgemeinen Interesse der Gesellschaft liegt, wird aufge-hoben zugunsten einer einzigen Geldmenge die in allen ihren Formen und Teilmengen an allen Orten jederzeit vollwertiges Geld darstellt." (S. 259)

„Das gesamte Vollgeld wird ausschließlich von der Zentralbank emittiert, ist also Zentral-bankgeld, und jedes Zentralbankgeld ist Vollgeld. Das feudale Relikt des Münzregals der Regierung [90], von abnehmendem Gewicht, wird ebenso aufgehoben wie die private Sichtguthabenschaffung der Kreditinstitute, die zuletzt immer voluminöser geworden ist. Beide Funktionen werden der Zentralbank übertragen und kommen zu deren schon bestehendem Banknotenmonopol hinzu. Es entsteht damit ein allgemeines Geldregal der Zentralbank. Als Geldemissions- und Geldmengenregulierungs-Behörde bringt sie das Geld in Umlauf in Form von Buchgeld, Papiergeld oder Münzgeld." (S. 260f) ...

„Indem der Zentralbank die unmittelbare Kontrolle über die eine Geldmenge M gesi-chert wird, wird sie gegenüber den Banken nicht zum Buchgeldzwerg verkümmern, sondern wird künftig besser als bisher die geldpolitische Autorität sein können, die sei sein soll." (S. 264)

In diesem Zusammenhang macht sich Joseph Huber Gedanken darüber, ob das von der Zentralbank geschöpfte Geld nicht auch auf anderen Wegen in den Wirtschaftskreislauf gelangen könnte als über zinsbelasteten Kredit, das heißt als Schuldgeld. Eine mögliche Alternative sieht er in der zins- und tilgungsfreien Bereitstellung von Zentralbankgeld an den Staat zur Finanzierung eines staatlich gewährten Grundeinkommens. Dessen Finanzierung erscheint ihm überhaupt erst möglich, wenn allein die Zentralbank über die Geldschöpfungskompetenz verfügt (und nicht nur – wie bisher – einen Bruchteil der gesamten Geldmenge emittiert, während der größere Teil durch die Geschäftsbanken geschöpft wird):

„Des Weiteren, oder alternativ dazu, ist ein Emissionskonzept denkbar, das neu zu emittierendes Geld von vornherein vergesellschaftet, das heißt, es an Unternehmen und private Haushalte steuerschuldproportional ausschüttet... Das Geld käme somit direkt der Bürgerschaft und der Wirtschaft zugute." (S. 264f) ...

„Ein weiterer prinzipiell denkbarer Emissionsweg ..., nämlich die Aushändigung von Zentralbankgeld als zusätzliche Mittel für die öffentlichen Kassen zur zweckfreien beliebigen Verwendung der Regierung" (S. 265) lehnt Huber allerdings ausdrücklich ab. Darin unterscheidet er sich von jenen Autoren, die grundsätzlich ein zins- und tilgungsfreies Geld zur Finanzierung öffentlicher Ausgaben fordern und den Staat auf diese Weise vor der wachsenden Staatsschuld bewahren wollen (wie dies bereits weiter oben angedeutet wurde). Den Übergang zum Vollgeld betrachtet Huber als eine epochale Herausforderung, deren Bedingungen inzwischen herangereift seien:

„In historisch-evolutiver Sicht ist die Aufhebung des Geldreserve-Prinzips durch Übergang zu Vollgeld der nächste nahe liegende und zugleich vollendende Schritt in der Überwindung der Metallgeldzeit und des 500-700jährigen Dualismus von Metallgeld und Giralgeld." (S. 266) ...*„Im historischen Vergleich mit der Monopolisierung der Banknotenausgabe kann man auch sagen, es geht darum, einen Schritt, wie die vor 300 – 150 Jahren vollzogene Umwandlung von Privatbanknoten in gesetzliche Zahlungsmittel per Banknoten-Emissionsprivileg, heute sinngemäß erneut zu vollziehen mit dem Übergang vom Reservegeld zu Vollgeld durch Umwandlung von Giroguthaben in Geldguthaben, die nicht mehr auf partikulare Kreditschöpfung der Banken, sondern unmittelbar auf Zentralbankemission zurück gehen."* (S. 267)

Es kann aber nach Huber nicht allein darum gehen, der Zentralbank die alleinige Geldschöpfungskompetenz zu übertragen, sondern es müsse gleichzeitig sicher gestellt werden, dass die Zentralbank dem Einfluss der privaten Geldmacht ebenso wie dem Einfluss von Regierungen entzogen wird. Ganz im Sinne dessen, was ich weiter oben als Forderung nach einer „Monetativen" (neben Exekutive, Legislative und Judikative) formuliert habe, schreibt Huber zum Abschluss seines Kapitels über Vollgeld:

„Gerade bei Vollgeld, und seiner überwiegenden Emission durch Grundbezugsrechte[91], muss sich die Zentralbank als eine gewaltenteilige eigenständige staatliche Institution

bei ihrer Geldpolitik in einer Unabhängigkeitsposition befinden, die jener der Gerichte bei der Rechtsprechung gleich kommt." (S. 267)

8 Geld und Magie – Hans Christoph Binswanger zur Geldschöpfung

Eine höchst interessante Abhandlung zur Rolle der Geldschöpfung im Zusammenhang der Industrialisierung und Naturausbeutung findet sich in dem Buch *„Geld und Magie – Deutung und Kritik der modernen Wirtschaft anhand von Goethes Faust"* von Hans Christoph Binswanger [92]. Bei dem Autor handelt es sich um einen der wenigen Querdenker oder Vorausdenker unter den Wirtschaftsprofessoren. In dem genannten Buch wird die These aufgestellt, dass es sich bei der Papiergeldschöpfung um die „Fortsetzung der Alchemie mit anderen Mitteln" handelt. (Die These lässt sich ohne weiteres auf die Giralgeldschöpfung der Geschäftsbanken ausweiten.)

8.1 Geldschöpfung als Thema in Goethes Faust II

Binswanger geht es nicht speziell um die Übertragung des Geldschöpfungsprivilegs vom Staat auf das Bankensystem, sondern um die Geldschöpfung als solche – auch wenn sie sich in der Hand des Staates befindet. In der Geldschöpfung sieht er so etwas wie die Ausführung eines teuflischen Plans – und bezieht sich dabei direkt auf Faust II von Johann Wolfgang von Goethe. Ihm kommt das außerordentliche Verdienst zu, diese Botschaft Goethes über die Magie und Problematik der Papiergeldschöpfung im Zusammenhang der Industrialisierung und Naturausbeutung heraus gearbeitet zu haben – eine Botschaft, die wohl den meisten Literatur- und Theaterkennern, aber auch den meisten Ökonomen entgangen ist, selbst wenn sie sich zu den Bewunderern Goethes zählen. Dabei ist diese Botschaft so klar und unmissverständlich formuliert, dass man sie eigentlich gar nicht übersehen, überhören oder überlesen kann. Und dennoch ist auch hier – wie so oft – der Blick für Wesentliches verloren gegangen oder gar nicht erst entwickelt worden. In seinem Nachwort zu „Geld und Magie" schreibt Iring Fetscher dazu sehr treffend:

„Hans Christoph Binswanger ... kann zeigen, dass die größte Dichtung unseres so viel gelobten und so wenig gründlich gelesenen Dichters Goethe – der Faust – einen durchaus entschlüsselbaren Hinweis auf Faszination wie Gefahr der modernen Wirtschaftsweise und ihres Strebens nach unendlichem Fortschritt der Reichtumsvermehrung enthält. Das deutsche Bildungsbürgertum hat sich ja im 19. Jahrhundert daran gewöhnt, die klassischen Dichter in Goldschnitt hinter Glas zu stellen und bei feierlichen Anlässen markige Worte aus ihren Werken zu zitieren. – Um sich beim alltäglichen Tun und Treiben aber nicht von den Idealen und Kritiken der Klassiker stören zu lassen, verwandelten sie deren Dramen und Gedichte, Romane und Abhandlungen in unverbindliche Dekorationen." (Geld und Magie, S. 174)

Nach Binswanger geht es in Goethes Faust darum, dass Faust – nachdem er (in Band I) keine Erfüllung in der Liebe hat finden können – nunmehr sein Glück im materiellen Reichtum und in der Beherrschung und Ausbeutung der äußeren Natur sucht. Zu diesem Zweck geht er erneut einen Bund mit dem Teufel (Mephisto) ein und verkauft ihm dafür seine Seele. In diesem Zusammenhang entsteht der teuflische Plan, Faust und Mephisto sollten dem in Geldnot befindlichen Kaiser die Papiergeldschöpfung als Zaubermittel zur Lösung seiner Finanzprobleme nahe bringen. Als Belohnung dafür soll sich Faust vom Kaiser ein großes Stück Küstenstreifen übereignen lassen. Sein Traum geht dahin, diesen Streifen der Natur bzw. dem Meer abzuringen, ihn zu kultivieren, seiner Herrschaft zu unterwerfen und alles, was dem im Wege steht – einschließlich der Menschen, die sich den so bewirkten Veränderungen nicht fügen wollen – aus dem Weg zu räumen.

Das Papiergeld soll in diesem Fall nicht durch schon gefördertes (und bei den Banken oder der Zentralbank deponiertes) Gold „gedeckt" werden, sondern durch noch in der Erde befindliches Gold und andere Bodenschätze, die zur „Deckung" des Papiergeldes aus dem Boden geholt werden können.[93]

Der Kaiser in Goethes Faust II ist zunächst sehr skeptisch gegenüber diesen Plänen, und Mephisto spottet über dessen Zweifel mit den Worten:

Mephisto:
„Daran erkenn ich den gelehrten Herrn!
Was ihr nicht tastet, steht euch meilenfern,
Was ihr nicht fasst, das fehlt euch ganz und gar,
Was ihr nicht rechnet, glaubt ihr, sei nicht wahr,
Was ihr nicht wägt, hat für euch kein Gewicht,
Was ihr nicht münzt, das meint ihr, gelte nicht!"

Schließlich lässt sich der Kaiser doch zur Unterschrift hinreißen (obwohl er nicht recht weiß, was er da eigentlich unterschreibt), und das so geschaffene Papiergeld wird von ihm selbst bzw. von seinem Kanzler in Umlauf gebracht – zur Bezahlung von Soldaten, Lieferanten, Personal usw. Dadurch ließe sich nicht nur vieles finanzieren, was vorher nicht finanzierbar war, sondern es würde auch die Konjunktur angeregt, wo vorher nur Wirtschaftskrise und soziales Elend herrschten.[94] Der Kanzler ist von diesen Plänen begeistert (wobei er das Papiergeld „Blatt" oder „Zettel" nennt):

Kanzler:
„Beglückt genug in meinen alten Tagen. –
So hört und schaut das schicksalsschwere Blatt,
Das alles Weh in Wohl verwandelt hat.
Zu wissen sei es jedem, der's begehrt:
Der Zettel hier ist tausend Kronen wert.
Ihm liegt gesichert, als gewisses Pfand
Unzahl vergrabnen Guts im Kaiserland.

Nun ist gesorgt, damit der reiche Schatz,
Sogleich gehoben, diene zum Ersatz."

Der Kaiser antwortet darauf – immer noch skeptisch:

Kaiser:
„Ich ahne Frevel, ungeheuren Trug!
Wer fälschte hier des Kaisers Namenszug?
Ist solch Verbrechen ungestraft geblieben?"

Kanzler:
„Erinnre dich! Hast selbst es unterschrieben;
Erst heute nacht. Du standst als großer Pan,
Der Kanzler sprach mit uns zu dir heran:
Gewähre dir das hohe Festvergnügen,
Des Volkes Heil, mit wenig Federzügen.
Du zogst sie rein, dann ward's in dieser Nacht
Durch Tausendkünstler schnell vertausendfacht.
Damit die Wohltat allen gleich gedeihe,
So stempelten wir gleich die ganze Reihe,
Zehn, Dreißig, Funfzig, Hundert sind parat.
Ihr denkt euch nicht, wie wohl's dem Volke tat.
Seht eure Stadt, sonst halb im Tod verschimmelt,
Wie alles lebt und lustgenießend wimmelt!
Obschon dein Name längst die Welt beglückt,
Man hat ihn nie so freundlich angeblickt.
Das Alphabet ist nun erst überzählig.
In diesem Zeichen wird nun jeder selig."

Kaiser:
„Und meinen Leuten gilt's für gutes Gold?
Dem Heer, dem Hofe gnügt's zu vollem Sold?
So sehr mich's wundert, muss ich's gelten lassen."

Marschall:
„Unmöglich wär's, die Flüchtigen einzufassen;
Mit Blitzeswink zerstreute sich's im Lauf.
Die Wechsler-Bänke stehen sperrig auf,
Man honoriert daselbst ein jedes Blatt
Durch Gold und Silber, freilich mit Rabatt.
Nun geht's von da zum Fleischer, Bäcker, Schenken;
Die halbe Welt scheint nur an Schmaus zu denken."

Reinhard Deutsch, der in seiner Broschüre „Zaubergeld" diese Verse zitiert (S. 36 – 38), schreibt hierzu:

„So etwas kann man nur schreiben, wenn man den Zusammenhang verstanden hat. Ich weiß nicht, woher Goethe seine geldtheoretischen Kenntnisse hatte, die Erfahrung mit den französischen Assignaten [95] *mag dabei eine Rolle gespielt haben. Vielleicht kannte er auch das Buch von John Law. Heute machen sich die Bürger jedenfalls über staatliches Falschgeld keine Gedanken mehr. Man glaubt, so etwas würde der Staat heute nicht mehr machen. Die Wenigsten können mit diesen Zeilen im Faust überhaupt noch etwas anfangen.“ (S. 38)*

Bis hierhin scheint allerdings die Papiergeldschöpfung aus dem Nichts nur segensreiche Wirkungen hervor zu bringen. Die Worte von Goethe hören sich geradezu an wie eine poetische Version der Beschäftigungstheorie von John Maynard Keynes, die dieser in seinem Hauptwerk „Allgemeine Theorie der Beschäftigung, des Zinses und des Geldes“ 1936 veröffentlicht hat und für die er weltberühmt wurde [96]. Warum sollte es sich dabei also um einen teuflischen Plan handeln? Oder waren die Gedanken von Goethe eine Vorwegnahme der Beschäftigungspolitik der Nationalsozialisten ab 1933, mit der ja tatsächlich die dramatischen Auswirkungen der Weltwirtschaftskrise in Deutschland, allem voran die Massenarbeitslosigkeit, in erstaunlich kurzer Zeit überwunden wurden – aber eben im Pakt mit dem Teufel?

8.2   Moderne Wirtschaft als Fortsetzung der Alchemie mit anderen Mitteln

Hans Christoph Binswanger sieht das Teuflische der Papiergeldschöpfung (und später auch der Giralgeldschöpfung) darin, dass sie der Entfaltung des Kapitalismus und der Industrialisierung (Binswanger spricht von der „modernen Wirtschaft“) eine ungeheure Dynamik verliehen hat, die in immer mehr Naturzerstörung und Zerstörung von Lebensgrundlagen einmündete. Warum er von einer „Fortsetzung der Alchemie mit anderen Mitteln“ sprach, soll im Folgenden erläutert werden.

Ein Teilbereich der Alchemie oder der Magie war laut Überlieferungen die künstliche Herstellung von Gold im alchemistischen Labor durch Umwandlung anderer chemischer Elemente (insbesondere Blei) auf dem Wege der „Transmutation“. Hierzu schreibt Binswanger unter der Überschrift *„Vom Gold zum Geld“*:

„Heute wird die Alchemie als Aberglaube abgetan. Es heißt, dass sich seit dem Aufkommen der modernen Wissenschaften die Goldmacherei endgültig als Phantasmagorie erwiesen habe und daher niemand mehr sinnlos seine Zeit mit solchen abstrusen Vorhaben vergeuden wolle. Ich behaupte etwas anderes: Die Versuche zur Herstellung des künstlichen Goldes wurden nicht deswegen aufgegeben, weil sie nichts taugten, sondern weil sich die Alchemie in anderer Form als so erfolgreich erwiesen hat, dass die mühsame Goldmacherei im Laboratorium gar nicht mehr nötig ist. Für das eigentliche Anliegen der Alchemie im Sinne der Reichtumsvermehrung ist es ja nicht entscheidend, dass tatsächlich Blei in Gold transmutiert wird, sondern lediglich, dass sich eine wertlose Substanz in eine wertvolle verwandelt, also z.B. Papier in Geld. Wir können den Wirtschaftsprozess als Alchemie deuten, wenn man

zu Geld kommen kann, ohne es vorher durch eine entsprechende Anstrengung ver-
dient zu haben, wenn die Wirtschaft sozusagen ein Zylinder ist, aus dem man ein
Kaninchen heraus holen kann, das vorher nicht drin war, wenn also eine echte
Wertschöpfung möglich ist, die an keine Begrenzung gebunden und in diesem Sinne
daher Zauberei oder Magie ist.

Wenn wir den Faust aufmerksam lesen, dann kann es keinen Zweifel geben, dass
Goethe in der modernen Wirtschaft einen solchen alchemistischen Kerngehalt dia-
gnostiziert. Dieser ist es, der der Wirtschaft heute ihre ungeheure Attraktionskraft
verleiht, so dass sie allmählich alle Lebensbereiche in ihren Sog zieht. Es geht um die
Möglichkeit eines kontinuierlichen Wachstums der Produktion ohne eine entspre-
chende Erhöhung des Leistungsaufwands." (Geld und Magie, S. 21f)

Von der Interpretation des Faust II kommt Binswanger unter der Überschrift
„Moderne Wirtschaft: Fortsetzung der Alchemie mit anderen Mitteln" auch auf
verschiedene historische Beispiele der Papiergeldschöpfung zu sprechen, unter
anderen auch auf John Law 1717 in Frankreich. Law hatte – wie schon weiter
oben kurz erwähnt – seinen Plan schon dem völlig überschuldeten Ludwig XIV
unterbreitet, der ihn aber als suspekt zurück wies. Erst der nachfolgende Regent
Prinz von Orléans bzw. seine Berater ließen sich von diesem Plan überzeugen. In
diesem Zusammenhang schreibt Binswanger:

„Angesichts der Geldnot des Regenten war es selbstverständlich gewesen, dass er eine
Reihe von Alchemisten an seinem Hof beschäftigt hatte, die künstlich Geld herstellen
sollten. Bemerkenswert ist aber, dass er im gleichen Augenblick, als er John Law nach
Paris holte, alle Alchemisten entließ. Er hatte wohl begriffen, dass der Neo-Alchemist
Law erfolgreicher sein könnte und tatsächlich auch erfolgreicher war. – Das
Experiment von John Law ist allerdings 1720 gescheitert, in erster Linie wohl deshalb,
weil Law sein Projekt der Entgoldung des Geldes zu rasch voran treiben wollte, was
zum Zusammenbruch der Aktienkurse, zur Inflation und schließlich zur Repudiation
(Verweigerung der Annahme) des Papiergeldes führte..." (S. 51f) [97]

Und Binswanger fährt fort:

„Wenn dieser französische Versuch misslungen ist, so ist doch – das wird meist über-
sehen – im Gegensatz dazu das englische Vorbild ein voller Erfolg geworden. Es han-
delt sich um die Gründung der Bank von England im Jahre 1694." (S. 52)

Ein voller Erfolg aus der Sicht des teuflischen Pakts – müsste man hinzufügen. Die
oben behandelte Problematik, dass der privaten Bank von England das Privileg
der Banknotenemission übertragen wurde und der Staat in die direkte Geld- und
Zinsabhängigkeit vom Bankensystem geriet, wird von Binswanger allerdings nicht
thematisiert. Um diesen Aspekt wäre seine Analyse und Interpretation noch zu ergänzen. Welch ungeheure Bedeutung die Bank von England vor allem im 19. Jahrhundert erlangte, wird von ihm dagegen sehr klar gesehen:

„Von England aus trat im 19. Jahrhundert das mit gesetzlicher Zahlungskraft ausgestattete Papiergeld in der ganzen Welt seinen Siegeszug an, ergänzt durch das Buchgeld der privaten Geschäftsbanken. Es wurde zur Grundlage der englischen Weltmacht und des englisch dominierten Welthandels." (S. 53)

8.3 Vom „patrimonium" zum „dominium" – das bürgerliche Eigentum als Freibrief zum Raubbau

Die Geldschöpfung allein hätte allerdings die angedeutete Dynamik der Wirtschaft nicht entfalten können, wenn sie nicht nach der französischen Revolution vom Beginn des 19. Jahrhunderts an begleitet gewesen wäre vom neuen bürgerlichen Eigentumsbegriff, der ebenfalls im Faust II zur Sprache kommt. Die Antwort von Faust auf die Frage von Mephisto, was sein höchstes Begehren sei, lautet klar und eindeutig:

„Herrschaft gewinn ich, Eigentum."

„Unter „Eigentum" versteht Faust nicht einfach ein Eigentum an einem Stück Erde, das man im Sinne eines patrimonium (Erbgut) von seinen Vätern ererbt hat und wieder an seine Kinder vererben will, also wohl nutzt, aber gleichzeitig pflegt, so dass es zu keinem Raubbau kommt. Vielmehr denkt Faust an das dominium, das Herrschaftseigentum des römischen Rechts, das dem Eigentümer das Recht gibt, nach völligem Belieben – als Herr (lat. dominus = Herr) – über sein Eigentum zu verfügen. Es ist ... das Recht zum Gebrauch und Verbrauch der eigenen Sache. Diese Auffassung des Eigentums ist ein wesentlicher Bestandteil der Alchemie der modernen Wirtschaft. Der entscheidende Herrschaftsanspruch, den das Eigentum vermittelt, ist der Herrschaftsanspruch über die Natur." (S. 34f) [98]

An anderer Stelle schreibt Binswanger zur Würdigung von Goethe:

„Auch die Institutionalisierung des Eigentumsrechts im Sinne des dominiums – des Herrschaftsrechts über die Natur – verknüpft Goethe mit den historischen Fakten. Sie ist das Werk Napoleons. Im Code Napoleon, dem von Napoleon geschaffenen bürgerlichen Gesetzbuch, heißt es in Artikel 544: „Das Eigentum ist das unbeschränkte Recht zur Nutzung und Verfügung über Dinge."... Als Einschränkung gilt nur, dass der Eigentümer keinen Gebrauch des Eigentums machen darf, der im Widerspruch steht zum übrigen Zivil- und Strafrecht. Der Code Napoleon wurde in der Folge das Vorbild für alle bürgerlichen Gesetzbücher der ganzen Welt. Dieses neue Eigentumsrecht – das römischrechtliche dominium – unterscheidet sich fundamental von den ursprünglichen Eigentumskonzeptionen, die alle in irgendeiner Form auf der Idee des patrimoniums, d.h. der Pflicht zur Pflege der Natur, aufbauen." (S. 53f)

Und er fasst noch einmal zusammen:

„Papier- und Bankgeldschöpfung, zusammen mit der Ausbreitung des neuen Eigentumsrechts, wurden im Laufe des 19. Jahrhunderts zum Träger der industriellen Revolution bzw. des Wirtschaftswachstums, das sich aus der industriellen Revolution heraus entwickelt hat." (S. 55)

8.4   Reichtumsgewinnung auf Kosten von Verlusten

Diese Entwicklung sei allerdings – neben der Naturzerstörung – mit einer Reihe von Verlusten einher gegangen, die auch schon Goethe thematisiert habe:

„Der erste große Verlust, den die Menschheit im Zuge des wirtschaftlichen Fortschritts erleidet, ist der Verlust an Schönheit." (S. 65) „Der zweite Verlust, der aus dem alchemistischen Experiment resultiert, ist der Verlust der Sicherheit infolge der von der Technik herauf beschworenen Gefahren. Mit den technischen Errungenschaften ist stets ein Risiko verbunden. Je weiter sie fortschreiten, umso gefährlicher werden sie." (S. 68) „Der dritte Verlust ist die zunehmende Unfähigkeit, den Reichtum, den man erzeugt, auch wirklich zu genießen. Denn mit dem Reichtum nimmt auch die Sorge zu." (S. 70) „Der Investor ist geradezu gezwungen, wenn er der Sorge nicht Oberhand lassen will, mit den Investitionen immer weiter zu fahren, um weitere Gewinne zu erzielen, die wieder investiert werden. Dadurch entstehen jedoch nur immer wieder neue Sorgen, die auf diese Weise sozusagen selbstvermehrend sind." (S. 72)

Binswanger hat die Alchemie des Kapitalismus und die Rolle der Geldschöpfung in Anlehnung an Goethe überzeugend heraus gearbeitet. Dass sich die Papiergeldschöpfung aber auch konstruktiv gestalten lässt, etwa im Sinn einer umlaufgesicherten Indexwährung nach Gesell – unter zusätzlicher Berücksichtigung sozialer und ökologischer Kriterien,[99] derartige Perspektive wird durch Binswangers Analyse leider wenig angeregt. Mir scheint hingegen eine Verbindung seiner Sichtweise mit anderen Ansätzen der Geldreformbewegung - und auch mit Teilen der Maraschen Theorie (siehe 8.6 und 8.7) - durchaus sinvoll und weiterführend.

8.5   Der verschütteten Gedanken von Adam Smith zur Geldschöpfung

Einen für mich höchst interessanten Hinweis von Binswanger möchte ich noch ansprechen, nämlich das Verhältnis der klassischen Arbeitswertlehre[100] (begründet von Adam Smith und weiter entwickelt von Karl Marx) zur Geldschöpfung. Auf der Grundlage der Arbeitswertlehre und ihrer Übertragung auf das Goldgeld werden ja alle unterschiedlichen Waren einschließlich dem Gold auf die gleiche Quelle ihrer Entstehung – die menschliche Arbeitskraft – zurückgeführt, und sie enthalten alle ein gewisses Quantum an Arbeitsaufwand, der aus dieser Quelle geströmt und in den Waren vergegenständlicht ist. Dieses Quantum bestimmt den Wert der Waren, und mit diesem Quantum können sie sich alle auf das Gold als gemeinsamem Maßstab beziehen und sich in ihm widerspiegeln – und werden dadurch auch unter einander in Goldeinheiten vergleichbar. Das Gold erscheint in dieser Theorie gegenüber den anderen Waren (mit gleichem Arbeitsaufwand) gleichwertig oder „äquivalent".

Für die vielfältige Problematik der Goldwährung [101] eröffnet diese Theorie allerdings keinen Blick. Das gilt auch für Marx, der ansonsten in vieler Hinsicht den Blick für die Entstehung, die Struktur und Dynamik des Kapitalismus gegenüber der bürgerlichen Ökonomie erweitert und vertieft hat. In meinem Buch „Die blinden Flecken der Ökonomie" spreche ich in diesem Zusammenhang von dem „monetären blinden Fleck bei Marx", den er insoweit von Adam Smith übernommen hat.

Auch für die Problematik der Geldschöpfung ist in der Arbeitswertlehre – jedenfalls auf den ersten Blick – kein Platz. Und dies, obwohl doch die Bank von England schon 1694 gegründet wurde, während „Der Wohlstand der Nationen", das ökonomische Hauptwerk von Adam Smith, erst 1776 erschien, und Marxens „Das Kapital" Band 1 noch einmal fast hundert Jahre später, also in Zeiten, in denen es längst die Papiergeldschöpfung der Bank von England und anderer Notenbanken gab. Zarlenga interpretiert diese Blindheit der Arbeitswertlehre von Smith und Marx gegenüber der Geldschöpfung als systematische und bewusste Ablenkung von der dahinter sich verbergenden Macht der Banken.[102] Um so interessanter scheint mir der Hinweis von Binswanger, dass sich schon Adam Smith Gedanken über die möglichen Vorteile einer Papiergeldschöpfung gemacht hatte, die allerdings weitgehend unbeachtet geblieben sind.

Im Kern liefen die diesbezüglichen Gedanken von Smith darauf hinaus, dass es gesamtwirtschaftlich sinnvoll sein könnte, den bisher in die Goldförderung gesteckten Arbeitsaufwand in Zukunft zu vermeiden und ihn statt dessen in die Produktion anderer Waren zu stecken. Das in einer wachsenden Wirtschaft zu knapp werdende Gold sollte mindestens durch Papiergeldschöpfung ergänzt werden. Allein schon dadurch könnte die Geldschöpfung zur Steigerung der gesamtwirtschaftlichen Produktivität beitragen. In diesem Gedanken von Smith[103] sieht Binswanger sogar die Quelle und Grundlage von Goethes Kenntnissen über die Geldschöpfung, wie sie in Faust II verarbeitet wurden.

Der Interpretation von Binswanger, dass Smith damit „von seiner Vorstellung über die Arbeit als alleiniger Quelle des Reichtums abrückt und zugibt, dass die Notengeldschöpfung ... reichtumsvermehrend wirke" (Geld und Magie, S. 31), kann ich allerdings nicht folgen. Ganz im Gegenteil: Smith sieht doch den Grund für die mögliche Reichtumssteigerung durch Papiergeld nach meinem Verständnis gerade darin, dass der Arbeitsaufwand anstatt in die weitere Goldförderung direkt in die Produktion anderer Waren mit konkreten Gebrauchswerten gesteckt werden könnte.

8.6 Ist Geldschöpfung gleich Wertschöpfung?

Bei der Lektüre von Binswangers „Geld und Magie" kann man den Eindruck gewinnen, er setze Geldschöpfung mit Wertschöpfung gleich – als sei das Geld selbst die Quelle von Wert und Mehrwert, als bestehe die Alchemie des Geldes darin, mit wenig Aufwand viel hervor zu bringen oder gar die Wertschöpfung aus dem Nichts zu zaubern:

„Das große Werk (der Alchemie, B.S.) ist ... im Bereich der Wirtschaft die Schaffung eines künstlichen Geldwerts. Es geht um eine Wertschöpfung durch Faktoren, die nicht einer erkennbaren Leistung zugeordnet werden können und die daher im Sinne der ökonomischen Wissenschaft nicht erklärt werden kann, um eine Wertschöpfung also, die auf Zauberei und Magie beruht." (S. 46) (...) „Auf diese Weise kommt es durch den Einsatz von Geldkapital auf dem Weg über die Geldschöpfung, die Eigentumsergreifung der Natur und die Realkapitalbildung tatsächlich zu einer Schöpfung aus dem Nichts – d.h. aus der wertlosen Natur –, zur Produktion von Werten, die nicht durch menschliche Leistung erklärt werden können, also von Mehr-Werten." (S. 48f) Und schließlich: „Die Wertschöpfung wird um so größer, je mehr Geld in die Wirtschaft einfließt und je mehr Dinge in Geldwerte verwandelt, also sozusagen in das Reich des Geldes gehoben werden." (S. 58)

8.7 Wert-Abschöpfung ist nicht gleich Wertschöpfung

Handelt es sich dabei wirklich um „echte Alchemie" oder nur um einen Zaubertrick, der sich bei näherem Hinsehen durchaus entzaubern lässt? Nach meinem Verständnis sind weder Geld noch Zins die Quellen der Wertschöpfung, sondern lediglich schwer durchschaubare Mittel der „Wert-Abschöpfung". Dies ist nicht nur eine Kritik an Binswanger, sondern auch an Gesell und an all denen, die die Auffassung vertreten, das Geld selbst sei die Quelle von Wert und Mehrwert. In meinem Buch „Die blinden Flecken der Ökonomie" habe ich versucht, diese Begriffsverwirrung, diese Nicht-Unterscheidung zwischen der Hervorbringung und der Aneignung der Werte (bzw. des Sozialprodukts) zu entwirren.[104] Wer aus einem natürlichen Strom mit irgendwelchen Mitteln oder irgendwelchen Rechten Wasser für sich abschöpft oder abzweigt, ist deswegen noch lange nicht die Quelle oder der Schöpfer des Wassers. Ähnlich ist es auch in der Ökonomie mit dem Strom der Werte.

Die Geldschöpfer sind nicht die Wertschöpfer! Sie setzen mit dem geschöpften Geld lediglich die Wertschöpfung an anderer Stelle in Bewegung und regen sie an – sei es als staatliche Nachfrage, die eine depressive Wirtschaft ankurbeln kann, sei es auf dem Wege über Kredite, die die Schuldner unter Druck setzen und sie ins Feld schicken, um ordentlich zu ackern und sich gegenseitig aus dem Feld zu schlagen. Ackern tun aber die Bauern mit ihrer Arbeitskraft, und was sie ernten, hat letztendlich die Natur hervor gebracht. Menschliche Arbeitskraft und Natur sind also die Quellen der Wertschöpfung. Und wenn aus ihnen mehr hervor geht, als zu ihrer Reproduktion bzw. Regeneration notwendig ist, entsteht ein Mehrwert. Um den Mehrwert zu ermitteln oder gar anzueignen, müsste allem voran erst einmal Sorge und Rechnung getragen werden für die Reprodution und Regeneration der Quellen der Wertschöpfung, nämlich Mensch und Natur.

Das Geld in Form von Kredit (mit Zinsen, Tilgung, Sicherheit) auf der Grundlage verpfändbaren Eigentums wirkt wie eine Peitsche, die die Schuldner antreibt. Sie geben ihrerseits den Druck weiter an die Ausbeutungsquellen Mensch und Natur, deren Ausbeutung in sozialen und ökologischen Raubbau einmündet – sofern ihr nicht durch soziale und ökologische Errungenschaften gesellschaftliche Grenzen gesetzt werden. Durch diese antreibende Rolle erscheinen Eigentum, Zins und Geld – und also auch die Geldschöpfung – als Quellen der Wertschöpfung, weil sie allgemein anerkannte und rechtlich verankerte Mittel sind, sich auch ohne eigene Leistung Teile des Sozialproduktes abzuzweigen, zu konsumieren und/oder als Vermögen anzuhäufen. Und dies allein aufgrund des Eigentums an Produktionsmitteln, an Boden und an Geldkapital. Wer dann noch über das Privileg der Geldschöpfung verfügt – der Schöpfung eines Geldes, auf das alle anderen angewiesen sind, kann auch auf diese Weise Werte abschöpfen, die andere geschöpft haben: mit aus dem Nichts geschöpftem Geld!

Das ist der Zaubertrick des Geldes, aber er ist keine wirkliche Magie, sondern eben nur ein Trick, den das Publikum in der Manege der Gesellschaft Jahrhunderte lang nicht durchschaut hat – weil es immer und immer wieder durch relative Nebensächlichkeiten von der Hauptsache abgelenkt wurde und wird – nach guter alter Zaubertradition. Und weil die Blöße des Nichts, aus dem das Geld geschöpft wird, durch ein Feigenblatt verdeckt wird: die vermeintliche Deckung des Geldes durch Wertpapiere, durch Forderungen der Geldschöpfer gegenüber Schuldnern, denen für aus dem Nichts geschaffene Kredite auch noch Zinsen und Tilgung abverlangt werden – und denen in letzter Konsequenz die Enteignung droht, wenn sie unter der Schuldenlast zusammen brechen. Das aus dem Nichts geschöpfte Geld ermöglicht den Geldschöpfern die Kontrolle über Menschen und Ressourcen (neben den Eigentümern von Geldvermögen im Nichtbankensektor, deren Vermögen auf andere Weise entstanden ist und sich durch Zinseszins vermehrt).

Ist es da gleichgültig, wer das Privileg der Geldschöpfung besitzt und wie er es ausübt, wer die Geldschöpfer kontrolliert und wie sie zu ihrem Privileg gekommen sind? Wer sind konkret „die Herren der (Geld-)Schöpfung", und wie sind die Spielregeln des Geldsystems entstanden? Diese Fragen zu stellen und zu beantworten, sollte nicht länger ein Tabu sein. Eine demokratische Gesellschaft hat ein Recht darauf zu erfahren, wer an den wesentlichen Hebeln der Macht sitzt, auch hinter den Kulissen. Und die Macht der Banken gehört nach allem, was wir heraus gearbeitet haben, ganz sicherlich dazu.

9 Die kollektive Verdrängung der Geld(schöpfungs)- und Zinsproblematik

Warum ist um dieses Thema des Geldes, des Zinses und der Geldschöpfung so viel Verwirrung entstanden, warum haben sich so viele abgewöhnt, dazu überhaupt noch Fragen zu stellen? Und warum finden sich so viele einfach mit den Gegebenheiten des Geldsystems ab? Es gibt Thesen, die besagen, dass es sich hierbei um eine systematische Ablenkung von einem wesentlichen Kern handelt, damit die hinter dem Geldsystem stehenden und in seinen Strukturen verankerten Herrschaftsinteressen einer kleinen Minderheit über eine große Mehrheit unerkannt und im Verborgenen bleiben, damit sie um so wirksamer durchgesetzt werden können.[105] Vielleicht lag dem Ganzen tatsächlich einmal so etwas wie ein strategischer Plan zugrunde. Aber selbst wenn dem so ist, wird mittlerweile an dem bestehenden System vor allem deshalb festgehalten, weil sich so etwas wie eine kollektive Verdrängung seiner grundlegenden Problematik entwickelt hat, die tief im Unbewussten von Milliarden von Menschen verankert ist und den Charakter eines gesellschaftlichen Tabus angenommen hat.

In diesem Punkt stimme ich mit Bernard Lietaer überein, wenn er im Untertitel seines zweiten Buches „Mysterium Geld" über die „Emotionale Bedeutung und Wirkungsweise eines Tabus" schreibt. Die wenigsten Banker und Zentralbanker, die wenigsten Politiker einschließlich der Finanz- und Wirtschaftsminister, und auch die wenigsten Wirtschaftswissenschaftler oder Finanzanalysten – von anderen Bevölkerungsgruppen einmal ganz abgesehen – dürften sich der Problematik des Geld- und Zinssystems sowie der Geldschöpfung bewusst sein. Und wenn sie die Spielregeln des Systems befolgen oder mit ihren Theorien rechtfertigen, dann werden die wenigsten von ihnen dies böswillig oder aus einem bewussten Herrschaftsinteresse heraus tun, sondern die meisten nach bestem Wissen und Gewissen handeln. Und die wenigen, die sich der Problematik bewusst geworden sind, werden sich – auch wider besseres Wissen – den äußeren „Sachzwängen" beugen, in denen sie sich befinden.

Um so mehr braucht es so etwas wie einen „Ruck durch die Gesellschaft" (aber von anderer Art, als dies der damalige Bundespräsident Roman Herzog in seiner „Berliner Rede" 1997 gefordert hatte): ein allgemeines Aufwachen, ein zunehmendes Bewusstwerden einer Problematik, deren kollektive Verdrängung sich die Menschheit immer weniger leisten kann, wenn sie daran nicht noch mehr in Gewalt zusammenbrechen oder auseinander brechen soll. Niemand sollte dabei den Anspruch erheben, im Besitz der einzigen und absoluten Wahrheit zu sein oder über „der Weisheit letzten Schluss" zu verfügen. Aber es sollten mehr und mehr Menschen mindestens anfangen, über die grundlegende Problematik des Geld- und Zinssystems und der Geldschöpfung nachzudenken – damit in einem kreativen gesellschaftlichen Prozess bessere und zukunftsfähigere Lösungen gefunden werden – auf lokaler, regionaler, nationaler und globaler Ebene.

Anmerkungen

1 Eine ausführliche Dokumentation der Konferenz findet sich unter www.geldre-form.de/steyerberg2000/. Für die hier behandelten Zusammenhänge sind vor allem folgende Beiträge relevant: Vorträge: Helmut Creutz (S. 16), Eckhard Grimmel (S. 24), Bernd Senf (S. 59), Reinhard Deutsch (S. 62) sowie Workshops: Helmut Creutz , Erhard Glötzl (S. 68 - 81). Im Übrigen bieten die Websites www.geldreform.de sowie www.inwo.de hervorragende Informationsquellen über die Geldreformbe-wegung.

2 Helmut Creutz spricht von einem „monetären Teufelskreis" wachsender Geldver-mögen und Schulden, z.B. in seinem Buch „Das Geldsyndrom".

3 Ganz analog zur kirchlichen Lehre von der „Ursünde", mit der angeblich jeder Mensch auf die Welt kommt. Im einen Fall braucht es Erlöse, um sich von den Schulden zu befreien, im anderen Fall braucht es den Erlöser, um von der Schuld befreit zu werden.

4 Das Problem soll an einem Beispiel verdeutlicht werden: Wenn zehn Unternehmen jeweils einen Kredit mit einer Laufzeit von einem Jahr in Höhe von 100 Euro zu 10 % Zinsen aufgenommen haben, wie sollen sie dann 10 x 110 = 1.100 Euro zurück zahlen, wo doch nur 10 x 100 Euro in den Kreislauf eingeflossen sind? Gesamtwirtschaftlich können doch gar nicht so viele Erlöse zu den Unternehmen zurück fließen, wie zur Verzinsung und Tilgung ihrer Schulden erforderlich wäre. Ist die Decke der Erlöse im Durchschnitt nicht viel zu kurz, um alle Schulden begleichen zu können? – Dieses Problem erinnert an das Kinderspiel der „Reise nach Jerusalem", wo bei 11 Spielern nur 10 Stühle im Spiel sind. Im entscheiden-den Moment, wo sich die Spieler auf die Stühle setzen wollen, ist immer ein Stuhl zu wenig da, und also muss immer ein Spieler aus dem Spiel ausscheiden. Danach wird jeweils ein Stuhl heraus genommen, und in der nächsten Runde geht es dann mit 10 Spielern und 9 Stühlen weiter, und wieder muss einer ausscheiden. Natürlich trifft es jeweils den Langsamsten oder den am wenigsten vom Spielglück Begnadeten. Aber auch wenn alle Spieler sich mit höchster Aufmerksamkeit auf das Spiel konzentrieren würden, müsste dennoch in jeder Runde einer heraus fal-len. So ist eben das Spiel. Das Zinssystem beinhaltet ein ähnliches Prinzip, nur dass es sich nicht um ein Kinderspiel handelt, sondern um bitteren Ernst, zumindest für die jeweils Herausfallenden, das heißt für die überschuldeten Schuldner, die im Bankrott landen – und dabei oftmals noch andere mit in den Abgrund reißen.

5 Auf geradezu märchenhafte Weise wird dieses Prinzip heraus gearbeitet in einer Geschichte von Larry Hannigan: „I want the Earth Plus 5 %", im Internet her-unter zu laden unter http://www.gold-eagle.com/editorials_99/hannigan 092099.html oder auch als Link auf meiner website www.berndsenf.de, Rubrik "Wirtschaft und Gesellschaft". Bei allem Ernst des Themas liest sich diese Geschichte mit ihrenvielen Illustrationen fast wie ein Comic – und ver-mittelt dabei doch einen wesent-lichen Kern des Problems. Eine ähnlich gelun-

gene märchenhafte Darstellung ist die in Zeitungsform vertriebene Geschichte von Louis Even: Die Insel der Schiffbrüchigen – eine Fabel, die das Geheimnis des Geldes enthüllt (in Deutsch), Bezugsadresse in Kanada: Journal Vers Demain (oder Michael's Journal), 1101 Rue Principale, Rougement, P.Q., Canada JOL 1MO. Adresse in Frankreich: Pilger von Saint Michel, 91 Rue des Mauges, F-49450 St. Macaire en Mauges, France.

6   So auch der Titel einer von Albert Lämmel heraus gegebenen Broschüre, deren Aufmachung und Sprachstil es allerdings auch dem aufgeschlossenen Leser nicht leicht macht, den Kerngedanken heraus zu filtern und vorurteilsfrei zu würdigen.

7   Thomas Estermann: Schuldenfreies Tauschgeld Talent – Entwurf einer grundlegenden Geldreform, heraus gegeben von der Internationalen Vereinigung für Natürliche Wirtschaftsordnung INWO Schweiz, Zürich 1994, Postfach, CH-5001 Aarau.

8   Auf die Kontroversen um die Giralgeldschöpfung, die manche Geldreformer (zum Beispiel Helmut Creutz) für einen Mythos halten, werde ich weiter unten ausführlich eingehen.

9   Die begriffliche Unterscheidung zwischen Kredit und Darlehen, wie sie von Thomas Estermann vorgeschlagen wird, halte ich für sehr sinnvoll: „Als Kredit bezeichnen wir einen Geldbetrag, der von einer Bank aus dem Nichts neu geschaffen und gleichzeitig einem Dritten gegen Zins und auf Zeit überlassen wird. Als Darlehen bezeichnen wir einen Geldbetrag, der bereits vorhanden ist und der von seinem Besitzer einem Dritten geliehen wird." (Thomas Estermann: Schuldenfreies Geld Talent, S. 50) Kreditzins und Darlehenszins sind entsprechend zwei unterschiedliche Phänomene. Normalerweise wird zwischen beiden Begriffen inhaltlich nicht unterschieden, was dazu beiträgt, den prinzipiellen Unterschied zwischen Kredit und Darlehen zu verschleiern. Zu Recht schreibt Estermann hierzu: „Nicht das Geld, sondern die Unklarheiten rund um das Geld sind der Schleier, der uns den Blick auf die Wirklichkeit trübt." (S. 51) Nicht umsonst habe ich einem meiner Bücher den Titel „Der Nebel um das Geld" gegeben.

10 Diese Zusammenhänge habe ich ausführlich abgeleitet in meinem Buch „Der Nebel um das Geld" im Kapitel „Zur Problematik des Zinssystems", und noch ausführlicher in meinem Aufsatz „Zinssystem und Staatsbankrott" in: Ästhetik und Kommunikation, Oktober 1996, Verlag Elefanten Press, Berlin. Beides findet sich auf meiner website www.berndsenf.de, Rubrik "Wirtschaft & Gesellschaft".

11 Auf eine entsprechende Frage vor dem Hintergrund der dramatischen Finanzkrise in Berlin lautete die Antwort der Finanzverwaltung, dies sei „Geschäftsgeheimnis"! (Tagesspiegel vom 08.02.2002, S. 10: „Wer verdient am Kredithunger der Hauptstadt?")

12 Die Vorschläge des Geldreformers Heinrich Färber und der von ihm begründeten „ergokratischen" (= „leistungsgerechten") Wirtschaftslehre in den 20er und 30er Jahren gingen noch weiter: Eine zinsfreie Geldemission sollte ausschließlich durch eine staatliche Notenbank erfolgen. Ein vom Parlament zu beschließender Prozentsatz davon sollte zur Finanzierung öffentlicher Ausgaben zins- und tilgungsfrei an den Staat fließen und ganz oder teilweise die bisherigen Steuern und deren undurchsichtiges System ersetzen. In diesem Zusammenhang werden von den Vertretern dieser Richtung, zum Beispiel Albert Lämmel, die Begriffe „Geldherstellung zu Steuerzwecken" bzw. „automatische Geldsteuer" verwendet. Näheres zu Heinrich Färber findet sich in einer Broschüre von Albert Lämmel: Ergokratie, Rastatt 1995, Adresse: Murgtalstr. 24, D-76437 Rastatt-Niederbühl. Darin finden sich auch Auszüge aus einer Diplomarbeit von Peter Autengruber über die ergokratische Bewegung (S. 54 – 61). – Für mich bleibt dabei allerdings die Frage offen, wie diese jährliche Mittelzuwendung an den Staat funktionieren soll, wenn das früher auf diese Weise in den Kreislauf eingeströmte Geld nicht wieder zur Notenbank zurück geflossen ist. Ohne diesen Rückfluss würde sich nämlich die Geldmenge jährlich um den Betrag der Mittelzuwendung vergrößern – mit der Gefahr einer Inflation. Oder die Zuwendung dürfte sich nur im Rahmen des Wirtschaftswachstum bewegen, was aber viel zu gering wäre, um daraus den ganzen Staatshaushalt zu finanzieren. Im Rahmen der „Brakteaten-Währungen" im Hochmittelalter war dieses Problem dadurch gelöst, dass die Brakteaten in regelmäßigen Abständen zurück gerufen und unter Abzug eines bestimmten Prozentsatzes (z.B. 25 %) in neue Brakteaten umgetauscht wurden – was gleichzeitig der Umlaufsicherung des Geldes wie auch der Finanzierung des Staatshaushalts diente. Siehe hierzu Karl Walker: Das Geld in der Geschichte, insbesondere S. 39ff.

13 Siehe hierzu http://www.themoneymasters.com/presiden.htm

14 Eine 37seitige Broschüre aus Canada von Sheldon Emry (5. Auflage 1995) versucht auf sehr anschauliche und allgemein verständliche Weise, dem entgegen zu wirken: Billions for the Bankers – Debts for the People (Milliarden für die Banker – Schulden für das Volk). Bezugsadresse: Box 224, Regina, Saskatschewan, SAP 276, Canada. Eine deutsche Übersetzung ist zu beziehen über Albert Lämmel, Arbeitskreis demokratisches Geld-, Steuer- und Bodenrecht, Murgtalstr. 24, D-76437 Rastatt-Niederbühl.

15 Zur Problematik dieser Entscheidung siehe das Buch der vier Professoren, die vor dem Bundesverfassungsgericht gegen die Einführung des Euro geklagt haben: Wilhelm Hankel / Wilhelm Nölling / Karl Albrecht Schachtschneider / Joachim Starbatty: Die Euro-Illusion – Ist Europa noch zu retten? rororo-Taschenbuch, Reinbek 2001.

16 Leider wird dieses inhaltsreiche Buch seinem Titel auch in einer etwas unschönen Weise gerecht: Zu seinem Erwerb muss man erst einmal „voll Geld" hinlegen. Es ist eines der teuersten Bücher, die ich mir jemals gekauft habe – was natürlich seine wünschenswerte Verbreitung nicht gerade fördert.

17 Lyndon LaRouche bewirbt sich um die Präsidentschaftskandidatur 2004 in den USA. Näheres zu seinen Analysen der Krise des Weltfinanzsystems findet sich in der Wochenzeitung „Neue Solidarität" (www.solidaritaet.com/neuesol), die sich in weiten Teilen an seinen Ideen orientiert. Während ich viele Beiträge in dieser Zeitung zu den Hintergründen und Auswirkungen der Finanzkrisen sehr informativ und anregend finde, habe ich mit manchen anderen inhaltlichen Positionen von LaRouche und seinen AnhängerInnen große Schwierigkeiten, zum Beispiel mit ihrem Einsatz für Atomtechnologie und andere Großtechnologien, mit ihrer Abneigung gegen die Ökologiebewegung, ihre Sympathie für den Papst und ihre zum Teil undifferenzierte Befürwortung eines „Neuen Bretton Woods" – eines neuen internationalen Währungssystems mit festen Wechselkursen. Das alte Bretton-Woods-System war jedenfalls in vieler Hinsicht äußerst problematisch, insbesondere in der Dominanz des amerikanischen Dollar, was ich in meinem Buch „Der Nebel um das Geld" ausführlich begründet habe. Auch mit der gigantischen Perspektive einer „eurasischen Landbrücke" oder einer „neuen Seidenstraße" auf der Grundlage riesiger Verkehrs- und Infrastrukturprojekte (wie Transrapid) kann ich mich nicht anfreunden. Mir scheinen diese Forderungen eher der Schaffung neuer Verwertungsmöglichkeiten für das große Industrie-Kapital zu entsprechen, als dem Bedürfnis "der Bürger" – wie es der Name "Bürgerrechtsbewegung Solidarität" (BüSo) der Deutschen LaRouche-Partei vermuten lasst.

18 Prof. Dr. Eckhard Grimmel, Institut für Geographie, Universität Hamburg, Bundesstr. 55, D-20146 Hamburg.

19 www.themoneymasters.com

20 Bernard A. Lietaer: Das Geld der Zukunft, S. 94f

21 Siehe hierzu Bernd Senf: Wilhelm Reich – Entdecker der Akupunktur-Energie? – Beitrag zum Weltkongress für Akupunktur in Berlin 1976, in: James DeMeo / Bernd Senf (Hrsg.): Nach Reich, Verlag Zweitausendeins, Frankfurt am Main 1997, sowie auf meiner website www.berndsenf.de, Rubrik "Lebensenergie-Forschung".

22 Für diese Klarheit – und auch für diesen Mut – habe ich Bernard Lietaer auf der Konferenz in Steyerberg in dem vorher eingereichten Papier „Weiser als die Weisen" ausdrücklich meine Anerkennung ausgesprochen. (www.geldreform.de/steyerberg 2000 – Vorträge: Bernd Senf, S. 59) Der von mir gehaltene Vortrag bewegte sich allerdings mehr auf der Linie der hier vorliegenden Abhandlung – freilich nur in ganz groben Andeutungen.

23 Der Begriff „Sparen" hat in den letzten Jahren einen merkwürdigen Bedeutungswandel erfahren. Früher bedeutete „Sparen", dass etwas übrig bleibt. Neuerdings ist von „Sparen" oder „Sparprogrammen" fast nur noch die Rede, wenn Ausgaben gekürzt werden sollen. „Sparen, Sparen, Sparen – die öffentlichen Kassen sind leer" tönt es mittlerweile fast einstimmig im Chor der politischen Parteien und

gesellschaftlichen Organisationen, und es werden „Sparpakte geschnürt". Während im traditionellen Weihnachtspaket noch ein Geschenk enthalten war, wird den Betroffenen beim Öffnen der Sparpakte etwas weggenommen. So verwirrend können Begriffe sein, als würden sie systematisch dazu beitragen, den Blick für wesentliche Zusammenhänge zu trüben, anstatt sie zu „begreifen".

24 Aus einem Pfennig, von Joseph zu Christi Geburt zu 5 % Zinseszins angelegt, wäre bis 1990 ein Geldvermögen von umgerechnet 134 Milliarden Goldkugeln vom Gewicht der Erde geworden. Bis zum Jahr 2000 wären es rund $2,8 \times 10^{40}$ DM geworden, eine Zahl mit 40 Nullen: 2,8 Sechstilliarden! Und bis zum Jahr 2056 wäre es eine Goldkugel vom Radius einer astronomischen Einheit (AE), das heißt des mittleren Abstandes zwischen Sonne und Erde.

25 Es gab Stammesvölker (zum Beispiel unter den nordamerikanischen Indianern), die solche Rituale des periodischen Abbaus sozialer Spannungen (das so genannte „podlatch") kannten, und dies auch noch auf freudvolle Art und Weise: In regelmäßigen Abständen organisierte der Stammeshäuptling, der aufgrund seiner sozialen Rolle einen gewissen Reichtum in Form von Lebensmitteln angesammelt hatte, ein großes Freudenfest. Daran nahmen alle Stammesmitglieder teil, und der Reichtum des Häuptlings wurde gemeinsam „verjubelt". Innerhalb der jüdischen Gesellschaft erfüllte der allgemeine Schuldenerlass „alle Jubeljahre" (alle 50 Jahre) eine ähnliche Funktion. Bezogen auf die 1948 eingeführte DM wäre für die Bundesrepublik Deutschland im Jahr 1998 ein Jubeljahr fällig gewesen. Der Begriff „Erlassjahr 2000" wurde von Dritte-Welt-Initiativen und kirchlichen Gruppen verwendet, allerdings nur mit der Forderung nach einem Schuldenerlass für Länder der Dritten Welt.

26 Diese Analogie geht nicht auf Silvio Gesell zurück, scheint mir aber sehr angebracht zu sein.

27 „To feed, fed, fed" heißt in der deutschen Übersetzung „füttern". „Fed" ist auch die Abkürzung für das „Federal Reserve System", die amerikanische Zentralbank.

28 Dazu gehört insbesondere seine Herausarbeitung des dramatischen Anwachsens von Geldvermögen und Verschuldung, der von ihm so genannte „monetäre Teufelskreis". Mit seiner vielfältigen Aufbereitung und Veranschaulichung statistischer Daten hat er immer wieder eindrucksvoll untermauern können, dass es sich beim exponentiellen Wachstum nicht nur um ein theoretisches Modell handelt, sondern dass die reale Entwicklung weitgehend diesem krebsartigen Wachstum entspricht. Seine unzähligen Beiträge zur Analyse des Geldsystems und zur Interpretation von Finanzkrisen haben – neben seinem Buch „Das Geldsyndrom" – vielen die Augen geöffnet.

29 Joseph Huber nennt es „Sichtguthaben". Er möchte den Begriff „Geld" ausschließlich für das von der Zentralbank emittierte Geld verwenden wissen.

30 Joseph Huber nennt es „Sichtguthabenschaffung".

31 Frankfurt am Main 2000, zu beziehen über Reinhard Deutsch, D-60486 Frankfurt am Main, Gräfstr. 47, Tel. und Fax: 069-701020. Außerdem: R.Deutsch@vff.uni-frankfurt.de. (Sein Vortrag von Steyerberg findet sich unter www.geldreform.de/steyerberg2000/ – Vorträge). So erfrischend klar ich seine Darstellung der Geldschöpfung von Zentralbank und Geschäftsbanken empfinde, so wenig kann ich mich mit seinem darauf bezogenen Begriff „legales Falschgeld" anfreunden (wenn auch dieser Begriff auf den ersten Blick bestechend sein mag). Denn er unterstellt, dass das einzig „richtige Geld" das von ihm so genann-te „Warengeld" ist (wie vollwertige Gold- oder Silbermünzen), zu dessen Entstehung ein entsprechender Aufwand erforderlich war. Auf diese Weise hat Reinhard Deutsch sein Bezugssystem klar definiert. Damit unterliegt er aber selbst einem Mythos, den Gesell in Bezug auf die Problematik der Goldwährung aufgedeckt hat – und auf den ich selbst in meinem Buch „Der Nebel um das Geld" (S. 21 – 44, S. 63 – 65) ausführlich eingegangen bin.

32 Bernard A. Lietaer: Das Geld der Zukunft, S. 68.

33 Bernd Senf / Dieter Timmermann: Denken in gesamtwirtschaftlichen Zusammenhängen – eine kritische Einführung, 3 Bände, Dürrsche Verlagsbuchhandlung, Bonn – Bad Godesberg 1971, Band 2, S. 68 – 97.

34 „Geld und Magie" ist übrigens der Titel eines sehr lesenswerten Buches von Hans Christoph Binswanger, in dem er die umwälzende Bedeutung der Einführung der Papiergeldschöpfung für die stürmische Entwicklung des Kapitalismus und der Industrialisierung heraus arbeitet. Darin wird auch deutlich, dass bereits Goethe in seinem Faust II diese Problematik thematisiert hat. Ich komme später ausführlich auf dieses Buch von Binswanger zurück.

35 Eine sehr verständliche Grobskizze der Entwicklungsgeschichte des Geldes findet sich in der schon erwähnten Broschüre von Thomas Estermann: Schuldenfreies Geld Talent – Entwurf einer grundlegenden Geldreform. Darin werden nicht nur wesentliche Begriffe geklärt (zum Beispiel „Warengeld" und „Kreditgeld"), sondern es wird auch deutlich wie jeweils eine Form des Geldes logisch und historisch (wie in einer Art Metamorphose) eine andere Form des Geldes hervor gebracht hat: vom Naturalgeld zur Scheidemünze, zum voll gedeckten Wechsel, zum ungedeckten Wechsel, zum Notengeld, Giralgeld, Geldmonopol und Kreditgeld. Einige dieser Übergänge versuche ich im vorliegenden Beitrag auf meine Art darzustellen.

36 Genau genommen müsste noch berücksichtigt werden, dass die Bank für die Deponierung des Goldes eine Gebühr berechnet, entsprechend der deponierten Goldmenge und der Zeitdauer. Aufs Jahr gerechnet wäre das ein bestimmter Prozentsatz, der bei Einlösung der Quittung von der zurück gegebenen Goldmenge abgezogen (diskontiert) würde. Der Händler bekäme also nicht den vollen Gold-

131

betrag zurück, sondern einen um die Lagergebühr verminderten Betrag.

37 Bis hierher erscheint der Vorgang ähnlich wie bei der Abgabe eines Mantels an der Garderobe gegen Ausgabe einer Garderobenmarke und der Wiedereinlösung dieser Marke gegen den Mantel, mit einem Unterschied: Auf die Marke bekommt man nur genau den Mantel zurück, den man vorher abgegeben hat – und nicht irgend einen anderen. Beim deponierten Gold hingegen bekommt man nicht unbedingt genau dieselben Goldmünzen oder Goldbarren zurück, sondern nur Gold im entsprechenden Wert.

38 Der Einfachheit halber werde ich im Folgenden nicht weiter zwischen Wechsel und Banknote unterscheiden. Thomas Estermann geht auf diesen Unterschied in seiner Broschüre „Schuldenfreies Tauschgeld Talent" näher ein: „Banknoten sind eine Weiterentwicklung der Wechsel. Sie können als ´standardisierter Wechsel´ aufgefasst werde. Auf vielen Banknoten war entsprechend der Satz aufgedruckt, dass ihr Besitzer berechtigt sei, die Banknoten gegen die entsprechende Menge Gold bei der ausgebenden Bank einzutauschen." (S. 26)

39 In Goethes Faust II ist es tatsächlich der Kaiser, der – auf Anraten von Mephisto und Faust – aus dem Nichts geschöpftes Papiergeld in Umlauf bringt und damit seine Ausgaben finanziert. Siehe hierzu Hans Christoph Binswanger: Geld und Magie – Deutung und Kritik der modernen Wirtschaft anhand von Goethes Faust. Ich komme an anderer Stelle ausführlich darauf zurück.

40 In der weiteren Entwicklung des Papiergeldes wurde sogar die Goldeinlösegarantie auf der Banknote weg gelassen. Man betrachte nur einmal genauer einen Euro-Schein, und man wird eine solche Garantie vergeblich suchen. Der Schein trägt zwar die Unterschrift des EZB-Präsidenten, aber die Unterschrift unter was? (Das gleiche war übrigens auch schon bei der DM der Fall). Die EZB garantiert damit lediglich, dass sie 100 Euro in 100 Euro einlöst. Ist das nicht merkwürdig?

41 Diese massenweisen Entwurzelungen habe ich ausführlicher beschrieben in meinen Büchern „Die blinden Flecken der Ökonomie" sowie „Die Wiederentdeckung des Lebendigen". Sie finden auch heute noch in großem Maßstab in der Zweiten und Dritten Welt statt – und was die Entwurzelung des Mittelstands anlangt auch in der Ersten Welt.

42 Der kanadische Wirtschaftsprofessor Michel Chossudovsky, Autor des Buches „The Globalisation of Poverty" (deutsch: Global-Brutal, Verlag Zweitausendeins) verwendet sogar den Begriff „financial warfare" („finanzielle Kriegführung") und meint damit die Eroberung und auch Verwüstung ganzer Länder mit den finanziellen Mitteln von Kredit und Verschuldung. Unter dem Suchwort seines Namens findet sich im Internet viele seiner Artikel, zum Teil auch in deutscher Übersetzung. Auf die Problematik der Geldschöpfung und des Zinssystems geht Chossudovsky allerdings nicht ein. Er konzentriert sich mehr auf die höchst pro-

blematische Rolle von IWF und Weltbank im Zusammenhang der Verschuldung der Dritten (und Zweiten) Welt.

43 Darin kommen sie zu der These, dass des Eigentum als wesentliche Grundlage der Kreditsicherung auch wesentliche Grundlage von Produktivitätssteigerung und Wirtschaftswachstum sei – und dass Nicht-Eigentumsgesellschaften der verschiedensten Art (Stämme, Sklavengesellschaften, Feudalismus, sozialistische Planwirtschaften) bei allen Unterschieden das gleiche Phänomen aufwiesen: eine im Vergleich zur Eigentumsgesellschaft geringe Produktivität. Der wirksamste Antrieb der Produktivitätssteigerung sei demnach der über Kredit vermittelte Druck auf die Schuldner und die Angst der Schuldner vor Enteignung, das heißt vor Verlust des zur Kreditsicherung verpfändeten Eigentums. In Gesellschaften ohne verpfändbares Eigentum gebe es dementsprechend keinen vergleichbaren und ähnlich wirksamen Antrieb zu wirtschaftlicher Leistung. Heinsohn / Steiger sprechen überhaupt nur von „Ökonomie", wenn dieser Druck auf die Schuldner im Rahmen der Eigentumsgesellschaft gegeben ist. Alle anderen Gesellschaften haben für sie keine „Ökonomie", sondern lediglich Verfügung oder Kontrolle über Ressourcen – mit anderen als ökonomischen Mitteln wie etwa Rituale, Herrschaftsstrukturen oder offene Gewalt. Meine ausführliche Würdigung und Kritik von Heinsohn / Steigers „Eigentum, Zins und Geld" findet sich in meinem Aufsatz „Die kopernikanische Wende in der Ökonomie?", in: Zeitschrift für Sozialökonomie, Dezember 1998, Gauke Verlag Lütjenburg, – auf meiner website www.berndsenf.de, Rubrik "Wirtschaft und Gesellschaft".

44 So die Überschrift im Vorwort von Wilhelm Hankel zum Buch von Bernard A. Lietaer: Das Geld der Zukunft.

45 Darin unterscheide ich mich grundsätzlich von Reinhard Deutsch, der eine Rückkehr zur Gold- bzw. Silberwährung fordert. Hier nur eine ganz kurze Begründung meiner Auffassung: Eine wachsende Wirtschaft bedarf einer wachsenden Geldmenge, damit das wachsende Sozialprodukt im Durchschnitt zu konstanten Preisen abgesetzt werden kann. Eine Goldwährung mit 100%iger Golddeckung hätte ein solches Geldmengenwachstum gar nicht ermöglicht und deshalb allgemeine Preissenkungen bewirkt, das heißt eine Deflation, bei der die Erlöse der Unternehmen in der Regel schneller sinken, als ihre Kosten (insbesondere Löhne und Zinsen auf Altschulden) gesenkt werden können. Die Folgen sind ein Anstieg der Konkurse und Massenarbeitslosigkeit. Darüber hinaus gibt es noch viele andere Argumente gegen eine Goldwährung – und mehr noch gegen eine „Goldkernwährung". Siehe hierzu ausführlich mein Buch „Der Nebel um das Geld", S. 21 – 69.

46 Von der Grundkonstruktion her hatte die Bank von England einen historischen Vorläufer, nämlich die Schwedische Nationalbank, die 1661 gegründet wurde, aber bei weitem nicht die historische Bedeutung erlangte wie die Bank von England. Interessant ist immerhin, dass sie aus Anlass ihres 300jährigen Bestehens den Nobel-

preis für Wirtschaftswissenschaften spendete, der seither jährlich vergeben wird. Der Vorschlag von Eckhard Grimmel, Hermann Benjes und Johannes Jenitzky an das Schwedische Nobelpreiskomitee, Silvio Gesell posthum den Nobelpreis für Ökonomie zu verleihen, wurde unter Hinweis auf formale Bedenken abgelehnt.

47 David Ricardo: Proposals for a Secure and Economic Currency, John Murray Verlag, London 1816, S. 87 – 89, zitiert nach Stephen Zarlenga, S. 212f.

48 David Ricardo: Proposals, S. 99, zitiert nach Zarlenga, S. 213.

49 Vor der Schärfe der Formulierung ist offenbar sogar der Setzer des Buches von Zarlenga zurück geschreckt, als er das Inhaltsverzeichnis setzte. Dort heißt es nämlich auf S. 9: *„Die Nationalökonomen – die Priester der Bankentheorie".*

50 Interessant in diesem Zusammenhang scheint mir auch die Tatsache, dass die erste Zentralbank mit dem staatlichen Privileg der Banknotenemission, die Bank von Schweden, ein Papiergeld mit dem Namen „Krone" heraus gab – und damit den Eindruck erzeugte, es handele sich bei ihr um eine königliche bzw. staatliche Institution. Bis heute heißen die Währungen der skandinavischen Länder Schweden, Dänemark und Norwegen „Krone".

51 Allerdings aus der für mich sehr fragwürdigen Perspektive, dass nur Metallgeld oder vollständig durch Gold oder Silber gedecktes Papiergeld (oder Giralgeld) „richtiges Geld" sei – und jede darüber hinaus gehende Geldschöpfung „legales Falschgeld". Ausgehend von dieser Sichtweise verwickelt sich Reinhard Deutsch auf den nachfolgenden Seiten in etliche Widersprüche. Die Konsequenzen, die er aus seiner Analyse zieht (nämlich die Forderung nach Rückkehr zur voll gedeckten Gold- und/oder Silberwährung) gehen meiner Ansicht nach in die falsche Richtung. Die Würdigung und Kritik seiner Abhandlung wäre einen eigenen längeren Artikel wert.

52 Bernard A. Lietaer: Das Geld der Zukunft, S. 68

53 Sein Beitrag auf der Konferenz von Steyerberg findet sich unter www.geldreform.de/steyerberg2000/.

54 Mit dem Begriff „Freigeld" ist ein Geld gemeint, was vom Zins befreit ist. In diesem Fall geht es darum, den Leitzins der Zentralbank, mit dem das neu emittierte Geld normalerweise in Umlauf gebracht wird, zu überwinden und das Geld zinsfrei in Umlauf zu bringen.

55 Silvio Gesell: Die Natürliche Wirtschaftsordnung durch Freiland und Freigeld (1916), Rudolf Zitzmann Verlag, Lauf bei Nürnberg 1946.

56 „Sichteinlage" bedeutet, dass das Geld auf kurze Sicht, also kurzfristig und jederzeit in bar abgehoben werden kann. Bei „Termineinlagen" wird das Geld bis

zu drei Monaten fest angelegt – und bei „Spareinlagen" für ein Jahr und mehr.

57 Die so entstandenen Sichtguthaben (bei B und C) dürften eigentlich korrekterweise nicht als „Sichteinlagen" bezeichnet werden, weil ihnen ja gar keine Einlagen oder Bareinzahlungen von B oder C zugrunde liegen. Ungeachtet dessen werden vielfach die Begriff „Sichtguthaben" und "Sichteinlagen" so verwendet, als hätten sie die gleiche Bedeutung – was aber nur Verwirrung stiftet. – Übrigens sind auch die Begriffe „Buchgeld" und „Giralgeld" umstritten. Wenn man unter „Geld" nur das von Zentralbank emittierte Geld versteht (das ja allein den Charakter eines gesetzlichen Zahlungsmittels hat), dann wären die Sichtguthaben eben nur Guthaben auf dieses Geld, nicht aber selbst Geld. In diese Richtung argumentieren Helmut Creutz (in seinem Buch „Das Geldsyndrom") und Joseph Huber (in seinem Buch „Vollgeld"). Bezüglich der Frage, ob die Geschäftsbanken zusätzliche Sichtguthaben „aus dem Nichts" schaffen können, vertreten die beiden allerdings entgegen gesetzte Auffassungen, wie weiter unten noch heraus gearbeitet wird.

58 Zentralbankgeld kann auch die Form von Sichtguthaben annehmen und tut dies in der Realität auch in erheblichem Maße. Anstatt das Geld in Form von Geldscheinen zu emittieren, wird es den Geschäftsbanken auf ihr Girokonto bei der Zentralbank gut geschrieben, von wo aus sie es bei Bedarf jederzeit in Bargeld bei der Zentralbank einlösen können. Joseph Huber verwendet den Begriff „Buchgeld" nur für diese von der Zentralbank geschaffenen Sichtguthaben, weil sie selbst Geld im Sinne von gesetzlichem Zahlungsmittel seien. In meiner bisherigen Darstellung bin ich allerdings der Einfachheit halber davon ausgegangen, dass das Zentralbankgeld nur in Form von Banknoten ausgegeben wird, und werde dies auch für die folgenden Überlegungen so handhaben. Durch diese Vereinfachung ändert sich aber nichts an den Grundaussagen bezüglich der Geldschöpfung der Zentralbank und der Geschäftsbanken.

59 Zur Funktionsweise und Problematik der Goldkernwährung und ihrer Rolle bei der Verstärkung der Weltwirtschaftskrise nach 1929 findet sich Näheres in meinem Buch „Der Nebel um das Geld", S. 21 – 69. Das Gefahrenpotential der Goldkernwährung haftet in gewisser Weise auch der heutigen „Bargeldkernwährung" an, worauf ich weiter unten näher eingehen werde.

60 Unsinnigerweise wurde der Mindestreservesatz dabei allerdings nicht nur auf „Sichteinlagen", sondern auch (wenngleich mit geringerem Prozentsatz) auf „Termineinlagen" und „Spareinlagen" bezogen, wodurch die allein auf Sichteinlagen begründete Giralgeldschöpfung noch weiter vernebelt wurde.

61 Im übrigen ist die EZB – im Unterschied etwa zur Deutschen Bundesbank – staatlicher Kontrolle weitgehend entzogen und befindet sich in der Hand privater Großbanken als Anteilseigner. Hierauf weist Bernard Lietaer in seinem Buch „Das Geld der Zukunft" (S. 95) hin, ohne darin allerdings ein Problem zu sehen.

62 Hier müssen mindestens 8 % des Kreditvolumens durch Eigenkapital „gedeckt" sein. Anders ausgedrückt: Das Kreditvolumen kann bis zum 12,5-fachen Betrag des Eigenkapitals ausgeweitet werden.

63 Aber selbst der Einlagensicherungsfonds deckt in Deutschland maximal Einlagen in Höhe von 30 % des haftenden Eigenkapitals der betreffenden Bank ab (das ja seinerseits nur ein Bruchteil der Kreditausleihungen ist). Quelle: Der Tagesspiegel vom 23.02.02, S. 9: „Eine Bankpleite kann sich Berlin nicht leisten": Der „Einlagensicherungsfonds der privaten Banken ... garantiert im Falle eines Zusammenbruchs einer Mitgliedsbank eine Entschädigung bis zu 30 Prozent des haftenden Eigenkapitals. Hat eine Bank also eine Eigenkapitalsumme von 100 Millionen Euro, sind die Einlagen von Privatkunden und kleinen Gewerbekunden bis zu 30 Millionen Euro gesichert."

64 Siehe hierzu ausführlich Helmut Creutz: Geldschöpfung durch Geschäftsbanken – Theorie oder Wirklichkeit? in: Zeitschrift für Sozialökonomie 108/1996, Gauke Verlag Lütjenburg.

65 Die Abwicklung der Zahlungen kann übrigens auch dadurch erfolgen, dass beide Geschäftsbanken bei der Zentralbank jeweils ein Girokonto besitzen, auf dem sich Zentralbankgeld in Form von Sichtguthaben gegenüber der Zentralbank befinden. In unserem Beispiel würde dann zur Begleichung des Saldos das Zentralbankkonto von GB_1 mit 20 Euro belastet, die dem Zentralbankkonto von GB_2 gut geschrieben werden. Die Sichtguthaben der Geschäftsbanken auf den Zentralbankkonten sind jederzeit in Bargeld einlösbar und sind selbst Zentralbankgeld, eben nur in bargeldloser Form. Um die Zusammenhänge nicht unnötig zu komplizieren, gehe ich an dieser Stelle nicht näher darauf ein. Näheres hierzu findet sich in dem Buch „Vollgeld" von Joseph Huber (S. 193 – 224).

66 Der entsprechende Beitrag von Helmut Creutz in Steyerberg findet sich unter www.geldreform.de/steyerberg2000/Workshops.

67 Helmut Creutz: Geldschöpfung durch Geschäftsbanken – Theorie oder Wirklichkeit?" in: Zeitschrift für Sozialökonomie 108/1996, Gauke Verlag Lütjenburg.

68 Ottmar Issing: Einführung in die Geldtheorie, 10. Auflage, München 1995.

69 Ottmar Issing nennt es „passive Schaffung" bzw. „aktive Schaffung" von Sichtguthaben.

70 Siehe hierzu auch in meinem Buch „Der Nebel um das Geld" S. 164.

71 deren Grundgedanken ich in Anlehnung an Bernard Lietaer weiter oben kurz erläutert hatte und auf die ich ausführlicher in meinem Buch „Der Nebel um das Geld" (auf den Seiten 159 – 163) eingegangen bin.

72 Sein Beitrag zu diesem Thema findet sich unter
    www.geldreform.de/steyer-berg2000Workshops.

73 Erhard Glötzl: Über die (In-)Stabilität unseres Geld- und Wirtschaftssystems aus der
    Sicht eines Technikers, erweiterte Fassung eines Vortrags von 1995, als Kopie zu be-
    ziehen über Dr. Erhard Glötzl, Stadtbetriebe Linz, Gruberstr. 40 -42, A-4010 Linz,
    e-mail: gloetzl@sbl.co.at . (Glötzl ist technischer Vorstandsdirektor der Stadtbetriebe
    Linz.) Außerdem: Erhard Glötzl: Kapitalismusbedingte Arbeitslosigkeit in alternden
    Volkswirtschaften, in: Vladimir Svitak (Hrsg.): Strukturen des Aufbruchs – Von der
    Konkurrenzgesellschaft zur Solidargemeinschaft, Hirzel Verlag Stuttgart und Leipzig 2001.

74 Warum ich mit dem Begriff „Falschgeld", wie er von Reinhard Deutsch verwen-
    det wird, meine Probleme habe, habe ich weiter oben begründet. Er unterstellt
    nämlich, dass nur voll durch Gold oder Silber gedecktes Geld „richtiges Geld" ist,
    was ich für falsch halte.

75 In unserem Beispiel entspricht das den Geschäftsbanken GB_1 und GB_2 und den
    Überweisungen von B an C sowie von D an A.

76 Wie vor kurzem bei der Finanzkrise in Argentinien, bei der die Barabhebungen der
    Bankkunden pro Woche begrenzt wurden, nachdem ein Sturm auf die Banken
    eingesetzt hatte. Auf die Frage erzürnter Bürger, wo denn das Geld der Kon-
    teninhaber geblieben sei, musste der Finanzminister freimütig bekennen, es sei
    eben nicht da und er wisse auch nicht, wo es geblieben sei.

77 Gemeint ist ein aus dem Nichts geschöpftes Giralgeld.

78 Ob das Bundesverfassungsgericht im Ernstfall einer Verfassungsklage dieser
    Rechtsauffassung folgen würde, darf allerdings stark bezweifelt werden. Schon bei
    der Klage der vier Professoren gegen die Einführung des Euro hat es sich einfach
    aus seiner Verantwortung und Zuständigkeit heraus gestohlen, ohne sich über-
    haupt mit den starken Argumenten der Kläger inhaltlich zu beschäftigen. Siehe
    hierzu Wilhelm Hankel / Wilhelm Nölling / Hans Albrecht Schachtschneider /
    Joachim Starbatty: Die Euro-Illusion – Ist Europa noch zu retten? rororo--
    Taschenbuch Verlag, Reinbek bei Hamburg 2001.

79 Siehe hierzu im einzelnen Dieter Schad: Zur Kreditschöpfung der Geschäfts-
    banken, in: evolution 5/95. Außerdem Ernst Dorfner: Die Kreditschöpfung im
    gesamtwirtschaftlichen Zusammenhang – Theoretische Ansätze und Fakten aus
    den Bankbilanzen, unver- öffentlichtes Manuskript, e-mail vom 06.08.2000,
    sowie: Die Kreditschöpfung – ein innerfreiwirtschaftlicher Langzeitstreit (wie
    oben) und: Helmut Creutz und das Geldsyndrom, Auszug aus dem Beitrag
    „Wirtschaft oder Geldwirtschaft? – Geld und Zins: Mehr Rätsel als Antworten.
    Eine Auseinandersetzung mit Silvio Gesell und Helmut Creutz", in: Risiken und
    Gefahren der Geldwirtschaft, Ökologische Akademie der Stiftung für Ökonologie

und Demokratie. Rülzheim 1997. (Alle Manuskripte von Ernst Dorfner sind zu beziehen über dorfner@yline.com). Und schließlich Eberhard Knöller: Buchgeldschöpfung durch Kreditketten, in: Der 3. Weg, Juni/Juli und August/September 2000.

80 „r-evolution" ist eine Gemeinschaftszeitschrift von INWO (=Initiative für eine Natürliche Wirtschaftsordnung) Schweiz, INWO Österreich und INWO Deutschland. Die Adressen lauten: Postfach, CH-5001 Aarau, bzw. Staudingergasse 11, A-1200 Wien, bzw. Versand, Sambach 180, D-96178 Pommersfelden. (siehe auch www.inwo.de, www.inwo.ch, www.inwo.at)

81 Das entsprechende Manuskript ist mir am 14.08.2000 per e-mail zugegangen. Es ist zu beziehen über gerhard.margreiter@EUnet.at . Die Postadresse lautet: Vivenotgasse 46, A-1120 Wien.

82 Anspruch auf Barabhebung haben nicht die Inhaber von Sparkonten (deren Beträge ja für eine gewisse Dauer festgelegt sind), sondern nur die Inhaber von Girokonten.

83 Irving Fisher (1935): 100%-Money, Works Vol. 11, London 1997, zitiert nach Joseph Huber: Vollgeld, S. 273.

84 So nennt Joseph Huber das von einer Deckung (im Prozess der Geldentstehung) losgelöste Geld. Seine Deckung finde es vielmehr bei der Geldverwendung im Gegenübertreten zum erstellten Sozialprodukt (der „zirkulatorischen Übereinstimmung zwischen ... Geldeinkommen und Wirtschaftsprodukt").

85   Mit dieser Sichtweise kommt Joseph Huber dem Konzept einer „Indexwährung", wie sie Silvio Gesell schon 1916 in seinem Hauptwerk „Die Natürliche Wirtschaftsordnung" entwickelt hatte, übrigens sehr nahe – auch wenn er sich im Anhang seines Buches in einem längeren Kapitel mit der Überschrift „Kritik des Schwundgeldes nach Silvio Gesell" in einer für mich merkwürdig anmutenden Weise von Gesell distanziert. Die von Gesell vertretene Forderung nach einer wirksamen Umlaufsicherung des Geldes sowie seine grundlegende Kritik am Zinssystem sind bei Joseph Huber allerdings nicht zu finden – was ich selbst als einen Mangel in Hubers Konzept empfinde.

86 Näheres zum Monetarismus von Milton Friedman findet sich in meinem Buch „Die blinden Flecken der Ökonomie", S. 242 – 268. Der Monetarismus wurde zum Wegbereiter des Neoliberalismus, dem ich selbst äußerst kritisch gegenüber stehe. Ungeachtet dessen halte ich die Kritik von Friedman an der Geldpolitik der Fed vor und während der Weltwirtschaftskrise der 30er Jahre und an der Giralgeldschöpfung der Geschäftsbanken für berechtigt.

87 Dieser Formulierung kann ich mich zu 100 Prozent anschließen.

88 Damit ist der Gewinn aus Zinserträgen gemeint, denen keine Zinsaufwendungen

der Banken gegenüber stehen, wie dies bei der „aktiven" Giralgeldschöpfung bzw. Sichtguthabenschaffung (der Schöpfung von Giralgeld aus dem Nichts) der Fall ist.

89 Bernd Senf: Der Nebel um das Geld, S. 208 – 220, sowie: Bernd Senf: Die blinden Flecken der Ökonomie, S. 256 – 267.

90 „Münzregal" bedeutet das Privileg zur Prägung und Emission von Münzen. Bis heute liegt das Münzregal in Deutschland bei der Regierung – und nicht bei der Deutschen Bundesbank oder der Europäischen Zentralbank – ganz im Gegensatz zur Emission von Papiergeld bzw. Giralgeld durch die Zentralbank und zur Giralgeldschöpfung (Sichtguthabenschaffung) der Geschäftsbanken.

91 Damit ist der Bezug von zins- und tilgungsfreiem Zentralbankgeld als soziales Grundeinkommen gemeint.

92 Weitbrecht Verlag in K. Thienemanns Verlag, Stuttgart, Wien, Bern 1985.

93 Für mich bleibt bei dieser Interpretation Binswangers eine Frage offene : Soll das Papiergeld schon bei seiner Entstehung mit einer Goldeinlösegarantie ausgestattet sein und das dafür erforderliche Gold erst nachträglich aus der Erde gefördert werden – in der Hoffnung, dass möglichst wenige von der Goldeinlösegarantie Gebrauch machen (gemäß der „Entstehungstheorie des Geldwerts")? Oder soll das Papiergeld seinen Wert dadurch bekommen, dass durch zusätzliche staatliche Nachfrage die Wirtschaft angekurbelt wird und dadurch zusätzliches Sozialprodukt entsteht, verbunden mit zusätzlicher Förderung (aber auch Verarbeitung) von Rohstoffen? Bei Binswanger gehen diese grundsätzlich verschiedenen Interpretationsmöglichkeiten unvermittelt durcheinander (und der Text von Goethe scheint mir in dieser Hinsicht auch nicht eindeutig zu sein). Mal ist die Rede von der „„Deckung" der Noten durch die nicht gehobenen Bodenschätze und Legalisierung der Noten durch die Unterschrift des Kaisers" (S. 26). Ein anderes Mal heißt es: „Es geht um die Vorstellung, dass die Noten dadurch „gedeckt" seien, dass man im Notfall vom Kaiser bzw. vom Staat verlangen könne, die im Boden vergrabenen Schätze zu heben und somit die Noten mit Gold zu honorieren." (S. 27) Und an noch anderer Stelle heißt es: „Das Papiergeld bekommt einen echten Goldwert erst dann, wenn es sich materialisiert, wenn es produktiv eingesetzt wird, wenn es auf Gewinn oder Zins angelegt oder investiert wird, wenn es also seinen Geld- bzw. seinen Goldwert dem Material mitteilt, das in den Produktionsprozess eingeht, wenn – mit anderen Worten – der alchemistische Prozess der Geldschöpfung sich auf die gesamte Wirtschaft ausdehnt und die Wirtschaft gemäß dem Prinzip der Geldschöpfung expandiert bzw. wächst." (S 34) Hierbei geht es offenbar gar nicht um die „Deckung" des Papiergeldes durch Bodenschätze, sondern durch das zusätzlich geschaffene Sozialprodukt, das mit dem Geld gekauft werden kann und ihm dadurch nachträglich eine „Deckung" verleiht (gemäß der „Verwendungstheorie des Geldwerts"). – Nach meinem Eindruck sind dies drei ganz unterschiedliche Interpretationen davon, was nun eigentlich den Wert des Papiergeldes ausmacht.

94 In diesem Fall war also der Staat der Geldschöpfer, nicht die Banken. Die Problematik, die sich aus einer Geldschöpfung der Banken (Zentralbank und Geschäftsbanken) für die Staatsverschuldung ergibt, hat Goethe nicht thematisiert. Auch bei Binswanger ist diese Problematik kein Thema.

95 Die Assignaten waren das Papiergeld der französischen Revolution. Näheres hierzu findet sich in dem Buch von Karl Walker: Das Geld in der Geschichte, S. 175 – 177.

96 In meinem Buch „Die blinden Flecken der Ökonomie" findet sich eine allgemein verständliche Einführung in die Theorie von Keynes – und bei aller Würdigung eine Diskussion der darin enthaltenen „blinden Flecken".

97 Weitere Einzelheiten hierzu finden sich bei Karl Walker: Das Geld in der Geschichte, S. 171 – 173.

98 Merkwürdigerweise gerät bei Hans Christoph Binswanger der Herrschaftsanspruch des Eigentum über Menschen – also auch die Ausbeutung menschlicher Arbeitskraft – weitgehend aus dem Blickfeld. Darin liegt wohl ein Grund dafür, dass er bei der marxistisch geprägten Linken auf Unverständnis oder Ablehnung stieß. Von Vertretern der bürgerlichen Ökonomie verschiedenster Richtungen wurde er wohl vor allem deshalb nicht ernst genommen oder ignoriert, weil er die Blindheit der Ökonomie gegenüber der Natur so deutlich heraus gearbeitet hat. Und in der Geldreformbewegung wurde ihm bislang die gebührende Anerkennung versagt, weil er den Blick nicht so sehr auf die Zinsproblematik als vielmehr auf die Geldschöpfung richtete – und diesen Aspekt leider verabsolutierte und als die einzige Problematik des Geldsystems betrachtete.

99 Über eine Geldreform hinaus müsste auch die einzelwirtschaftliche Gewinnermittlung auf neue Grundlagen gestellt werden, die dem Gewinn eine auch sozial und ökologisch sinnvolle Aussagekraft verleihen die er seit zweihundert Jahren nicht besitzt. Die bislang verzerrte Aussagekraft der Gewinne hat die Konsequenz eines systematischen Raubbaus an Mensch und Natur. Im Rahmen der einzelwirtschaftlichen Kosten- und Gewinnermittlung müsste nicht nur beim Einsatzfaktor Maschinen (durch Verbuchung von Abschreibungen) dem Gedanken der Bestandserhaltung Rechnung getragen werden; das gleiche Prinzip müsste konsequent auch auf die Einsatzfaktoren Mensch (Arbeitskraft) und Natur übertragen werden – durch eine Art „Sozialabschreibung" bzw. „Naturabschreibung". Diese Gedanken habe ich ausführlich abgeleitet in meinem Aufsatz „Der Tanz um den Gewinn – Von der Besinnungslosigkeit zur Besinnung der Ökonomie" in Teil A dieses Buches.

100 Eine Einführung in die Arbeitswertlehre von Smith und Marx findet sich in meinem Buch „Die blinden Flecken der Ökonomie".

101 Siehe hierzu ausführlich mein Buch „Der Nebel um das Geld".

102 Stephen Zarlenga: Der Mythos vom Geld – die Geschichte der Macht, Kapitel 12: Die Nationalökonomen: die Priester der Bankentheologie. S. 221 – 246.

103 Hans Christoph Binswanger zitiert Adam Smith ausführlich wie folgt: „Setzt man Papier ... an die Stelle des Gold- und Silbergeldes, so lässt sich die Menge der Arbeitskräfte, Werkzeuge und Unterhaltsmittel, welche das ganze Umlaufkapital anzubieten vermag, um den ganzen Wert der edlen Metalle, die zu diesem Ankauf verwendet zu werden pflegten, vermehren; der gesamte Wert des größten Triebrades kommt noch zu dem der Waren, die es in Umlauf zu setzen und zu verteilen pflegte." (...) „Ebenso wie bare Kasse eines Geschäftsmannes, ist alles Gold- und Silbergeld eines Landes (...) totes Kapital (...). Eine verständige Bankoperation macht es nun, durch die Substituierung von Papier an die Stelle eines großen Teiles dieses Goldes und Silbers, einem Lande möglich, das tote Kapital in großem Maße in tätiges und fruchtbringendes zu verwandeln. Das in einem Lande umlaufende Gold- und Silbergeld lässt sich sehr füglich mit einer Landstraße vergleichen, die alles Gras und Korn, das im Lande wächst, an den Markt schafft, und auf welchem doch kein einziger Halm wächst. Dadurch nun, dass eine verständige Bankoperation gleichsam die Fahrbahn durch die Luft baut, wenn ich mich einer so gewaltsamen Metapher bedienen darf, macht sie es dem Lande gewissermaßen möglich, einen großen Teil seiner Straßen in gute Weiden und Kornfelder zu verwandeln und dergestalt den Jahresertrag des Bodens und der Arbeit wesentlich zu erhöhen." (Adam Smith, zitiert von Binswanger: Geld und Magie, S. 31f, aus Adam Smith: Der Reichtum der Nationen, übersetzt von C.W.Asher, Stuttgart 1861, S. 27).

104 Siehe hierzu auch meinen Aufsatz "Der Zins bei Marx und Gesell - über das Verhältniss von Wertschöpfung und Wert-Abschöpfung" auf meiner website www.berndsenf.de, Rubrik "Wirtschaft & Gesellschaft", 1998.

105 Zum Beispiel Armin Risi: Machtwechsel auf der Erde – Die Pläne der Mächtigen, globale Entscheidungen und die Wendezeit, Govinda Verlag, Neugassen 1999, Kapitel 3 – 6, mit ausführlichen weiter führenden Literaturhinweisen auf S. 578 – 581.

C Fließendes Geld und Heilung des sozialen Organismus

Die Lösung (der Blockierung) ist die Lösung.

1 Gemeinsamkeiten zwischen Schauberger, Reich und Gesell.

Die Gedanken von Silvio Gesell zur Kritik des herrschenden Geld- und Zinssystems und zur Suche nach konstruktiven Lösungsmöglichkeiten lassen sich auch in Begriffen beschreiben, die aus einem scheinbar ganz anderen Forschungszusammenhang heraus entwickelt worden sind. Gemeint ist die Lebensenergie-Forschung, deren Grundlagen zwischen den 20er und 50er Jahren dieses Jahrhunderts u.a. von Viktor Schauberger und Wilhelm Reich gelegt wurden. Ähnlich wie Silvio Gesell in Bezug auf das Geldsystem haben auch diese Forscher auf anderen Gebieten höchst unkonventionelle Sichtweisen entwickelt, die den Rahmen der etablierten Wissenschaften sprengen und sogar das Fundament des mechanistischen Weltbildes in Frage stellen. Von daher ist es sicher kein Zufall, dass alle drei Forscher von den Hauptströmungen der davon betroffenen mechanistischen Wissenschaften immer wieder ins Abseits gedrängt worden sind – durch schlichte Ignorierung oder durch Entstellung und Verketzerung. Bei Reich ging dieser Ausgrenzungsprozess sogar soweit, dass seine Bücher noch in den 50er Jahren in den USA offiziell verbrannt wurden.

Bei allen Unterschieden ihrer Forschungsgebiete sind Schauberger, Reich und Gesell unabhängig voneinander (und ohne voneinander zu wissen) auf ein fundamentales Prinzip des Natürlichen und Lebendigen gestoßen, das dem mechanistischen Welt(un)verständnis zutiefst fremd und sogar bedrohlich erscheint. Ich möchte es auf eine kurze Formel bringen:

"Fließen lassen – Die Lösung (der Blockierung) ist die Lösung."

2 Viktor Schauberger und die Fließbewegung des Wassers

Was ist damit gemeint? Überall in der Natur gibt es spontane Fließbewegungen, die die Grundlage lebendiger Prozesse und ihrer natürlichen Selbstregulierung bilden. Schauberger hat sie eingehend studiert bezüglich der Fließbewegung von Gewässern. Werden sie mit all ihrem Schlängeln und Wirbeln – zum Beispiel durch Begradigung – gehindert, so verlieren sie ihre Lebendigkeit und Selbstreinigungsfähigkeit, kippen um, lagern Geröll ab, treten über die Ufer und reißen die Böschungen nieder. Kurz: Die Blockierung des natürlichen Fließens stört die natürliche Selbstregulierung und treibt Destruktivität hervor. Die vorherrschende Art, mit diesen Problemen umzugehen, besteht in immer mehr Eindämmung, wodurch die Selbstregulierung immer mehr zerstört wird, mit der Folge wachsender Überschwemmungen – ein Teufelskreis. Die Lösung dieser Probleme fand Schauberger in der Lösung der Blockierung des natürlichen Fließens: dem Wasser wieder Raum zum Schlängeln und Wirbeln zu geben und seine Wirbelbewegungen durch einfache technische Hilfen anzuregen, bis sie sich wieder von selbst tragen. Dadurch konnte lebloses und destruktiv gewordenes Wasser wieder belebt und mit ebenfalls wirbelnder Lebensenergie aufgeladen werden und bot wieder Lebensraum für Pflanzen und Tiere – bzw. war wieder als belebtes Trinkwasser verwendbar.

3 Wilhelm Reich und die Fließbewegung der Lebensenergie

Wilhelm Reich hat ganz Ähnliches entdeckt in Bezug auf die Fließbewegung der Lebensenergie im Menschen bzw. in und zwischen allen lebenden Organismen. Es handelt sich dabei um die gleiche Energie, die auch der chinesischen Akupunktur zugrunde liegt und deren Existenz von der mechanistischen Wissenschaft geleugnet wird. Das Fließen dieser Energie, die sich aus sich heraus bewegt und keines äußeren Drucks oder Antriebs bedarf, entspringt der inneren Energiequelle, mit der jedes neue Leben auf die Welt kommt. Diese Energie sucht spontan das Zusammenfließen im liebevollen Kontakt (zum Beispiel zwischen Baby und Mutter und später zwischen Liebespartnern), und die Verschmelzung dieser Energieströme wird als Lust und Liebe empfunden. In einer Kultur, die diesen natürlichen Regungen und Erregungen durch die herrschende Erziehung und Moral sehr frühe Schranken setzt oder sie in Kontaktlosigkeit und emotionaler Kälte leer laufen lässt, werden diese Fließbewegungen mehr oder weniger blockiert. Das Kind schützt sich vor den unerträglichen Schmerzen und Frustrationen, indem es seine inneren Impulse zurückhält und die entsprechenden Konflikte verdrängt. Die Energie dieser Blockierung bezieht es durch Abzweigung aus der lebendigen Energiequelle, und die blockierte Energie verkehrt sich funktionell in das Gegenteil der natürlich fließenden Energie. Eine Folge dieser chronisch werdenden Blockierung, die sich später als "Charakter- und Körperpanzer" niederschlägt, besteht in der Aufstauung der noch fließenden Energie, die schließlich (im übertragenen Sinn) über die Ufer tritt und die Böschungen niederreißt, das heißt zu destruktiven Entladungen führt. Die vorherrschende Art, mit diesen Problemen umzugehen, ist eine noch stärkere Eindämmung des Gefühlsausdrucks, zum Beispiel durch autoritäre Erziehung, um die destruktiven Ausbrüche unter Kontrolle zu bringen – ein Teufelskreis, der immer mehr Destruktivität hervortreibt. Diese kann sich entweder nach außen und/oder nach innen – in Form von Krankheit und Selbstzerstörung – ihren Weg bahnen *(Abbildung 1a bis c)*.

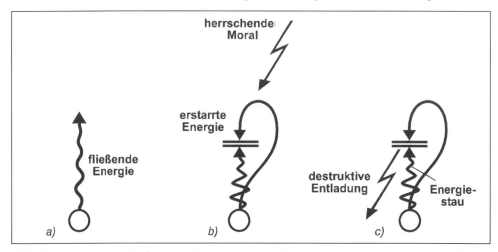

Abbildung 1a bis c: Fließende Lebensenergie wird unter Druck der herrschenden Moral blockiert. Folge: Energiestau und destruktive Entladung.

Reich hat für diese Art von Erkrankung den Begriff "Biopathie" geprägt. (Man könnte sie auch als Energiesyndrom bezeichnen). So unterschiedlich ihre Ausprägung – je nach Struktur und Tiefe der Blockierungen – sein können, so gemeinsam ist doch das ihnen zugrunde liegende Funktionsprinzip: die chronisch gewordene Blockierung der natürlichen Fließbewegung der Lebensenergie. Durch sie kehrt sich die gleiche Energie, die die Grundlage des Lebens und der tief empfundenen Liebe ist, in ihr Gegenteil um: in neurotische oder psychotische Angst, in blinden Hass und Destruktivität. Die Blockierung des natürlichen Fließprozesses zerstört auf diese Weise die emotionalen und energetischen Lebensgrundlagen des einzelnen und – wenn sie massenweise auftritt – auch die einer ganzen Gesellschaft. Reich hatte letzteres schon 1933 sehr eindrucksvoll in seiner "Massenpsychologie des Faschismus" herausgearbeitet.

Die Lösung dieser vielfältigen Probleme sah Reich in der Lösung der Blockierung der Lebensenergie – nicht schlagartig und schon gar nicht gewaltsam, sondern behutsam, um die darunter verschütteten Funktionen der natürlichen Selbstregulierung durch therapeutisches Auflockern des Charakter- und Körperpanzers wieder freizulegen – bzw. diese lebendigen Funktionen bei Heranwachsenden von vornherein gegen Blockierung und Zerstörung zu schützen. (Aus den Grundlagen, die Reich diesbezüglich in den 30er Jahren gelegt hat, sind inzwischen viele körperorientierte Psychotherapien, z.B. Bioenergetik und Biodynamik, hervorgegangen.) Und überall dort, wo es gelang, den natürliche Fließprozess wieder anzuregen, beim einzelnen Menschen ebenso wie in der äußeren Natur, traten Heilungen ein, die nach mechanistischem (Un)verständnis undenkbar sind, und nach mystischem Empfinden als aus dem Jenseits inspirierte "Wunderheilungen" gedeutet werden. Für Reich waren sie weder das eine noch das andere, sondern Ausfluss eines tiefen Verständnisses der Lebensenergiefunktion und ihrer natürlichen Fließbewegung.

4 Silvio Gesell und die Fließbewegung des Geldes

Was hat dies alles mit Silvio Gesell zu tun? Beim Studium seiner Schriften fiel mir eine verblüffende Ähnlichkeit mit seiner Erkenntnismethode und Sichtweise von Schauberger und Reich auf, obwohl sich seine Studien überwiegend auf ein scheinbar ganz anderes Gebiet bezogen: nämlich auf das Fließen des Geldes im sozialen Organismus einer arbeitsteiligen und Waren produzierenden Gesellschaft – und auf die Folgen seiner Blockierung, bzw. auf die ungeeigneten Mittel, mit denen dieser Blockierung im herrschenden Geldsystem begegnet wird. Das durch den Wirtschaftskreislauf fließende Geld ist in einer komplexen arbeitsteiligen Wirtschaft wesentliche Grundlage für den Fluss der produzierten Waren vom Hersteller bis zum Verbraucher. Mit dem erfolgreichen Verkauf der Waren fließt zum Hersteller das Geld zurück, das er benötigt, um seine Kosten zu decken; und um sich andere Waren zu kaufen, die er selbst nicht herstellt, aber für den Produktionsprozess und für den eigenen Lebensunterhalt braucht. Fließendes Geld bildet eine notwendige

Voraussetzung für die Sicherung der materiellen Lebensgrundlage der Wirtschaftsteilnehmer, ist also insoweit lebenspositiv. Ähnlich der Lebensenergie im einzelnen Organismus verbindet das fließende Geld die einzelnen Teile eines arbeitsteiligen Organismus untereinander zu einem komplexen Ganzen, und sein kontinuierliches Fließen ist die notwendige Voraussetzung seiner Funktionstätigkeit. Das gleiche kehrt sich aber in seiner Qualität ins Gegenteil um und wird bezogen auf den sozalen Organismus destruktiv, wenn unter dem Druck der herrschenden Geldordnung sein Fließen blockiert wird – durch Horten *(Abbildung 2a bis c)*.

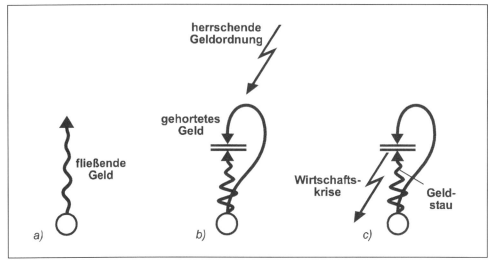

Abbildung 2a bis c: Fließendes Geld wird in der herrschenden Geldordnung durch Horten blockiert. Folge: Geldstau und Wirtschaftskrise.

Gesell hat – lange vor Keynes – herausgearbeitet, dass die Besitzer überflüssigen Geldes (das nach Bestreitung der Konsumausgaben übrig bleibt) ein rationales Interesse daran haben, das Geld zurückzuhalten und damit dem Kreislauf zu entziehen: weil das Geld erstens nicht verdirbt (im Unterschied zu den meisten Waren), und weil sich zweitens mit ihm auch noch spekulieren und auf diese Weise mehr Geld machen lässt. Sie lassen das sonst gehortete Geld nur dann (zum Kapitalmarkt) weiter fließen, wenn ihnen ein hinreichend großer Anreiz geboten wird, der die Vorteile des Hortens mindestens aufwiegt und möglichst noch um einiges übertrifft: der Zins.

Und weil die anderen Wirtschaftsteilnehmer (Unternehmen, Handel, Staat, Haushalte) dringend und teilweise existenziell auf das Weiterfließen des Geldes in Form von Krediten angewiesen sind, können die Besitzer des überflüssigen Geldes von ihnen einen Zins erpressen – und werden darin vom Gesetz geschützt. Ist der gebotene Zins für die Geldbesitzer hinreichend hoch (er muss erfahrungsgemäß mindestens 6% betragen), dann wird die durch Horten eingetretene Geldblockierung mehr oder weniger gelöst. Aber das Horten mit dem Zins auszutreiben, ist ähnlich wie den Teufel mit dem Beelzebub: es wird auf Dauer alles nur noch schlimmer. Denn das Zinssystem führt in einen "monetären Teufelskreis von exponentiell wachsenden Geldvermögen und ebenso wachsender Verschuldung" (Helmut Creutz) hinein und treibt fünf Krisentendenzen hervor, die sich langfristig mit einem krebsartigen Prozess immer mehr beschleunigen: die Krise der Wirtschaft, der Umwelt, der Gesellschaft, des Staates und der Dritten Welt. (Creutz hat diese Art von Erkrankung des sozialen Organismus "Geldsyndrom" genannt.)

Die vorherrschende Art, mit diesen Problemen umzugehen, besteht in zunehmender Eindämmung der gesellschaftlich ausufernder Folgen (wie Arbeitslosigkeit, Kriminalität), im Kurieren an Symptomen (z.B. durch innere und äußere Aufrüstung des Staates mit Rüstung als Beschäftigungsprogramm), in der zunehmenden Panzerung des sozialen Organismus. Dadurch werden immer mehr produktive Kräfte in starren Strukturen gebunden, und die verdrängten Symptome brechen an anderer Stelle um so heftiger durch: als ein schleichender Prozess der Erstarrung des sozialen Organismus – und/oder als kollektive Gewaltentladung nach außen (gegen Objekte des Hasses, die mit den Ursachen der Krise gar nichts zu tun haben).

Die Lösung dieser vielfältigen Probleme sah Gesell in der Lösung der Geld-blockierung – mit Hilfe einer konstruktiven Sicherung des Geldumlaufs, anstelle des fünffach destruktiven und dazu auch noch unzuverlässigen Zinses: durch Schaffung einer Umlaufsicherungsgebühr auf gehortetes Geld. Auf diese Weise sollte – auch ohne den destruktiven Anreiz des Zinses – das überflüssige Geld auf den Kapital-markt weiter fließen und dadurch die Lücke im gesamtwirtschaftlichen Kreislauf zu schließen, damit ein Kreislaufkollaps vermieden wird. Durch kontinuierliches Fließen sollte darüber hinaus eine wirksame Steuerung der Geldmenge durch die Zentralbank und die Sicherung der Kaufkraft des Geldes ermöglicht werden. Der Zins würde dabei von selbst nach und nach absinken, und mit ihm seine destrukti-ven Folgen. Auf diese Weise könnte eine behutsame Heilung des krank gewordenen sozialen Organismus eingeleitet werden. Eine entsprechende Geldreform wäre dazu eine notwendige Voraussetzung. Gesell sah darüber hinaus noch die Notwenigkeit einer Bodenreform. (Aus meiner Sicht wären noch weitere Strukturveränderungen erforderlich.)

Die Lösung schien so genial einfach zu sein, dass sie schon deswegen von den Experten ignoriert, verlacht oder bekämpft wurde – ganz ähnlich wie bei Schau-berger und Reich. Aber sie hat in ihrer Anwendung gewirkt wie ein Wunder – am Beispiel des "Wunders von Wörgl", einem lokal begrenzten Modellversuch eines alternativen Geldsystems mit Umlaufsicherung. Inmitten eines sozialen Umfelds wachsender Massenarbeitslosigkeit und einer bedrückenden Hilflosigkeit der Währungsexperten und der Politik blühte 1932 die Wirtschaft in dieser österrei-chischen Gemeinde wieder auf, und es begann ein hoffnungsvoller Heilungsprozess eines tief krank gewordenen Organismus.

5 Zerstörung und Wiederentdeckung des Lebendigen

Das zukunftsweisende Modell eines alternativen Geldsystems wurde allerdings durch gerichtliche Intervention der Österreichischen Nationalbank schon nach einem Jahr jäh zerschlagen. Auch hier finden sich Parallelen zu Reich und Schauberger: Die von Reich entwickelten lebensenergetischen Heilungsmöglichkeiten für Mensch und Umwelt wurden von der amerikanischen Food and Drug Administration (FDA) Mitte der 50er Jahre gerichtlich bekämpft und verboten, und das Werk von Schauberger verschwand in den Schubladen eines amerikanischen Unternehmens, das mit kriminellen Methoden die Rechte daran erworben hatte. Reich wie Schauberger haben diese Attacken nicht überlebt. Doch trotz aller Versuche, dieses zukunftsweisende Wissen zu unterdrücken, zu entstellen und zu zerstören, drängt es in den letzten Jahren mit großer Kraft wieder an die Oberfläche und in das Bewusstsein einer wachsenden Zahl von Menschen, die auf der Suche nach lebenspositiven Wegen aus einer sonst so hoffnungslos erscheinenden Welt sind.

Anmerkungen

Mehr zu Wilhelm Reich und Viktor Schauberger findet sich in meinem Buch "Die Wiederentdeckung des Lebendigen", Omega-Verlag, Aachen2003 - sowie unter www.berndsenf.de .

Mehr zu Silvio Gesell findet sich in meinen Büchern "Die blinden Flecken der Ökonomie", dtv München2001, und "Der Nebel um das Geld", Gauke Verlag Lütjenburg 1996 - sowie im Internet unter
www.berndsenf.de
www.geldreform.de
www.inwo.de

D   Börsenfieber und kollektiver Wahn

1 Impressionen vom Börsengeschehen

Die Szenen an den internationalen Börsenplätzen – wie der Wallstreet in New York oder der Börsen in Frankfurt am Main oder in Tokio – erwecken in turbulenten Zeiten zuweilen den Eindruck höchster Verwirrung. An Tagen mit allgemeinen Kurssteigerungen herrscht eine Euphorie, die sich manchmal in Begeisterungsstürmen der Wertpapierhändler, Analysten und Journalisten steigert. An anderen Tagen wiederum kippt die Stimmung ins Gegenteil und führt zu tiefer Depression, Verzweiflung oder gar Panik der an den Börsen Versammelten, und mit ihnen fiebern ganze Nationen rund um die Welt. Wachsende Teile der Bevölkerung verfolgen wie gebannt die Entwicklung der Börsenindices, des Dax in Frankfurt, des Dow Jones in New York, oder gar des Hangseng in Hongkong und des Nickei in Tokio auf dem jeweils neuesten Stand.

Das gebannte Interesse gilt dabei auch der Rangfolge der einzelnen Werte innerhalb des Gesamtfeldes – und wie sich diese Rangfolge jeweils ändert: welcher Wert jetzt gerade Spitzenreiter ist und welcher das Schlusslicht bildet, und wie der eine auf einmal wieder zurück fällt und der andere aufholt – gerade so, als handele es sich um die Übertragung eines Pferderennens, bei der sich die Stimme des Reporters vor lauter Spannung fast überschlägt. Und der Zuschauer fragt sich ständig, ob er bei der Wette auf das richtige Pferd gesetzt hat oder lieber schnell noch auf ein anderes Pferd umsteigen sollte, sozusagen mitten im Rennen (was bei Pferderennen in Wirklichkeit gar nicht geht, wohl aber bei der Börsenralley).

War es früher – bis vor einigen Jahrzehnten – nur eine relativ kleine Zahl von Börsenfachleuten, die sich näher mit den Kursentwicklungen von Aktien, fest verzinslichen Wertpapieren und Devisen beschäftigten und ihre Auftraggeber in Sachen Geldanlage berieten, so hat sich die Börsenspekulation bei uns mittlerweile zu einer Art Volkssport entwickelt – mächtig unterstützt oder geschürt durch eine Reihe von Medien, die sich überwiegend oder gar ausschließlich diesem Thema widmen. Der deutsche Fernsehsender n-tv zum Beispiel widmet einen großen Teil seines Programms dem Börsengeschehen und dessen Kommentierung, und selbst in anderen Sendungen läuft ununterbrochen im unteren Bildrand eine bewegte Zeile von rechts nach links mit den jeweils aktuellen Börsenkursen durch. Bei manchen Sendern sind es sogar schon zwei derartige Zeilen, manchmal noch ergänzt durch zusätzliche Felder, in denen der aktuelle Stand der Indices angezeigt wird, damit den Zuschauern nur ja keine einzige Sekunde entgeht, in der sie mit dem weltweiten Börsengeschehen unmittelbar und zeitgleich verbunden sind. Sie könnten ja andernfalls vielleicht etwas Entscheidendes verpassen.

Die Tatsache, dass immer mehr Fernsehsender zu dieser Praxis übergegangen sind, macht deutlich, wie groß inzwischen der Bedarf nach solchen aktuellen Börseninformationen geworden – oder gemacht worden – ist. Das gleiche gilt für viele Rundfunksender, die ihre Nachrichten neben dem Wetterbericht noch mit dem Börsenbericht ergänzen oder zusätzliche Spezialsendungen bringen – wie

"Wirtschaft und Börse kompakt" 24 mal täglich bei Info-Radio Berlin-Brandenburg.

Es liegt nur einige Jahre zurück (1996), dass die Fernsehzuschauer sogar in den öffentlich-rechtlichen Fernsehsendern ARD und ZDF monatelang allabendlich zur besten Sendezeit mit Fernsehspots beglückt wurden, in denen der beliebte Schauspieler Manfred Krug dem deutschen Fernsehvolk die damals vor der Neuemission stehende T-Aktie (anlässlich der Privatisierung der Deutschen Telekom) wärmstens anpries. Alle wollten bei diesem nationalen Ereignis dabei sein und mit machen – und ordentlich von den in Aussicht gestellten Kurssteigerungen profitieren. Wer sich seinerzeit nicht in den Sog der T-Aktie hinein ziehen ließ, musste schon fast riskieren, als Sonderling oder Spielverderber angesehen zu werden, zumindest aber als etwas weltfremd oder antiquiert.

Die Euphorie und das Börsenfieber in Deutschland steigerten sich schließlich noch mit der Entwicklung der „Neuen Märkte", das heißt mit der Gründung von Unternehmen bzw. ihrem Gang an die Börse im Bereich neuer Informationstechnologien (IT-Branche). Als hätten die traditionellen Bereiche der Wirtschaft (zum Beispiel Stahl-, Automobil-, Elektro- oder chemische Industrie) mit Technologie nichts zu tun, sprach man auf einmal von der „new economy" mit ihren „Technologiewerten" oder von der „technologielastigen Nasdaq" – im Gegensatz zu den „Standardwerten" der „old economy". Und weil die Aktien auf den „Neuen Märkten" eine Zeitlang in immer Schwindel erregendere Höhen (im doppelten Sinn des Wortes) anstiegen, war schließlich nur noch von „Wachstumswerten" die Rede, als seien diesen Papieren die ständigen Kurssteigerungen von Natur aus mitgegeben.

Den Spekulationsblasen gingen die Sprechblasen voraus, und immer mehr Menschen ließen sich von dem steigenden Börsenfieber anstecken. Während in der "old economy" der Steigerung der Produktion, der Produktivität, des Absatzes und der Rendite deutliche realwirtschaftliche Grenzen gesetzt sind, schien die "new economy" aufgrund ihrer anderen Technologien alle Beschränkungen von Raum und Zeit hinter sich zu lassen, und dies nicht nur in Bezug auf die Übermittlung von Informationen in nahezu unbegrenzter Höhe mit Lichtgeschwindigkeit, sondern auch in Bezug auf Renditeerwartungen und mögliche Spekulationsgewinne. Wer sich in den letzten fünf Jahren vor der Jahrtausendwende sein Geld ausschließlich mit ehrlicher Arbeit verdiente und nicht auf den Zug der Börsenspekulation mit aufsprang, erntete vielfach nur noch mitleidiges Lächeln in einer sozialen Umgebung, die sich längst an den Kurssteigerungen ihrer Aktien berauschte und ihr Vermögen durch Spekulationsgewinne in kurzer Zeit sprunghaft anwachsen ließ.

Dann auf einmal – im März 2000 – begann die Kursentwicklung an den "Neuen Märkten" zu kippen, die Kurse stürzten mehr und mehr ins Bodenlose, manche im Laufe einiger Monate bis auf ein Zehntel, manche sogar bis auf ein Hundertstel ihres vorherigen Höchststandes. Ein Unternehmen nach dem anderen geriet mit in den Abwärtsstrudel, sogar auch solche Firmen, die vorher in der Einschätzung von Analysten und Banken hochgejubelt worden waren. Hinterher waren auf einmal alle schlauer und sprachen von einer voran gegangenen „Überspekulation" oder von „Spekulationsblasen", die nun geplatzt seien. Aber vorher, in der Phase der Euphorie, wollte kaum jemand etwas von den Gefahren wissen, die mit diesen Entwicklungen einhergingen. Offenbar war doch wohl vielen Beteiligten der Kontakt zur Realität in gewisser Weise verloren gegangen. Und auch die Kurse selbst, die in immer Schwindel erregendere Höhen angestiegen waren, schienen den Kontakt zu den realwirtschaftlichen Grundlagen verloren zu haben. Irgendwie gab es im Zusammenhang mit dem Börsenfieber an den Neuen Märkten so etwas wie einen kollektiven Realitätsverlust. Wenn ein einzelner Mensch den Kontakt zur Realität verliert, spricht man in der Psychiatrie von „Wahnsinn". Handelt es sich also beim Börsenfieber entsprechend um einen „kollektiven Wahn"? Ich möchte tatsächlich diese These aufstellen und im folgenden begründen.

2 Gemeinsames Muster individuellen und kollektiven Wahns

Wenn ich von „Börsenfieber und kollektivem Wahn" spreche, so soll dies mehr als nur ein Wortspiel sein – und mehr als nur eine formale Analogie zwischen der Dynamik des Wahnsinns eines einzelnen Menschen und der Dynamik des Börsengeschehens bzw. der Finanzmärkte innerhalb des sozialen Organismus einer Wirtschaft. Es scheinen mir vielmehr verblüffend ähnliche gemeinsame Muster zugrunde zu liegen, die jeweils dramatische Zuspitzungen mit wahnsinnig destruktiven Folgen hervor treiben. Wenn ein Mensch in den Wahnsinn gerät und durchdreht, kann er die Tendenz entwickeln, sich selbst und/oder andere Menschen umzubringen. Wenn die Finanzmärkte durchdrehen und die Spekulationsblasen platzen, können sie nicht nur sich selbst, sondern ganze Volkswirtschaften und Gesellschaften in den Strudel der Zerstörung reißen.[1]

Dem Durchdrehen einzelner Menschen und dem Durchdrehen der Finanzmärkte scheint mir – bei allen Unterschieden im einzelnen – ein gemeinsames Funktionsprinzip zugrunde zu liegen: Ein jeweils gespaltener Fluss desjenigen Mediums, das die Teile des Organismus zu einem ganzheitlichen System verbindet: im menschlichen Organismus ist dies die Lebensenergie (wie sie der chinesischen Akupunktur zugrunde liegt und wie sie von Wilhelm Reich wieder entdeckt und grundlegend erforscht wurde), im sozialen Organismus einer Wirtschaft ist dies das Geld. Der Fluss der Lebensenergie im menschlichen Organismus ist nicht von Natur aus gespalten, sondern wird es erst unter dem Eindruck traumatischer Erlebnisse, die zum Teil schon in frühester Kindheit erfahren und verdrängt werden. Der Fluss des Geldes im sozialen Organismus ist auch nicht von Natur aus oder naturnotwendig gespalten (in Tauschmittel einerseits und Spekulationsmittel andererseits), sondern ist es erst in der historischen Entwicklung geworden – möglicherweise auch durch kollektive traumatische Erlebnisse der Menschheit in ihrer frühesten Geschichte, die kollektiv verdrängt wurden. Aus einer tieferen Einsicht in den Entstehungsprozess der jeweiligen Spaltungen und der durch sie hervor getriebenen Dynamik lässt sich auch die Richtung erkennen, in der Auswege aus der Krise zu suchen und zu finden sind – zur Vermeidung bzw. Überwindung des individuellen wie des kollektiven Wahns.

Im Folgenden will ich nun schrittweise heraus arbeiten, was mit den hier nur grob formulierten Thesen gemeint ist. In einem ersten Teil werde ich einige Grundlagen der bioenergetischen Schizophrenieforschung von Wilhelm Reich erläutern. In einem zweiten Teil werde ich versuchen, das komplexe Geschehen an den Börsen auf einige mir wesentlich erscheinende Grundfunktionen zu reduzieren und das Verhältnis der Finanzmärkte zur Realwirtschaft zu veranschaulichen. Abschließend wird es dann darum gehen, auf der Grundlage des gemeinsamen Funktionsprinzips Ansatzpunkte zur Überwindung des individuellen wie des kollektiven Wahns aufzuzeigen, die sich nicht auf eine Symptombekämpfung beschränken, sondern einen wesentlichen Kern der Probleme angehen.

3 Individuelle Panzerung und gespaltener Energiefluss – Ergebnisse der Schizophrenieforschung von Wilhelm Reich

3.1   Charakterpanzer, Körperpanzer und Körpertherapie

Der Freud-Schüler Wilhelm Reich legte bereits in den 30er Jahren des 20. Jahrhunderts wesentliche Grundlagen für ein tieferes Verständnis emotionaler Blockierungen und deren körperlicher Verankerung. In seiner wissenschaftlichen Autobiographie „Die Entdeckung des Orgons" (Band 1) beschreibt er unter anderem seinen Weg von der Psychoanalyse über die Widerstandsanalyse zur Charakteranalyse – bis hin zur Grundlegung einer körperorientierten Psychotherapie. In diesem Zusammenhang prägte er die Begriffe „Charakterpanzer" und „Körperpanzer". Darunter verstand er die chronisch gewordenen emotionalen Verhärtungen eines Menschen, die er als Folge und Ausdruck einer ganzen Reihe früher entstandener Verdrängungen von Konflikten interpretierte.

Der Charakterpanzer ist gleichsam die schichtweise Ablagerung von Verdrängungen der emotionalen Leidensgeschichte eines Menschen – ähnlich wie die Erdkruste mit ihren geologischen Schichten die Ablagerung der Erdgeschichte darstellt. Indem Schicht für Schicht aufgelockert bzw. abgetragen wird, offenbart sich zunehmend die (emotionale bzw. geologische) Entstehungsgeschichte der Schichtungen.

Reich fand heraus, dass die emotionalen Blockierungen immer auch ihre Entsprechung in körperlichen Blockierungen („Körperpanzer") finden, allem voran in chronisch gewordener Kontraktion der Muskulatur, aber auch in einer tendenziellen Erstarrung der Plasmabewegungen in den Körperzellen. Er interpretierte die Emotionen als die subjektive Wahrnehmung der tatsächlichen Beweglichkeit des Zellplasmas, das seinerseits mehr oder weniger von einer lebendigen Energie durchströmt und bewegt wird. Auf dem Weg der Erforschung menschlicher Emotionen, ihrer Blockierung und deren Auflockerung gelangte er schließlich zur Entdeckung einer Lebensenergie, für deren Existenz und Wirkungsweise im damaligen mechanistisch geprägten Weltbild der Naturwissenschaften kein Platz war. Entsprechend wurden Reichs lebensenergetische Grundlagenforschungen lange Zeit weitgehend ignoriert bzw. bekämpft. Seine Bücher wurden nicht nur im Nationalsozialismus verboten und verbrannt, sondern in den 50er Jahren auch in den USA – nachdem ein Gericht beschlossen hatte, dass es die Lebensenergie nicht gibt (!!).

Inzwischen lässt sich immer deutlicher erkennen, dass Reich im Zusammenhang seiner Lebensenergie-Forschung umwälzende Entdeckungen gemacht hat. Allein aus den von ihm gelegten Grundlagen körperorientierter Psychotherapie sind im Laufe der letzten zwanzig bis dreißig Jahre unzählige therapeutische Schulen und Richtungen hervor gegangen, wie zum Beispiel Gestalttherapie, Bioenergetik, Biodynamik und Biosynthese – um nur einige zu nennen. Und Hunderttausende, wenn nicht Millionen von Menschen haben die vielfach beeindruckende Wirksamkeit dieser Methoden zur Auflockerung emotionaler und körperlicher Blockierungen und zum Spüren fließender Lebensenergie bereits am eigenen Leib erfahren.

3.2   Eigene bioenergetische Forschungen und Erfahrungen

Über die Arbeiten von Wilhelm Reich habe ich an anderer Stelle ausführlich berichtet.[2] Im übrigen habe ich entsprechende Erfahrungen mit den Reichschen Behandlungsmethoden (Vegetotherapie, Orgonbehandlung) am eigenen Leib gemacht, habe eine Ausbildung als Bioenergetiker (nach Alexander Lowen, einem Schüler von Reich) durchlaufen und fast 20 Jahre lang auf diesen Grundlagen mit vielen anderen Menschen einzeln oder in Gruppen gearbeitet. Aber auch die Entdeckung und Nutzung der Lebensenergie, die Reich „Orgon" nannte, findet immer mehr wissenschaftliche und praktische Bestätigung. Die Orgonenergie ist zum Beispiel identisch mit der Energie, die der chinesischen Akupunktur zugrunde liegt[3] – oder dem östlichen Erfahrungswissen von den so genannten Chakras. Auch die Wirkungsweise der Homöopathie dürfte darin ihre tiefere Erklärung finden.[4] Im übrigen gibt es viele Berührungspunkte, Übereinstimmungen oder gar Deckungsgleichheiten zwischen der von Reich so genannten Orgonenergie und den von anderen Forschern beschriebenen lebensenergetischen Phänomenen. Auch darüber habe ich an anderer Stelle ausführlich berichtet.[5] Darüber hinaus zeigt eine entsprechende ethnologische und archäologische Spurensuche eindrucksvoll, dass nicht-patriarchalische Gesellschaften rund um die Welt offenbar Kenntnis von der Existenz dieser Lebensenergie gehabt und in Einklang mit ihren Funktionen (im Menschen, zwischen Menschen sowie in der übrigen Natur) gelebt haben – anstatt sie in sich und um sich herum zu unterdrücken, zu blockieren oder zu spalten.[6]

Wenn ich mich im folgenden auf die lebensenergetischen Forschungen von Wilhelm Reich und auf sein Konzept von Charakter- und Körperpanzer beziehe, weiß ich also sehr genau, wovon ich rede bzw. schreibe. Ich habe diese Spurensuche über mehr als drei Jahrzehnte sowohl theoretisch wie auch praktisch intensiv betrieben und habe auf diesen Wegen viele Wissenschaftler und Praktiker aus der ganzen Welt getroffen – und etliche davon auch in meine öffentlichen Veranstaltungsreihen nach Berlin eingeladen. Nach all dem kann ich guten Gewissens sagen, dass die Forschungen von Wilhelm Reich – entgegen den immer noch weit verbreiteten und immer wieder aufs Neue geschürten Vorurteilen – von großer Tragweite sind. Sie beinhalten nach meinem Verständnis wesentliche Grundlagen eines tieferen Verständnisses vieler Krankheiten lebender Systeme und eröffnen durch die Wiederentdeckung des Lebendigen vielfältige Wege der Gesundung von Mensch, Natur und Gesellschaft. Auf dieser Grundlage habe ich auch eine neue – und wie ich meine: tiefere – Sicht wirtschaftlicher Zusammenhänge entwickeln können, insbesondere was die Bedeutung des Geldflusses und seiner Störungen im Wirtschaftskreislauf anlangt.

3.3 Zur Entstehung emotionaler Blockierung

Ehe ich auf die bioenergetische Interpretation und Behandlung des individuellen Wahnsinns zu sprechen komme, wie sie Reich im Rahmen seiner Schizophrenieforschung entwickelt hat, will ich einige allgemeine Zusammenhänge bezüglich der Entstehung von Charakterpanzer und Körperpanzer erläutern. Gemäß den Reichschen Erkenntnissen und Erfahrungen kommt jeder Mensch mit einer inneren lebendigen Energiequelle ausgestattet auf die Welt. Die aus ihr fließende Lebensenergie, die den Organismus durchströmt, umströmt und von ihm ausgestrahlt wird, sucht aus sich heraus den lebendigen und liebevollen Kontakt zu anderen Lebewesen.

Kommt es zum Kontakt zwischen den Energiefeldern zweier Organismen (zum Beispiel zwischen Mutter und Baby oder zwischen zwei Liebespartnern), so entsteht eine wechselseitige stärkere Erregung und Anziehungskraft, und beide fühlen sich spontan zu einander hingezogen. Die von Natur aus lustvolle Erregung baut sich bis zu einem gewissen Grad auf, bis sie sich – verbunden mit einem Gefühl tiefer Befriedigung – wieder entspannt. So jedenfalls ist es in der menschlichen Natur als Möglichkeiten vorgesehen, und der Mensch ist ausgestattet mit einem starken Drang danach, dass sich dieses Bedürfnis nach Liebe – auch nach körperlicher Liebe – erfüllt. *Abbildung 1a* will diese innere lebendige Quelle und die ihr entströmende Lebensenergie mit ihrem Bedürfnis nach lebendigem und liebevollem Kontakt symbolisch darstellen.

Die Realität patriarchalischer und lustfeindlicher bzw. gewaltsamer Gesellschaften ist indes in weiten Bereichen eine andere. Auf vielfältige Weise können die lebendigen Entfaltungs- und Liebesbedürfnisse, die sich in den einzelnen Entwicklungsphasen unterschiedlich äußern, von außen mehr oder weniger unterdrückt oder missachtet werden, was mit seelischen und/oder körperlichen Schmerzen für den betreffenden Menschen einher geht. Um sich gegen die durch äußeren Druck zugefügten Schmerzen zu schützen, hält der Organismus seine zunächst nach außen gerichtete Energie zurück, indem er einen Teil der fließenden

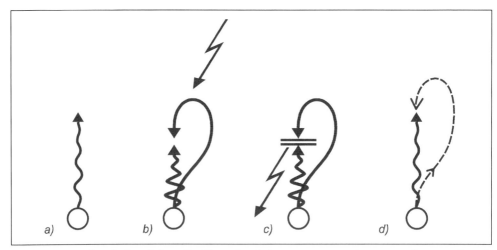

Abbildung 1a bis d: Der liebevolle Fluss der Lebensenergie wird unter äußererem Druck gespalten und kehrt sich um in Destruktivität. Die Überwindung der Spaltung ist die Grundlage der Heilung.

Energie abzweigt, ins Gegenteil wendet und auf diese Weise eine Blockierung aufbaut (symbolisch dargestellt in *Abbildung 1b*). Damit scheint der Konflikt zwischen den inneren Regungen und Erregungen einerseits und dem äußeren Druck bzw. der Unterdrückung andererseits beseitigt. Tatsächlich aber wird er nur verdrängt.

Die Verdrängung erfolgt dabei unbewusst und bleibt in der emotionalen Struktur des heran wachsenden und erwachsenen Menschen auch noch verankert, wenn ihr ursprünglicher Anlass schon längst nicht mehr existiert. Zur Aufrechterhaltung der Verdrängung wird ständig lebendige Energie gebunden, die insoweit für die lebendige Entfaltung nicht mehr zur Verfügung steht, und die noch fließende Energie staut sich immer mehr auf. Aus anfänglich lustvoll empfundener Energie wird auf diese Weise Angst oder Wut, die sich schließlich durch andere Ventile aggressiv und gewaltsam nach außen entlädt – in *Abbildung 1c* angedeutet durch den unteren Blitz. Wird nun auch die äußere Entladung unterdrückt, so entsteht eine weitere Verdrängung, die zusätzliche Energie bindet, und die aufgestaute Energie entlädt sich destruktiv nach innen, zum Beispiel in Form von Krankheit und/oder Selbstzerstörung. (Ich spreche in diesem Zusammenhang von einer Spaltung des emotionalen Kerns des Menschen, von einer *„emotionalen Kernspaltung"* mit destruktiven Kettenreaktionen – in bewusster Analogie zur atomaren Kernspaltung.)

Für Reich bestand die Lösung der damit zusammen hängenden Probleme nicht in der Behandlung von Symptomen, sondern in der *behutsamen Lösung der Blockierungen*, wobei die körperlichen Blockierungen immer mehr in die Diagnose und in die Behandlung einbezogen wurden. Gelang es, die Blockierungen mehr und mehr aufzulösen und die Lebensenergie in ihren naturgemäßen Bahnen fließen zu lassen, dann lösten sich die psychischen und/oder körperlichen Symptome von selbst auf *(Abbildung 1d)*.

An diesen Zusammenhängen lässt sich nach meiner Erkenntnis ein allgemeines Funktionsprinzip erkennen, das sich auch auf andere lebende Systeme und ihre Störungen übertragen lässt:

Die Lösung (der Blockierung) ist die Lösung – behutsam, nicht gewaltsam!

Dabei geht es gleichzeitig um die Überwindung der Spaltung eines ursprünglich Ganzen, um die Wiederherstellung oder Bewahrung eines ganzheitlichen, ungebrochenen Fließprozesses.

3.4 Der Energiefluss im menschlichen Organismus und seine möglichen Störungen

Bezogen auf den menschlichen Organismus lässt sich die natürliche Fließbewegung der Lebensenergie grob vereinfacht an den Konturen eines Embryos veranschaulichen. Auch wenn sich die Körperform des heran wachsenden Menschen verändert, bleibt doch die Energiebewegung ganz entsprechend. Allerdings verlagern sich im Laufe des Heranwachsens die Körperzonen der intensivsten Erregbarkeit. Ansatzweise hatte dies schon Sigmund Freud entdeckt und dafür die Begriffe „anale, orale und genitale Phase" für die Entfaltung der Libido geprägt, ohne allerdings die Libido naturwissenschaftlich erforscht zu haben (wie Reich dies später tat) – und ohne dass er sich dessen bewusst war, welch bedeutenden Anteil der Körper und die körperlichen Panzerungen bei der Blockierung des Energieflusses und der Verdrängung haben können.

Abbildung 2a stellt einen Hauptstrom der Lebensenergie im menschlichen Organismus dar: Vom Steißbein entlang der Wirbelsäule aufsteigend bis zum Kopf und

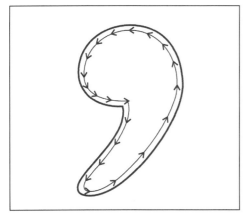

Abbildung 2a: Der Hauptstrom der Lebensenergie im (angedeuteten) menschlichen Organismus.

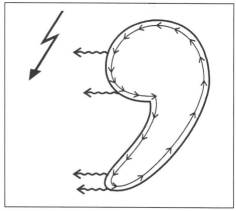

Abbildung 2b: Die besondere Erregbarkeit in der okularen, oralen, analen und genitalen Phase – und mögliche Konflikte mit der Umwelt.

von dort aus in der Mitte von Stirn, Gesicht, Hals und Rumpf abwärts fließend bis ins Becken. Neben dem Hauptstrom gibt es noch eine Vielzahl von „Nebenströmen" und „Bächen", wie sie zum Beispiel detailliert in der Chinesischen Akupunktur beschrieben werden. Außerdem gibt es Bereiche des Organismus, in denen die Energie in besonders intensiven Austausch und in lebendigen Kontakt zu anderen Menschen bzw. lebenden Organismen und zum energetischen Umfeld treten kann: die Augen, der Mund, der anale und der genitale Bereich *(in Abbildung 2b ange-deutet durch die geschlängelten Pfeile)*. In verschiedenen fernöstlichen Chakra-Lehren werden mindestens sieben solcher Zonen des Energieaustauschs beschrieben und oft als eine Art Trichter von ein- und auswirbelnder Energie dargestellt.

Die Zonen der intensivsten Erregbarkeit verlagern bzw. erweitern sich im Laufe des Heranwachsens eines Menschen, beginnend bei Augen und Mund (im Säuglingsalter), übergehend auf den Anus (im Kleinkindalter) und auf die Genitalien (im Alter von 4 – 6 Jahren und später noch einmal in der Pubertät). Hinzu kommt ein allgemeiner Kontakt des den Körper umhüllenden und umströmenden Lebensenergiefeldes mit seinem energetischen Umfeld schon während der Schwangerschaft, aber auch bei und nach der Geburt – und während des gesamten Lebens. Eine besondere Bedeutung in diesem Zusammenhang hat auch der Körperkontakt zwischen Mutter und Baby, wenn das Baby – wie in liebevollen Naturvölkern – ständig von der Mutter getragen und von ihrem Lebensenergiefeld umhüllt wird.[7]

Wilhelm Reich – dem weder die Akupunktur noch die Lehre von den Chakras bekannt war – sprach von sieben Segmenten der körperlichen Panzerung quer zur Körperlängsachse: Augensegment, Mundsegment, Halssegment, Brustsegment mit Armen, Zwerchfellsegment, Bauch-segment und Beckensegment mit Beinen (angedeutet in *Abbildung 2c*).

Die emotionalen und körperlichen Panzerungen der einzelnen Segmente sind – in unterschiedlichem Grad und Mischungsverhältnis – in unserer Gesellschaft zwar weit verbreitet, aber sie sind nach Reich nicht naturgege-ben, sondern erst unter dem Druck mehr oder weniger schlimmer Er-fahrungen des heran wachsenden Menschen entstanden, die zum Teil schon im Mutterleib, dann während und kurz nach der Geburt durchlebt

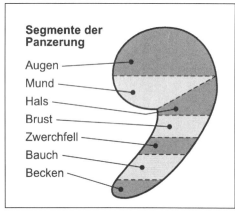

Abbildung 2c : Segmente körperlicher und emotionaler Panzerung nach Wilhelm Reich.

und durchlitten wurden – und auch in den darauf folgenden Phasen der früh-kindlichen Entwicklung, der Kindheit und der Jugend. Je früher und je schmerz-hafter die Erfahrungen sind bzw. gewesen sind, umso tiefere Spuren hinterlassen sie im Unbewussten und in der davon geprägten emotionalen Struktur des Menschen, in seinem Charakter- und Körperpanzer.

In all den Entwicklungsphasen kann sich – auf je unterschiedliche konkrete Weise – das allgemeine Muster ereignen, das in den *Abbildungen 1a bis c* dargestellt wurde: der Konflikt zwischen lebendiger Entfaltung und einer dagegen gerichteten Umwelt, mit der Folge von Verdrängung, Blockierung, Aufstauung und destruktiver Entladung nach außen und/oder innen. Und je nach dem, in welcher Phase die Konflikte verdrängt und in den davon betroffenen Segmenten körperlicher Panzerung abgelagert wurden, ergeben sich daraus unterschiedliche Anteile in der Charakterstruktur des betreffenden Menschen, zum Beispiel der schizoide oder der orale (depressive) Anteil.[8] Im vorliegenden Zusammenhang will ich lediglich auf die Entstehung der schizophrenen Spaltung eingehen, wie sie Wilhelm Reich in seinem Buch „Charakteranalyse" (3. Auflage) auf etwa hundert Seiten ausführlich beschrieben und bioenergetisch interpretiert hat.

3.5   Kopfpanzerung, Entgrenzung und Schizophrenie

Reich hat im Rahmen seiner Richtung weisenden therapeutischen Arbeit Zusammenhänge zwischen extrem starker Panzerung der oberen Kopfhälfte („Augensegment") und paranoider Schizophrenie aufgedeckt. Auch das Halssegment (Kehle und Nacken) weisen eine ungewöhnlich starke Panzerung auf. Andere Segmente hingegen, vor allem das Brustsegment, sind im Vergleich zu Personen mit neurotischer Charakterstruktur energetisch sehr durchlässig, das heißt, der betreffende Mensch kann sich gegenüber emotionalen und energetischen Erregungen in seiner Umgebung bzw. in seinem Umfeld auch dann nicht abgrenzen, wenn dies zu seinem Schutz angebracht wäre. Er unterliegt insoweit einer Art Grenzenlosigkeit oder Entgrenzung. Dadurch wird er zuweilen von heftigen emotionalen Stürmen durchflutet und überflutet, denen gegenüber der neurotische Mensch mehr oder weniger chronisch gepanzert ist – und der emotional relativ gesunde Mensch sich mindestens vorübergehend panzern und abgrenzen kann.

Wenn sich die energetische und emotionale Aufwallung des Schizophrenen in seinem Organismus ausbreitet und sich die Energie den Rücken aufwärts bewegt, prallt sie gegen die ohnehin schon starke Panzerung des Nackens und der oberen Kopfhälfte. Unter diesem Ansturm geraten die beiden Segmente als Gegenreaktion in eine noch stärkere Panzerung – bis hin zur totalen Erstarrung. In dieser Phase des „schizophrenen Schubs" knickt der Kopf schlagartig nach hinten weg und verharrt für eine gewisse Zeit in dieser Haltung, während die Augen den typisch irren Blick annehmen und gegenüber dem äußeren Geschehen völlig blind werden – zum Beispiel blind vor Panik oder mörderischem Hass. Zuweilen drehen sich die Augen auch so weit nach oben (bzw. im Liegen nach hinten) weg, dass – selbst bei Öffnung der Augenlider – Pupillen und Iris von außen nicht mehr zu sehen sind.

3.5.1 Realitätsverlust, Zerstörungswut und Zusammenbruch

In diesen Momenten gerät der betreffende Mensch in eine völlig andere Erlebniswelt, die mit der aktuellen äußeren Realität nichts mehr zu tun hat – außer dass es einen gewissen Auslöser für die dramatische Dynamik gegeben hat. Aber der Prozess als solcher verselbständigt sich immer mehr, und der Schizophrene dreht immer mehr durch und gerät in den Wahnsinn, in dem die sonst mehr oder weniger geordneten Strukturen des Denkens und der Sprache zusammen brechen und an die Stelle ein inneres Chaos tritt.

In der paranoiden Schizophrenie fühlt sich der Betreffende häufig bedroht und verfolgt, wo andere so genannte Normale gar keine Gefahr erkennen können. Insgesamt ist die Erlebniswelt des Schizophrenen für den „normalen Menschen" kaum nachvollziehbar und wirkt auf ihn oft extrem bedrohlich. Und vielfach sind die mörderischen oder selbstmörderischen Impulse des Schizophrenen tatsächlich eine Bedrohung. Entsprechend groß ist oftmals die Hilflosigkeit der ihn umgebenden Menschen, die dann nur noch verzweifelt zu Mitteln greifen, um die drohende Gefahr abzuwenden und den Betreffenden wieder „ruhig zu stellen": mit Zwangsjacke, Einlieferung in die Psychiatrie, Festschnallen, Elektroschock, lähmende Psychopharmaka und so weiter. Die tieferen Ursachen dieser Krankheit werden selten verstanden – und noch seltener werden sie angegangen und behoben. Statt dessen werden die betreffenden Menschen häufig aus der Gesellschaft ausgegrenzt, hinter den Mauern der Psychiatrie versteckt und in einen Dämmerzustand versetzt, so dass sie den Normalbetrieb der übrigen Gesellschaft nicht allzu sehr stören.

3.5.2 Tieferes Verständnis statt Symptombekämpfung

Reich hat dem gegenüber ein sehr viel tieferes Verständnis der Schizophrenie entwickelt und auch Ansatzpunkte für deren Heilung beziehungsweise Vorbeugung aufgezeigt. Einerseits interpretierte er die Beschreibung vieler Schizophrener über heftige Ströme, von denen sie durchflutet und umgeben werden, als Ausdruck einer korrekten Wahrnehmung. Denn tatsächlich würde ihr Organismus von einer Lebensenergie durchströmt und umströmt, die in bestimmten Situationen in einen Zustand hochgradiger Erregung gerate. Der „normale" Neurotiker würde derartige Erregungen gar nicht empfinden, weil er sich chronisch gepanzert habe, und wüsste deshalb oft auch gar nicht, wovon der Schizophrene redet. Andererseits interpretierte Reich die vom Schizophrenen als bedrohlich empfundenen „äußeren Kräfte" als Ausdruck einer verzerrten und gespaltenen Wahrnehmung – in Folge der extremen Panzerung des Augensegments (einschließlich Gehirn) und des Nackensegments in der Phase des schizophrenen Schubs. In Wirklichkeit handele es sich nicht in erster Linie um äußere Kräfte, sondern um die in die Spaltung geratene und außerhalb des Körpers durchdrehende Energie des eigenen Organismus, die gleichwohl als fremd und als von außen kommende Bedrohung empfunden werde. *(Abbildung 2d veranschaulicht* den gespaltenen und durchdrehenden Energiefluss bei extremer Panzerung von Augen- und Nackensegment und gleichzeitiger schutzloser Durchlässigkeit des übrigen Organismus gegenüber äußeren Erregungsauslösern.)

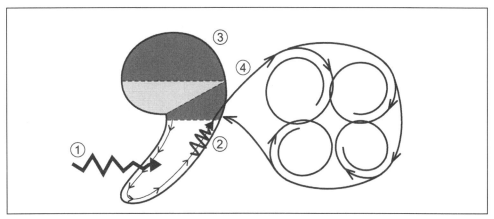

Abbildung 2d: Die Dynamik des schizophrenen Schubes: Eine äußere Spannung (1) dringt ohne Abgrenzung in den Organismus durch, die aufgewühlte Energie staut sich an Nacken- und Kopfpanzerung (2), die sich darauf hin verstärkt (3), der Energiefluss gerät in die Spaltung und dreht durch (4) – mit anschließendem Zusammenbruch.

3.5.3 Geburtsschocks als tiefere Ursache

Die bioenergetische Behandlungsmethode von Reich bestand – grob angedeutet – darin, dass er die Blockierung der Patientin sehr behutsam auflockerte, wobei zum Teil heftigste Emotionen frei wurden und in der therapeutischen Situation ausagiert werden konnten. Zum Teil wurden Erinnerungen daran wach, aus welchen Anlässen die Panzerungen entstanden waren, und die entsprechenden Konfliktsituationen wurden noch einmal mit intensiven emotionalen Erregungen durchlebt – bis sich das dabei entstandene Muster emotionaler und körperlicher Blockierungen mehr und mehr auflöste. Zum Teil geriet der Körper der Patientin in Ausdruckshaltungen, die auch ohne Worte unmissverständlich erkennen ließen, welche Art von Misshandlung und Schmerzen sie noch einmal durchlebte – und vermutlich früher durchlitten hatte.

Für manche dieser Erfahrungen fehlten der Patientin auch nachträglich die Worte. Offenbar lagen sie so weit zurück, dass sich für sie keine Verbindung zur Sprache herstellen ließ. Reich vermutete, dass es sich dabei um schlimmste Erlebnisse in einer ganz frühen Phase der Entwicklung („perinatale Phase" vor, während und kurz nach der Geburt) handelte – noch bevor die Sprache für den kleinen Menschen irgendeine Bedeutung gewonnen hatte. Die Vermutung, die er aus der Behandlung einzelner schizophrener oder stark schizoider Patienten abgeleitet hatte, hat sich später durch die Erfahrungen anderer bioenergetisch arbeitender Therapeuten immer mehr verdichtet.

Die Wurzeln für eine sich später entwickelnde Schizophrenie liegen demnach in sehr schlimmen Erfahrungen meist schon in der frühesten Kindheit, bei denen dem kleinen Menschen (im wahren Sinne des Wortes) das Hören und Sehen vergangen ist – weil er die bedrohliche Situation mit offenen Augen und offenen Sinnen nicht hätte aushalten können. Um sich davor zu schützen, hat der Organismus seine Lebensenergie aus den besonders schmerzhaften Bereichen zurückgezogen und sich gepanzert. Durch spätere ähnlich schlimme Erfahrungen hat sich die Panzerung dann immer mehr verfestigt und ist schließlich chronisch geworden.

Indem viele Patienten ihre verdrängten Konflikte in der Therapie noch einmal durchlebten, ergaben sich immer mehr Hinweise auf die typischen Situationen, die zur Entstehung der Panzerung geführt hatten. Eine starke Panzerung des Augensegments bzw. der oberen Kopfhälfte ging häufig zurück auf eine sehr dramatisch verlaufene Geburt, bei der der Geburtskanal der Mutter sich nicht hinreichend öffnete und das Baby stundenlang mit dem Kopf voran fest steckte – verbunden mit furchtbaren Schmerzen für die Mutter, aber auch für das Baby, für letzteres vor allem im Bereich der oberen Kopfhälfte. Weitere traumatische Erfahrungen können sich kurz nach der Geburt ergeben, wenn das Baby zu schnell abgenabelt wird (noch bevor es den ersten Atemzug und den ersten Kontakt zur Mutterbrust erfährt) und dadurch in Todesangst gestürzt wird. Ein weiteres grausames Ritual, das seit ungefähr hundert Jahren für die Entbindung westlicher Länder gesetzlich vorgeschrieben ist und auch in andere Teile der Welt getragen wurde, ist das Einträufeln von ätzenden Silbernitrattropfen in die Äuglein des Neugeborenen[9]. Auch das Blenden mit grellem Scheinwerferlicht während der Geburt ist eine Quälerei für das Baby, ebenso wie die oft hektische Atmosphäre in den Kreissälen sowie das Wegreißen der Babys von ihren Müttern und die Zusammenlegung mit anderen brüllenden Babys auf den Säuglingsstationen. Dies sind nur einige der routinemäßig zugefügten Quälereien, wie sie lange Zeit auf den Entbindungsstationen vorherrschten.

3.5.4 Die dramatischen Folgen der Kopfpanzerung

Gegen die sonst unerträglichen Schmerzen schützt sich das Baby durch Kontraktion. Mit dem Zurückziehen der Energie aus den Augen und Ohren und mit der Kontraktion der oberen Kopfhälfte gerät auch das pulsierende Gehirn in eine tendenzielle Erstarrung. Hieraus entsteht später die Tendenz zu erstarrtem Denken, und die ausgeprägte Neigung zu erstarrten Denksystemen, zu Dogmatismus und Fanatismus gleich welcher Art – einher gehend mit blind wütigem Hass. Die sehr frühe Kontraktion des Gehirns führt nach Reich außerdem zu einer starken Reduzierung der Atmung und einer dadurch verminderten Aufnahme von Lebensenergie des Babys und heran wachsenden Kindes, so dass sich dessen innere lebendige Quelle nur wenig mit Energie auffüllt. Die Folge davon sei, dass das Kind mit viel weniger Energie als „normal" die verschiedenen Phasen der Triebentfaltung (orale, anale, genitale Phase) durchläuft und also

auch in geringerem Maße mit äußeren Geboten und Verboten in Konflikt gerät –
so dass es gar nicht lernt, sich gegenüber außen abzugrenzen und zu panzern.

Dies sei möglicherweise der Grund dafür, dass der Schizophrene (der im Kopf- und
Nackenbereich eine extrem starke Panzerung aufweist) in anderen Segmenten
extrem durchlässig und unfähig zur Abgrenzung ist, auch wenn eine Abgrenzung
in bestimmten Situationen zu seinem eigenen Schutz notwendig wäre. Dadurch ist
er in besonderem Maße äußeren Einflüssen gegenüber hilflos ausgeliefert und
gerät immer mehr in eine sich selbst verstärkende Dynamik des Durchdrehens: in
einen schizophrenen Schub mit anschließendem Zusammenbruch.

3.5.6 Sanfte Geburt und liebevolle Kindheit als Vorbeugung

Dass all die genannten Quälereien in der perinatalen Phase überhaupt nicht sein
müssten, hat vor drei Jahrzehnten der Pionier der Wiederentdeckung der sanften
Geburt, Fréderic Leboyer, eindrucksvoll zeigen können. Mittlerweile sind ihm viele
Ärzte und Hebammen bzw. Geburtshäuser mehr oder weniger auf diesem Weg
gefolgt. Die sanfte Geburt und eine entsprechende Vorbereitung der Eltern sowie
ein sich anschließender liebevoller Augenkontakt zwischen Mutter und Baby sind
demnach wesentliche Grundlagen einer emotional gesunden Entwicklung des
heran wachsenden Menschen und einer Vorbeugung gegen Schizophrenie. Auf
diese Weise – und durch eine lebendige und liebevolle Entfaltung in den sich daran
anschließenden Entwicklungsphasen – könnten die Menschen zukünftiger
Generationen vor der Spaltung ihres emotionalen Kerns und ihres Energieflusses
bewahrt werden. Die dramatischen Folgen der „emotionalen Kernspaltung" und
ihrer destruktiven Kettenreaktionen könnten in Zukunft vermieden werden.

3.5.7 Heilung durch Überwindung der energetischen Spaltung

Aber auch für Menschen, die bereits in diese Spaltung geraten sind, scheint prinzipiell Hilfe und Heilung möglich. Jedenfalls hat Reich die therapeutischen Grundlagen hierfür gelegt: Indem die Panzerungen behutsam immer mehr aufgelockert
und für den Energiefluss durchlässig werden, verbinden sich vorher gegen einander abgespaltene Körperbereiche allmählich und immer mehr zu einem ganzheitlichen Organismus, dessen Energiefluss nicht mehr blockiert, aufgestaut und gespalten ist – und in dem die Lebensenergie ihre lebenspositiven und heilenden
Kräfte entfalten kann.

In dem Maße, wie sich ein kontinuierlicher, ungebrochener, zusammen hängender
Energiefluss innerhalb des Organismus herstellte, nahmen die schizophrenen Schübe
ab und traten die Wahnvorstellungen und Gefühle von äußerer Bedrohung in den
Hintergrund und verschwanden schließlich ganz. Der vorherige Realitätsverlust wich
einem zunehmend klaren Kontakt zur äußeren Realität, mit dem die Patientin deutlich zwischen liebevollen und tatsächlich bedrohlichen Situationen unterscheiden

und sich realitätsgerecht verhalten konnte: sich öffnen in liebevollen Situationen, sich abgrenzen bzw. die Gefahrenquelle oder ihr entfliehen in bedrohlichen Situationen. Reich hat mit dieser Methode schizophrene Patienten geheilt, die von den Psychiatern als unheilbar krank diagnostiziert worden waren. Und andere Therapeuten sind ihm mehr oder weniger auf diesem Weg gefolgt.

Dem Wahnsinn kann dann ein Ende bereitet werden, wenn die Bedingungen seiner Entstehung verstanden werden – und die Strukturen, in denen er verankert ist, sowie die Dynamik, die sich innerhalb dieser Strukturen entwickelt. Was für den Wahnsinn einzelner Menschen gilt, scheint mir auch für den kollektiven Wahn zu gelten – und speziell für den Wahn des Börsenfiebers und des sich anschließenden Börsenkrachs. Im folgenden soll es deshalb um die Struktur und Dynamik eines gespaltenen Geldflusses im sozialen Organismus einer Wirtschaft gehen, den ich als tiefere Ursache für das Durchdrehen und den darauf folgenden Absturz der Finanzmärkte betrachte.

4 Gespaltener Geldfluss und Wirtschaftskrisen

Bevor ich zur Darstellung des gespaltenen Geldflusses und zum Verhältnis von realwirtschaftlichem Kreislauf und Finanzmärkten komme, möchte ich erst einmal eine Grobskizze der Irrungen und Wirrungen der Wirtschaftswissenschaften bezüglich dieses Zusammenhangs entwerfen.[10]

4.1 Wirtschaftstheorien in Kreislaufbildern

Ich beginne mit der Darstellung eines denkbar einfachen Wirtschaftskreislaufs: Auf der einen Seite entsteht innerhalb eines Jahres das reale Sozialprodukt (SP) (bestehend aus Gütern und Dienstleistungen), auf der anderen Seite und zeitgleich entsteht das Volkseinkommen (VE) in Geldform. Die Verausgabung des Volkseinkommens

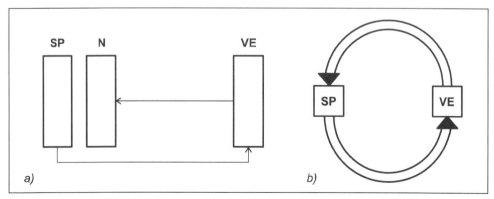

Abbildung 3a und b: Gesamtwirtschaftlicher Kreislauf von Sozialprodukt (SP), Volkseinkommen (VE) und Nachfrage (N).

führt zu gesamtwirtschaftlicher Nachfrage (N) nach Sozialprodukt und wird zur Grundlage für den Absatz der hergestellten Produkte – und damit auch für die materielle Existenzsicherung der Anbieter. *Abbildung 3a* stellt diesen Zusammenhang grafisch dar.

Denn das über die Nachfrage (bzw. die Erlöse der Unternehmen) zurück geflossene Geld bildet die Grundlage für die Bezahlung der Einsatzfaktoren und für die Entstehung von Gewinnen – und für die Zurückzahlung der Kredite, die für die Vorfinanzierung der Produktion aufgenommen wurden. Der Durchfluss des Geldes durch den Wirtschaftskreislauf erfüllt insoweit eine gesamtwirtschaftlich positive Funktion. Seine Störung würde den Absatz der Produkte gefährden – und damit auch die Existenz der Unternehmen und der daran hängenden Arbeitsplätze. *Abbildung 3b* zeigt den gleichen Kreislauf noch einmal in vereinfachter Form.

Wird nun allerdings nur ein Teil des Volkseinkommens für Konsumgüter (C) ausgegeben und der darüber hinaus gehende Teil gespart (S), so sieht es auf den ersten Blick so aus, als müsse es zu einem Nachfragemangel kommen. Die Folge davon wären zum Beispiel allgemeine Preissenkungen (um den Angebotsüberhang los zu werden), wodurch der Block des in Preisen ausgedrückten Sozialprodukts zusammen schrumpfen würde (wie eine zusammen gedrückte Ziehharmonika, angedeutet durch den abwärts gerichteten geschlängelten Pfeil in *Abbildung 3c*). Entsprechend würden die Erlöse der Unternehmen sinken, deren Kosten (zum Beispiel die Löhne) müssten gesenkt werden, etliche Firmen würden zusammen brechen und Arbeitsplätze gingen verloren, so dass die Arbeitslosigkeit (A) ansteigt und eine Wirtschaftskrise entsteht (dargestellt durch den Ballon A und den Blitz.)

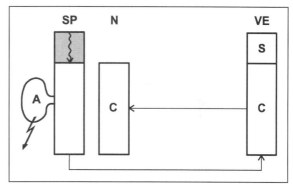

Abbildung 3c: Gesamtwirtschaftliches Sparen (S) erzeugt zunächst einen Nachfragemangel und führt zu Deflation und Arbeitslosigkeit – wenn die Lücke nicht gefüllt wird.

Lange Zeit ging man (in den Theorien des klassischen Liberalismus, zurück gehend auf Adam Smith, und in deren mathematisierter Neuauflage, der so genannten Neoklassik) davon aus, dass es nicht bei einem Nachfrageausfall durch Sparen bleibt, sondern dass die gesparten Gelder auf Umwegen dem Wirtschaftskreislauf wieder zufließen und nachfragewirksam werden. „Jede Produktion schafft sich die für ihren Absatz erforderlich Nachfrage" – direkt oder auf Umwegen, so lautete das auf den gesamtwirtschaftlichen Kreislauf bezogene Saysche Theorem (benannt nach dem klassisch-liberalen Ökonomen Jean Baptiste Say). Dem Zins wurde in diesem Zusammenhang eine besondere selbst regulierende Rolle beigemessen.

Man ging davon aus, dass er als Sparzins die gesparten Gelder zur Geldanlage auf den Kapitalmarkt lockt und als Kreditzins dazu beiträgt, dass die Gelder – vermittelt durch die Geschäftsbanken – an Kreditnehmer weiter fließen, zum Beispiel an Unternehmen, die damit Investitionsgüter (I) nachfragen. Auf diese Weise würde der gesamtwirtschaftliche Kreislauf wieder geschlossen und die Gesamtnachfrage ins Gleichgewicht mit dem Gesamtangebot des Sozialprodukts gebracht, und zwar ganz von selbst *(Abbildung 3d)*.

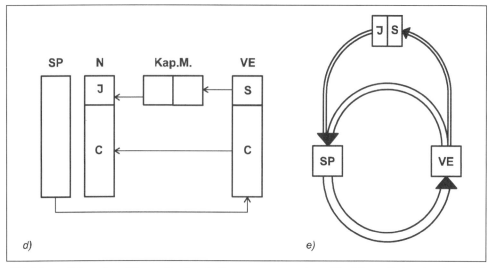

Abbildung 3d und e: Wenn die durch Sparen entstandene Nachfragelücke durch gleich hohe Investitionsnachfrage (vermittelt über Kredite) aufgefüllt wird, entsteht ein vollständiger Durchfluss des Geldes – und ein gesamtwirtschaftliches Gleichgewicht.

Durch das Zusammentreffen von Nachfrage nach Investitionskrediten N(I) und Angebot an Spargeldern A(S) am Kapitalmarkt *(Abbildung 3e)* könnten sich zwar vorübergehend Ungleichgewichte zwischen beiden Größen bilden, aber wenn der Kapitalmarkt sich selbst bzw. den dort Handelnden (Geldanlegern, Banken, Kreditnehmern) überlassen wird, würde sich tendenziell immer wieder ein Gleichgewichtszins im Schnittpunkt der beiden Kurven bilden, bei dem Investition (I) und Sparen (S) sich ausgleichen, und damit auch gesamtwirtschaftlich das Sozialprodukt (SP) und die Nachfrage (N). *Abbildung 3f* stellt diesen Kreislauf noch einmal vereinfacht dar.

Eine länger anhaltende Wirtschaftskrise dürfte es nach diesen Theorien

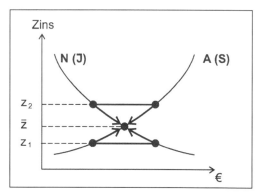

Abbildung 3f: Der klassische Zinsmechanismus, der – angeblich – das Angebot an Spargeldern A(S) mit der Nachfrage nach Investitionskrediten N(J) immer wieder ins Gleichgewicht bringt.

überhaupt nicht geben, jedenfalls dann nicht, wenn man das Geschehen dem vermeintlich „freien Spiel der Kräfte von Angebot und Nachfrage" überließe. Dies ist im Wesentlichen auch die Auffassung des so genannten Neoliberalismus (einer Art drittem Aufguss des klassischen Liberalismus), der in den letzten fünfundzwanzig Jahren wieder zur vorherrschenden Wirtschaftsdoktrin wurde und der die Globalisierung und Liberalisierung der Märkte – auch der Finanzmärkte – ideologisch rechtfertigt.

4.2 Die Klassenspaltung bei Karl Marx als tiefere Krisenursache

An der vermeintlich störungsfreien Selbstregulierung der Marktwirtschaft bzw. an der klassisch-liberalen Theorie gab es allerdings im 19. Jahrhundert erhebliche Zweifel, nicht nur durch die sich immer mehr zuspitzenden ökonomischen und sozialen Krisen, sondern auch durch deren ganz anderen Erklärungsversuch in der Kapitalismuskritik von Karl Marx. Im Gegensatz zum klassischen Liberalismus interpretierte Marx die Krisen als Ausdruck und Folge eines den Kapitalismus prägenden Grundkonflikts zwischen Lohnarbeit und Kapital, zwischen Nichteigentümern und Eigentümern von Produktionsmitteln. Marx sprach in diesem Zusammenhang von einer „Klassenspaltung" zwischen der Arbeiterklasse einerseits und der Kapitalistenklasse andererseits. Er beschrieb unter anderem die Tendenz, dass unter dem Druck kapitalistischer Konkurrenz die einzelnen Unternehmen immer mehr Kapital akkumulieren und investieren, dass aber genau dadurch in der Summe Überkapazitäten entstehen und die durchschnittliche Profitrate sinken müsste, so dass die Wirtschaft in die Krise treibt.

Während er die Lohnarbeit als die einzige Quelle der Wertschöpfung ansah, interpretierte er den Mehrwert (MW), der von den Kapitalisten angeeignet und u.a. für zusätzliche Kapitalanhäufung verwendet wurde, als Abzweigung aus dem Strom der Wertschöpfung – während den Lohnarbeitern nur ein Teil dieses Stroms in Form von Lohn verbleiben würde. *Abbildung 3g* stellt den Grundkonflikt zwischen Lohnarbeit und Kapital symbolisch dar und deutet an, dass aus den sich daraus aufbauenden Spannungen immer wieder Krisen (Blitze) hervor getrieben werden. Marx betrachtete die Krisen insofern als systemimmanent, als untrennbar verbunden mit der Grundstruktur und Dynamik des kapitalistischen

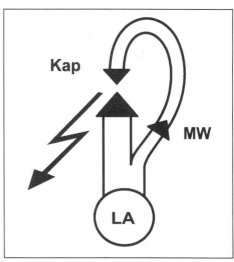

Abbildung 3g: Die Marxsche Theorie vom Grundwiderspruch von Lohnarbeit (LA) und Kapital (Kap) als der tieferen Krisenursache. (MW: Mehrwert)

Systems. Und er machte die Prognose, dass sich die Krisen immer weiter verschärfen würden. Die Lösung sah er in einer revolutionären Veränderung der Produktions- und Eigentumsverhältnisse und in einer Ablösung der Marktmechanismen durch eine bewusste gesellschaftliche Planung.

4.3   Der gespaltene Geldfluss bei Silvio Gesell

Der Marxschen Interpretation und Perspektive trat Jahrzehnte später – zu Beginn des 20. Jahrhundert – Silvio Gesell entgegen, der eindringlich vor einer sozialistischen Planwirtschaft warnte, andererseits aber auch ein engagierter Kritiker des Kapitalismus war. Er brachte die Krisen des Kapitalismus nicht in Zusammenhang mit den Produktions- und Eigentumsverhältnissen, sondern mit einer grundlegenden Fehlkonstruktion des Geldsystems. Die Lösung sah er entsprechend in einer Geldreform, in einer „Befreiung der Marktwirtschaft vom Kapitalismus", in einem „Dritten Weg" anstelle von Kapitalismus und Sozialismus, in einer „Natürlichen Wirtschaftsordnung".

4.3.1   Die Überlegenheit des Geldes und das Horten

Wesentlicher Bestandteil seiner Theorie war seine These, dass das bisherige Geld in seinem Wesenskern gespalten ist – in eine öffentliche Funktion als Tauschmittel ein-

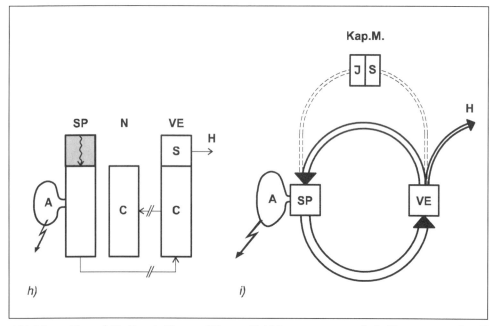

Abbildung 3h und 3i: Durch Horten (H) von Geld kommt es – nach Auffassung von Gesell – zu Kreislaufstörung, Wirtschaftskrise und Arbeitslosigkeit.

170

erseits und eine damit unvereinbare private Funktion als Spekulationsmittel. Niemand würde im damals bestehenden Geldsystem die Sparer daran hindern, „ihr Geld" dem realwirtschaftlichen Kreislauf zu entziehen – aus welchem Grund und zu welchem Zweck auch immer. (Und daran hat sich bis heute nichts geändert – bei allen sonstigen Veränderungen des Geldsystems, die sich seither vollzogen haben.) In dem Maße, wie dieser Entzug des Geldes geschieht – um es zum Beispiel für eine gewisse Zeit zu horten (H), fehlt es an gesamtwirtschaftlicher Nachfrage (N) nach Sozialprodukt (SP) mit den vorhin schon angedeuteten Folgen von allgemeinen Preissenkungen (Deflation), Massenarbeitslosigkeit (Ballon A) und Wirtschaftskrise (Blitz in *Abbildung 3h*). Der gleiche Zusammenhang wird noch einmal anders in *Abbildung 3i* dargestellt)

Das gleiche Geld ist demnach in sich widersprüchlich: Als fließendes Geld im realwirtschaftlichen Kreislauf erfüllt es gesamtwirtschaftlich positive Funktionen (+), als dem Kreislauf entzogenes Geld kehrt es sich in seinen gesamtwirtschaftlichen Wirkungen ins Negative (-) um und treibt Krisen hervor. Die Bilderfolge in *Abbildung 3k* soll diesen Zusammenhang symbolisch veranschaulichen.

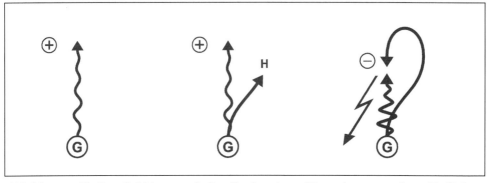

Abbildungen 3k: Das Geld ist – nach Gesell – in seinem Wesenskern gespalten: Als fließendes Geld dient es dem Absatz der Waren und wirkt gesamtwirtschaftlich positiv (+), als gehortetes Geld kehrt es sich ins Negative um (-) und führt zu Krisen.

Die tieferen Ursachen für die innere Spaltung des Geldes (für die „monetäre Kernspaltung", wie ich es nenne) liegt nach Gesell darin begründet, dass das Geld den meisten anderen Waren (einschließlich der Arbeitskraft) prinzipiell überlegen ist, was zu einer Überlegenheit der Geldvermögenden über die übrigen Wirtschaftsteilnehmer führe. Denn während die übrigen Waren durch Zurückhaltung ihres Angebots entweder verderben oder hohe Lagerkosten und Durchhaltekosten verursachen, sei das Geld unverderblich und könne ohne größere Kosten dem realwirtschaftlichen Kreislauf entzogen werden. Darüber hinaus biete das Zurückhalten von Geld sogar noch gewisse Vorteile, weil sich die Geldvermögenden damit alle Optionen bezüglich einer späteren Verwendung des Geldes offen halten (der später von Keynes so genannte „Liquiditätsvorteil" des Geldes).

4.3.2 Der Zins und seine langfristig destruktive Dynamik

Wenn aber der Zins, der von den Kreditnehmern gezahlt wird, nicht hinreichend attraktiv für eine feste Bindung[11] in einer Geldanlage ist, dann fließt das Geld der Geldvermögenden eben nicht in den realwirtschaftlichen Kreislauf, sondern wird ihm entzogen – mit verheerenden gesamtwirtschaftlichen Konsequenzen. Gesell sprach in diesem Zusammenhang von der Möglichkeit eines „Geldstreiks", der den Rest der Gesellschaft unter Druck setzt, vielleicht doch noch irgendwie den geforderten Mindestzins aufzubringen, um die Geldvermögenden gnädig zu stimmen und zur Weiterleitung des woanders dringend benötigten Geldes zu veranlassen. Die Geldvermögenden sitzen insoweit am längeren Hebel.

Aber selbst wenn ein hinreichend hoher Zins es schaffen sollte, das Geld in den Kreislauf zu ziehen und nachfragewirksam werden zu lassen, treibt er langfristig eine Reihe von Krisensymptomen hervor bzw. verstärkt sie: Die Krise der Wirtschaft, der Umwelt, der Gesellschaft, des Staates sowie der Zweiten und Dritten Welt (angedeutet durch die fünf Blitze in *Abbildung 3l*).

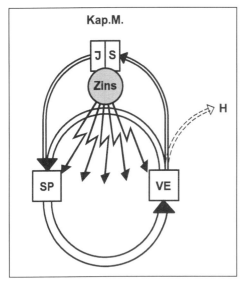

Abbildung 3l: Auch wenn der Zins das sonst gehortete Geld in den Kreislauf zieht, treibt er selbst – nach Auffassung von Gesell – eine Reihe von Krisen hervor.

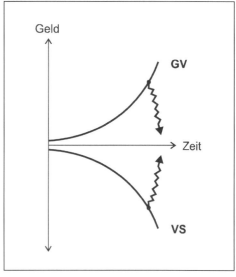

Abbildung 3m: Der Zinseszins bringt im Laufe mehrerer Jahrzehnte ein immer dramatischeres Anwachsen von Geldvermögen (GV) und Verschuldung (VS) hervor – und führt zu gewaltsamen Entwertungskrisen.

Insbesondere das durch den Zinseszins bewirkte exponentielle Wachstum der Geldvermögen (GV) treibt spiegelbildlich ein entsprechendes Wachstum der Verschuldung (VS) an anderer Stelle des Gesamtsystems hervor *(Abbildung 3m)*. Die dadurch sich immer stärker aufbauende Spannung zwischen Gläubigern und Schuldnern führt im Laufe einiger Jahrzehnte unvermeidlich zu sich häufenden

Zusammenbrüchen von Schuldnern – und damit auch zur Entwertung von Geldvermögen, wodurch ganze Kettenreaktionen mit dramatischen Folgen für die Gesamtwirtschaft ausgelöst werden.

Darüber hinaus sah auch Gesell – im Ergebnis ähnlich wie Marx, nur anders begründet – eine langfristige Tendenz zu sinkenden Durchschnittsrenditen, und damit eine abnehmende Fähigkeit der Unternehmen, einen für die Geldvermögenden hinreichend attraktiven Zins zu zahlen. Die Folge sei der schon mehrmals erwähnte Entzug des Geldes aus dem realwirtschaftlichen Kreislauf. Gesell sah seinerzeit (1916) die Gefahr, dass dieses entzogene Geld gehortet würde.

5 Die Spaltung des Geldflusses in Realwirtschaft und spekulative Finanzmärkte

5.1 Geldstau und Abfluss in die Spekulation

Angesichts einer sinkenden Durchschnittsrendite stehen die Geldvermögen in ihrem Trieb nach Vermehrung unter einer Art Geldstau, wenn sie nicht mehr ausreichend Schuldner finden bzw. Beteiligungen finden, die ihr Bedürfnis nach hinreichend attraktiven Kreditzinsen oder Beteiligungsgewinnen befriedigen können. Ich möchte dieses Phänomen „monetären Triebstau" nennen. Vor diesem Hintergrund wird verständlich, warum das Geld in Zeiten sinkender Renditen der Realwirtschaft zunehmend in die Sphäre der Spekulation drängt – in welcher Form auch immer. Auf diese Weise werden die Märkte, auf denen Spekulationsobjekte gehandelt werden, insgesamt mit immer mehr Geld überflutet, so dass die Nachfrage nach diesen Objekten steigt. Entsprechend steigen im Durchschnitt deren Preise, das heißt der Index (zum Beispiel von Wertpapieren) an den betreffenden Börsen. *Abbildung 4a* deutet den entsprechenden Zusammenhang an.

Unter gegebenen Bedingungen wird um so weniger an Wertpapieren nachgefragt, je höher deren Kurse sind, während das Angebot mit steigenden Kursen steigt – dargestellt durch den Verlauf der Nachfragekurve (N) bzw. der Angebotskurve (A) [12] an der Wertpapierbörse. Wenn nun aber zusätzlich Geld an die Börse strömt und sich dadurch die Nachfrage nach

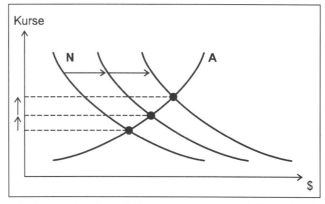

Abbildung 4a: Der Abfluss von gestauten Geldern in die Börsenspekulation führt dort zu wachsender Nachfrage nach Wertpapieren und treibt das Kursniveau in die Höhe.

Wertpapieren insgesamt erhöht (das heißt die Nachfragekurve sich in den Bereich größerer $-Mengen nach rechts verschiebt), dann ergibt sich daraus ein neuer und höherer Gleichgewichtskurs – und zwar unabhängig davon, ob zum Beispiel die Aktiengesellschaften, deren Aktien an der Börse gehandelt werden, im Durchschnitt besser gewirtschaftet haben als vorher. Die eingetretenen Kurssteigerungen können nun Erwartungen auf weitere Kurssteigerungen wecken, und aufgrund dieser Erwartungen werden die Wertpapiere noch stärker nachgefragt, und also steigen die Kurse noch weiter.

5.2   Das Abheben der Börsenkurse vom realwirtschaftlichen Boden

Wir begegnen hier dem merkwürdigen „Prinzip der sich selbst realisierenden Erwartung": Weil von Vielen steigende Kurse erwartet werden, deswegen werden die Wertpapiere stärker nachgefragt, und deswegen steigen die Kurse – unter Umständen ohne jede realwirtschaftliche Grundlage! Auf diese Weise können sich die Kurse von den „inneren Werten der Aktien", von den so genannten „Fundamentaldaten" (die wesentlich durch die Ertragskraft bzw. die Renditeerwartungen der Aktiengesellschaften bestimmt werden) entfernen. Anders ausgedrückt: Die Kurse heben immer mehr vom Boden der Realität, von der realwirtschaftlichen Grundlage ab *(Abbildung 4b)*:

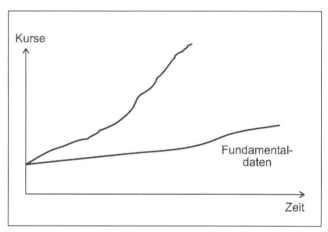

Abbildung 4b: Die Börsenkurse heben immer mehr vom realwirt-schaftlichen Boden der Fundamentaldaten ab: das Börsenfieber steigt.

5.3   Das Füttern der Spekulationsblase mit zusätzlicher Liquidität

Dies alles setzt natürlich voraus, dass genügend liquide Mittel, das heißt verfügbares Geld vorhanden ist, um in die Spekulation fließen zu können. In einem gegebenen Wirtschaftskreislauf wären es nur die Mittel, die vorher dem Kreislauf entzogen und gehortet wurden. Aber in Wirklichkeit ist ja der Geldkreislauf nicht in sich geschlossen, sondern es handelt sich um einen offenen Kreislauf, der von der Zentralbank, aber auch von den Geschäftsbanken[13] durch zusätzliche Geldschöpfung (im wahren Sinne des Wortes) beeinflusst werden kann *(Abbildung 4c).*

Unabhängig davon, auf welchem Weg das zusätzliche Geld in den Wirtschaftskreislauf gelangt, steht es für die Fütterung der Spekulationsblasen mit Liquidität zur Verfügung und trägt mit dazu bei, dass die Kurse spekulativ in die Höhe getrieben werden.[14] Die in diese Richtung geschürten Erwartungen können also durch eine entsprechende expansive (die Geldmenge ausweitende) Geldpolitik realisiert werden, wodurch noch mehr Kredite in den Wirtschaftskreislauf einfließen und noch mehr Gelder an die Börse drängen, so lange das Bankensystem mit spielt.

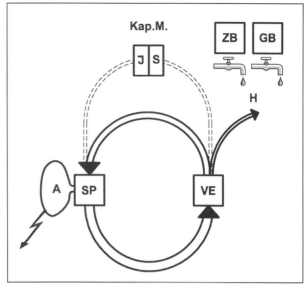

Abbildung 4c: Zentralbank und Geschäftsbank können die Spekulationsblase mit zusätzlich geschöpfter Liquidität füttern – und so das Börsenfieber noch weiter anheizen.

Auf diese Weise entsteht eine sich wechselseitig verstärkende Dynamik zwischen Spekulationsfieber einerseits und zusätzlicher Geldschöpfung andererseits. Während dabei das Preisniveau im realwirtschaftlichen Kreislauf relativ konstant bleiben kann, führt eine solche Entwicklung zu einer Art „Börseninflation", die allerdings selten so genannt wird. Das Erstaunliche ist, dass bei steigenden Inflationsraten im realwirtschaftlichen Bereich normalerweise die Alarmglocken läuten, während bei steigenden Kursniveaus an den Börsen in Verkennung der drohenden Gefahren immer wieder euphorisch gefeiert wird – bis zum Crash.

5.4 Der unvermeidliche Absturz

Irgendwann muss die Stimmung an den Börsen aber ins Gegenteil umschlagen, in Pessimismus oder gar in Panik. Dazu reichen manchmal schon vergleichsweise geringe Auslöser: der unerwartete Zusammenbruch großer Firmen, der schlagartige Verkauf großer

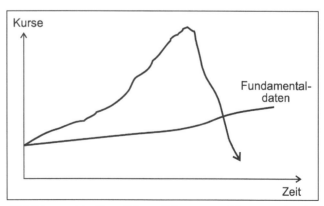

Abbildung 4d: Vom Börsenfieber zum Börsencrash: der unvermeidliche Absturz der Kurse.

175

Aktienpakete, die Veröffentlichung schlechter Wirtschaftsdaten, das Auffliegen von Bilanzfälschungen großer Konzerne – oder auch nur Angst erzeugende und breit gestreute Gerüchte, egal ob richtig oder falsch. All dies oder ähnliches kann – nach dem Prinzip der sich selbst realisierenden Erwartung – zu tatsächlichen dramatischen Kurseinbrüchen an der Börse führen bis weit unterhalb des Niveaus, das von den Fundamentaldaten her gerechtfertigt wäre *(Abbildung 4d)*:

So wie es vorher Phasen von Übertreibung nach oben gab, so gibt es jetzt Phasen von Untertreibung nach unten. All diejenigen, die ihre Spekulation an der Börse mit Krediten finanziert haben, geraten in einer solchen Situation in massive Schwierigkeiten. Denn anstelle der erwarteten Spekulationsgewinne, aus denen die Kredite verzinst und getilgt werden sollten, treten Spekulationsverluste, und die Schuldner sind in Gefahr, dass ihr zur Kreditsicherung beliehenes Eigentum von den Banken weg gepfändet wird. Wenn die Sicherheiten gar aus Wertpapieren bestehen, die jetzt nichts mehr wert sind, fordern die Banken oft zusätzliche Sicherheiten, die die Schuldner häufig gar nicht aufbringen können.

Auf diese Weise brechen erstens viele Schuldner zusammen und reißen andere mit in die Tiefe, und für viele Banken stellt sich heraus, dass ihre scheinbar so gut abgesicherten Kredite „faul" geworden sind, so dass auch die Banken vom Zusammenbruch bedroht sind. Hinzu kommt noch, dass in solchen Situationen viele Bankkunden sicherheitshalber ihr Geld von ihrem Girokonto in bar abheben wollen und ein entsprechender Sturm auf die Banken einsetzt. Dabei kann sich heraus stellen, dass die Banken die entsprechenden Bargeldreserven gar nicht in voller Höhe verfügbar haben und ihre Schalter und Geldautomaten schließen müssen (wie in der jüngsten Wirtschafts- und Bankenkrise in Argentinien). Selbst Versicherungen, die ihre Gelder bzw. die Beiträge ihrer Kunden in Aktien oder anderen Wertpapieren oder Immobilien angelegt haben, können bei einem allgemeinem Kurssturz mit in den Abwärtsstrudel gerissen werden – so dass von ihnen (entgegen ihrem Namen) weitere Verunsicherungen ausgehen können.

5.5   Die Rangfolge innerhalb des Börsenindex

Was wir bisher betrachtet haben, bezog sich auf die Veränderungen des Kursniveaus an den Börsen, wie es sich in den Börsenindices (Dax, Dow Jones usw.) ausdrückt. Davon unabhängig wird an den Aktienbörsen täglich und stündlich, inzwischen sogar in jeder Sekunde, die Rangfolge der an der Börse gehandelten Aktien ermittelt. In dieser Rangfolge spiegelt sich wider, welche Aktien gerade durchschnittlich bzw. mehr oder weniger überdurchschnittlich oder unterdurchschnittlich eingestuft werden – als Ergebnis des jeweiligen Aufeinandertreffens von Angebot und Nachfrage nach einer speziellen Aktie. Es kommen darin sicherlich auch die unterschiedlichen Fundamentaldaten der einzelnen Aktiengesellschaften zum Ausdruck, die die Finanzanalysten nach bestem Wissen und Gewissen aus den veröffentlichten Daten zu entschlüsseln versuchen. Insofern enthält die jeweilige Rangfolge einen gewissen Bezug zur Realität der realwirtschaftlichen Grundlagen, wenn auch einzelne Meldungen häufig zu Überreaktionen bezüglich einzelner Aktienkurse führen können.

Die Entwicklung des Börsenindex – als dem gewichteten Durchschnitt der einzelnen Kurse – hingegen kann sich vom Boden der Realität immer weiter abheben und den realwirtschaftlichen Bezug immer mehr verlieren. Das ist zum Beispiel dann der Fall, wenn die ganze Börse – aus welchen Gründen auch immer – von Liquidität überflutet wird. Ebenso kann der Index abstürzen, wenn es zu einem dramatischen Abfluss von Liquidität kommt. Und dies, ohne dass die betreffenden Unternehmen schlechter gewirtschaftet haben müssten als vorher. Die einzelnen Aktienkurse verhalten sich demnach zum Börsenindex ähnlich wie einzelne Wasserwellen zum jeweiligen Meeresspiegel, während die Bewegungen des Index mit Ebbe und Flut zu vergleichen sind (nur dass sie keine regelmäßigen Rhythmen aufweisen).

Der Unterschied liegt freilich darin, dass der Wechsel der Gezeiten ein natürlicher Vorgang ist, während es sich beim Börsengeschehen um ein von Menschen gemachtes Phänomen handelt. Innerhalb der einmal gesetzten Spielregeln kann sich dieses Geschehen allerdings vielfach derart gegenüber dem bewussten Willen der Handelnden verselbständigen, dass es ihnen zum Teil wie ein Naturereignis – und manchmal wie eine Naturkatastrophe – erscheint. Aber die Spielregeln sind von Menschen gemacht, und wenn sie sich in ihren Konsequenzen als höchst problematisch und destruktiv erweisen, dann können und sollten sie auch verändert werden.

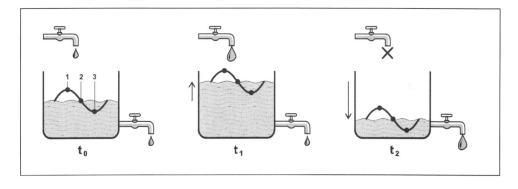

Abbildung 4e stellt das Verhältnis von Rangfolge und allgemeinem Kursniveau noch einmal grafisch dar. Selbst wenn die Rangfolge zwischen den Aktien 1 (überdurchschnittlich), 2 (durchschnittlich) und 3 (unterdurchschnittlich) gleich bleibt, kann sich der Börsenindex – wie der Wasserspiegel in einer Schleusenkammer – durch äußere Einflüsse verändern: Ausgehend von der Situation zum Zeitpunkt t_0 führt eine Überflutung der Börse mit Liquidität zu einem allgemeinen Kursanstieg (t_1), während ein massiver Abfluss von Liquidität zum Zeitpunkt t_2 ein allgemeines Absinken der Kurse mit sich bringt. Gleichzeitig und unabhängig davon kann sich

natürlich auch die Rangfolge der einzelnen Aktien verändern, so wie die
Rangfolge der Figuren auf der abwärts
bewegten Rolltreppe der Konkurrenz
(Abbildung 4f).

*Abbildung 4f: Der tägliche Konkurrenz-
kampf einzelner Aktiengesellschaften um
die Rangfolge an den Börsen.*

6 Ursachenbehandlung oder Symptombekämpfung?

6.1 Umlaufsicherungsgebühr nach Silvio Gesell

Kommen wir zurück auf die These vom gespaltenen Geldfluss als tieferer
Ursache der gesamtwirtschaftlichen Kreislaufstörung. Um der Gefahr des Hortens
und des dadurch ausgelösten Kreislaufkollaps entgegen zu wirken, schlug Gesell
die Einführung einer Umlaufsicherungsgebühr (USG) auf gehortetes Geld vor
(Abbildung 5a). Auf diese
Weise sollte das Fließen des
Geldes im realwirtschaftlichen
Kreislauf stabilisiert und die
Spaltung des Geldflusses unter-
bunden werden.

Zur Vermeidung der Umlaufsicherungsgebühr würden die
Geldvermögenden ihr Geld
verstärkt in den realwirtschaftlichen Kreislauf fließen lassen
– und der Zins würde darauf
hin ganz von selbst immer weiter absinken. Damit würden
sich auch die vom Zins hervor
getriebenen Krisentendenzen
immer mehr abschwächen, und
eine Art Selbstheilungsprozess
eines vorher chronisch kranken
sozialen Organismus würde
dadurch angeregt.

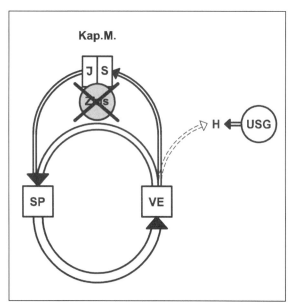

*Abbildung 5a: Silvio Gesells Idee einer Umlauf-
sicherungsgebühr (USG) zur Unterbindung des
Hortens und zur Überwindung des Zinses.*

178

6.2   Konjunkturspritzen nach Keynes

Während die Analyse und die Reformvorschläge von Gesell zu seiner Zeit (1916) und durch das 20. Jahrhundert hindurch weitgehend unbeachtet blieben, wurde John Maynard Keynes mit einer ähnlichen Analyse, die er zwanzig Jahre später (1936) veröffentlichte, weltberühmt. Leider kam seine Theorie allerdings erst, nachdem der Kapitalismus in seine bis dahin schlimmste Krise abgestürzt war – und Deutschland sich bereits unter der Naziherrschaft und auf dem Weg in den Zweiten Weltkrieg befand. Im übrigen unterschieden sich die Therapievorschläge von Keynes grundlegend von denen Gesells und setzten nicht an der tieferen Ursache des Kreislaufkollaps an, sondern bekämpften lediglich dessen Symptome: den gesamt-wirtschaftlichen Nachfrage-mangel und die dadurch be-dingte Massenarbeitslosigkeit. Ein wesentliches Mittel dazu sah Keynes in der Steigerung der Staatsausgaben (finanziert durch Staatsverschuldung) zur Schaffung zusätzlicher Nach-frage („Nachfragepolitik"). Letztendlich bedurfte es dazu zusätzlicher Geldschöpfung von Seiten der Zentralbank (und/ oder der Geschäftsbanken). *Ab-bildung 5b* deutet den Ansatz-punkt dieser „Konjunktur-spritzen" an.

Die Risiken und Nebenwir-kungen dieser Politik der Ver-abreichung zinsbelasteter Geld-spritzen waren allerdings er-heblich: Nach anfänglichen ver-blüffenden Erfolgen traten die Nebenwirkungen in Form schlei-chender Inflation und wachsen-der Staatsverschuldung immer mehr in den Vordergrund.

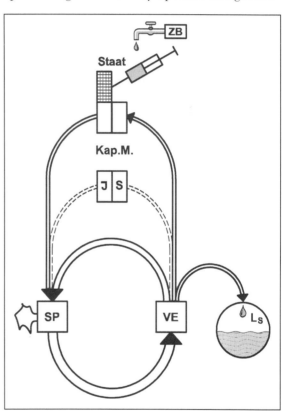

Abbildung 5b: Keynes: Das Leck im Kreislauf durch Konjunkturspritzen auffüllen.

6.3   Neoliberalismus und Leugnung immanenter Kreislaufstörungen

Diese Nebenwirkungen des Keynesianismus bildeten schließlich in den 70er Jahren immer mehr Angriffsflächen für die „monetaristische Gegenrevolution gegen den Keynesianismus", angeführt durch Milton Friedman, den Begründer des „Monetarismus". Diese Gegenrevolution, die schließlich einmündete in den Neoliberalismus und in die Globalisierung, begann zunächst scheinbar ganz harmlos: mit einer Korrektur der Keynesschen Theorie gesamtwirtschaftlicher Kreislaufstörungen. Nach monetaristischer Auffassung wird das Geld, was Keynes „Liquidität für Spekulationszwecke" (L_S) genannt hatte, nicht dauerhaft dem Kreislauf entzogen, sondern fließt auf dem Weg über die Finanzmärkte durch Vermögensumschichtungen in den realwirtschaftlichen Kreislauf zurück – und wird dort wieder nachfragewirksam (angedeutet durch die schwarzen Ströme in in Abbildung 5c).

.

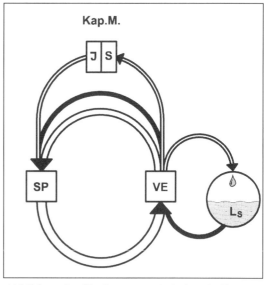

Abbildung 5c: Nach monetaristischer Auffassung fließt die Liquidität über Vermögensumschichtungen wieder in den realwirtschaftlichen-Kreislauf zurück.

Wenn zum Beispiel der eine sein Geld spekulativ zum Kauf einer Aktie verwendet, würde ein anderer (der Verkäufer der Aktie) dadurch in den Besitz des betreffenden Geldes kommen und dieses unter Umständen im realwirtschaftlichen Kreislauf konsumieren – oder über Sparen und Investieren nachfragewirksam werden lassen. Mit dieser theoretischen Annahme wurde die Gefahr gesamtwirtschaftlicher Kreislaufstörungen, die in der Keynesschen Theorie und Politik eine wesentliche Rolle spielt, schlicht und einfach geleugnet. Damit entfällt scheinbar auch die Notwendigkeit, mit haushaltspolitischen oder geldpolitischen Mitteln steuernd in den Wirtschaftskreislauf einzugreifen. Die tatsächlich auftretenden Krisen werden im Gegenteil interpretiert als Folge des Keynesianismus und staatlicher Interventionen in den Wirtschaftskreislauf bzw. gewerkschaftlicher Interventionen in den Arbeitsmarkt. Daraus wurde die Forderung nach Rücknahme dieser Eingriffe abgeleitet.

Die neue Lehre bestand deshalb wesentlich im Rückgriff auf den klassischen bzw. neoklassischen Liberalismus und wurde „Neoliberalismus" genannt. Alles wirtschaftliche Geschehen sollte der vermeintlich störungsfreien Selbstregulierung der Märkte überlassen bleiben, und jede Art von Steuerung, Regulierung oder Reglementierung sollte abgebaut werden – und dies weltweit: Privatisierung, Deregulierung, Globalisierung – nicht nur bezogen auf den internationalen Handel mit Gütern und Dienstleistungen, sondern auch auf Geld- und Kapitalströme auf den nationalen und internationalen Finanzmärkten.

6.4   Neoliberalismus und Entgrenzung der Nationalstaaten gegenüber internationalen Finanzströmen

Der konsequente Abbau der traditionellen Kapitalverkehrsbeschränkungen seit Anfang der 80er Jahre machte weltweit die Bahn frei für Kapitalbewegungen jeder Art um den Globus – durch die globale Vernetzung der Computersysteme zum Teil mit Lichtgeschwindigkeit. Was bei Gesell „Horten" genannt wurde und bei Keynes „Liquiditätspräferenz", bleibt eben nicht einfach nur dem realwirtschaftlichen Kreislauf entzogen oder fließt gar alsbald wieder in ihn zurück, sondern macht sich auf den Weg in vielfältige Spekulationsgeschäfte an den Aktienbörsen (A), den Rentenmärkten (R) (= Börsen für festverzinsliche Wertpapiere), an den Devisenmärkten (D) bzw. an den Märkten für „Finanzderivate" (FD) (das sind im Prinzip nichts anderes als Wetten auf Kursentwicklungen an den vorgenannten Märkten). Als zusätzliche Spekulationssphäre bietet sich noch der Immobilienmarkt an. *Abbildung 5d* fasst alle diese Teilblasen in einer großen Spekulationsblase zusammen.

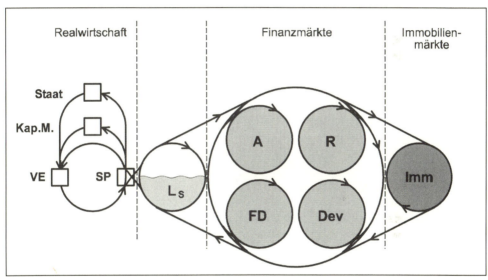

Abbildung 5d: Die Finanz- und Immobilienmärkte im Verhältnis zur Realwirtschaft. (L_s = Liquidität für Spekulation, A = Aktien, R = Rentenpapiere, Dev = Devisen, FD = Finanzderivate, Imm = Immobilien)

Sowohl innerhalb der Märkte wie zwischen den Märkten werden inzwischen weltweit die Renditemöglichkeiten und Risikoabschätzungen der einzelnen Finanzanlagen mit einander verglichen. Von internationalen Ranking-Agenturen werden nicht nur einzelne Aktiengesellschaften, sondern auch die Staatshaushalte ganzer Länder bezüglich ihrer Kreditwürdigkeit in eine bestimmte Rangfolge eingestuft – und wenn es sein muss, herauf- oder herabgestuft.

Durch die neoliberale Politik seit Anfang der 80er Jahre haben die einzelnen Länder ihre traditionellen Grenzen, Abgrenzungen und Beschränkungen gegenüber internationalen Finanzströmen vollständig verloren, während andererseits die Grenzen gegenüber der Zuwanderung von Menschen immer dichter gemacht bzw. immer selektiver gehandhabt werden. Gegenüber den internationalen Finanzströmen ist demnach eine vollständige Entgrenzung und ein Souveränitätsverlust der Nationalstaaten eingetreten, und sie sind den finanziellen Sturmfluten und Überschwemmungen ebenso wie dem finanziellen Ausdörren durch Kapitalflucht hilflos ausgeliefert.

In den Augen des Neoliberalismus ist dies die beste Gewähr für eine weltweit „optimale Allokation der Ressourcen" zum angeblich Besten aller. Aus Sicht der Globalisierungskritiker hat diese Entwicklung dazu geführt, dass die internationalen Finanzmärkte zu einem Spielkasino verkommen sind („Kasino-Kapitalismus"). Ich möchte sie sogar eine „Spielhölle" nennen: für wenige ein Spiel, für die meisten die Hölle – bezogen auf die ökonomischen, sozialen und ökologischen Konsequenzen, die von der Entfesselung der globalen Finanzmärkte auf ganze Länder, Völker und Regionen ausgehen.[15]

7 Der Funktionswandel der Finanzmärkte: Von der Finanzierung zur Spekulation

Kommen die auf die Finanzmärkte strömenden Gelder letztlich nicht doch der Realwirtschaft zugute? Fließen zum Beispiel die Gelder an den Aktienbörsen nicht den jeweiligen Aktiengesellschaften zu und führen dort zu realer Produktion und Investition? Erfüllen also die Aktienbörsen insoweit nicht die wichtige Funktion einer Kapitalsammelstelle zur Finanzierung großer Unternehmen und Konzerne, ohne die diese niemals hätten entstehen und wachsen können?

7.1   Zum Verhältnis von Primärmarkt und Sekundärmarkt

Zur Klärung dieser Frage sollte deutlich unterschieden werden zwischen der Neuemission von Aktien, bei deren Gelegenheit der betreffenden Aktiengesellschaft tatsächlich neue Finanzmittel als Eigenkapital zugeführt werden, und der sich daran anschließenden Kette von Besitzwechseln der Aktien. Im ersten Fall wollen wir – in Anlehnung an Jörg Huffschmid[16] – vom „Primärmarkt" reden, im zweiten Fall von „Sekundärmarkt". Die Neuemission ist tatsächlich Teil des realwirtschaftlichen Produktions- und Einkommenskreislaufs, jedenfalls insoweit die Aktiengesellschaft die ihr zufließenden Mittel für reale Produktion und Investition verwendet – und nicht für spekulative Finanzinvestitionen. Die beliebig lange Kette der Besitzwechsel von Aktien, die der Neuemission folgen kann, hat aber mit dem realwirtschaftlichen Kreislauf direkt nichts mehr zu tun, sondern spielt sich funktionell in einer ganz anderen Sphäre ab, obwohl sie am gleichen Ort der Aktienbörse statt findet. Diese Vermengung macht es so schwierig, die beiden prinzipiell verschiedenen Funktionen von Primärmarkt und Sekundärmarkt von einander zu unterscheiden.

Es ist auch wichtig darauf hin zu weisen, dass von den irgendwann einmal neu emittierten Aktien einer Aktiengesellschaft täglich immer nur ein mehr oder weniger kleiner Bruchteil an den Börsen zum Verkauf angeboten bzw. zum Kauf nachgefragt wird, woraus sich der jeweilige Aktienkurs ergibt. Um so fragwürdiger erscheint es, dass aus diesen jeweils aktuellen Kursen und ihrer Entwicklung von den Analysten und der Öffentlichkeit gravierende Rückschlüsse auf die Entwicklung der gesamten Aktiengesellschaft gezogen werden – und dass ihr Börsenwert (die so genannte „Marktkapitalisierung") aus eben diesen Kursen, multipliziert mit der Gesamtzahl der Aktien) ermittelt wird.

Insofern eine Aktiengesellschaft eigene Aktien hält, wird sie natürlich auch unmittelbar von den Kursentwicklungen am Sekundärmarkt betroffen – indem sich der Wert ihrer Anteile bei sinkenden Kursen entsprechend vermindert. Aber auch wenn sie keine eigenen Anteile hält, kann ihr die Kursentwicklung ihrer Aktie nicht gleichgültig sein. Denn von den Analysten, den Banken und der Öffentlichkeit werden die Entwicklung des Kurses und die entsprechenden Grafiken ähnlich gedeutet wie die Fieberkurve eines Patienten, die dem Arzt über dessen Befindlichkeit, Krankheitsverlauf und Gesundungschancen Auskunft gibt. Und die „Fieberkurve" des Börsenkurses einer Aktie muss sich den täglichen, stündlichen und minütlichen Vergleich mit all den anderen Fieberkurven der anderen Aktien – nicht nur an der gleichen Börse, sondern an allen anderen Börsen rund um die Welt – gefallen lassen.

7.2   Die Rückwirkungen des Sekundärmarktes auf die Aktiengesellschaften

Obwohl einer Aktiengesellschaft die Geldmittel, die ihr mit einer Neuemission zugeflossen sind und zu Eigenkapital wurden, auch bei sinkendem Kurs nicht wieder genommen werden können, muss sie die Kursentwicklung ihrer Aktie dennoch sehr ernst nehmen, und zwar aus folgenden Gründen:

- ihrer Kreditwürdigkeit aus der Sicht der Banken
- im Hinblick auf eine weitere Neuemission
- im Hinblick auf eine mögliche „feindliche Übernahme".

Je ungünstiger die Kursentwicklung, um so geringer die Kreditwürdigkeit, um so schwieriger ist eine zusätzliche Kapitalbeschaffung durch Neuemission, und um so bedrohlicher wird eine feindliche Übernahme durch einen anderen Großaktionär oder Konzern. Denn bei niedrigen Kursen und entsprechend niedrigem Börsenwert sind die Aktiengesellschaft (bzw. hinreichend große Anteile an ihr) billiger zu haben als bei hohen Kursen – im Extremfall sozusagen zum Schnäppchenpreis.

Obwohl also der vielfache Besitzwechsel von Aktien auf dem Sekundärmarkt etwas prinzipiell anderes ist als die Neuemission auf dem Primärmarkt, hat die Kursentwicklung auf dem Sekundärmarkt dennoch Rückwirkungen auf die reale Situation des Unternehmens: Indem Kurssteigerungen die Kreditwürdigkeit und die Chancen von Kapitalerhöhungen durch weitere Neuemissionen erhöhen, steht das Unternehmen tatsächlich besser da als im Fall von sinkenden Kursen oder gar von Kursstürzen. Denn über zusätzlich gewährte Kredite bzw. durch Kapitalerhöhung können zusätzliche Investitionen finanziert und die Marktposition gegenüber Konkurrenten an den Absatzmärkten bzw. an den Finanzmärkten verbessert werden – was ohne diese zusätzlichen Mittel nicht möglich wäre. George Soros spricht in diesem Zusammenhang von der „Reflexivität" der Finanzmärkte.[17]

7.3 Von der Bindung zur Bindungslosigkeit der Geldanleger

Während bisher vor allem die Interessen der Aktiengesellschaft sowohl an einer Neuemission wie an der weiteren Kursentwicklung ihrer Aktie beleuchtet wurden, sollen im folgenden die möglichen Interessen der Aktionäre am Kauf oder Verkauf von Aktien zur Sprache kommen. Es sind im Wesentlichen vier Motive, die einen Aktionär zum Kauf, zum Halten oder zum Verkauf einer Aktie bewegen können:

- die Identifizierung mit dem Unternehmen
- die Hoffnung auf eine möglichst hohe jährliche Dividende
- die Hoffnung auf möglichst hohe Spekulationsgewinne
- die Beherrschung des Unternehmens durch hinreichend große Anteile.

In den historischen Anfängen der Aktiengesellschaften spielte die Identifizierung mit dem Unternehmen sicherlich eine größere Rolle als vielfach heutzutage: Die Aktionäre waren zum Teil einfach stolz darauf, sich zum Beispiel an der Finanzierung von Eisenbahnen beteiligt zu haben und einen entsprechenden – wenn auch oft nur symbolischen – Anteil daran zu halten. Sie behielten diesen Anteil über Jahre oder gar Jahrzehnte, ohne ständig auf der Suche nach möglicherweise besseren Kapitalanlagemöglichkeiten – so zu sagen ständig auf dem Absprung – zu sein. Die Verbundenheit mit dem Unternehmen und die Bindung an das Unternehmen hatten für viele Aktionäre einen hohen ideellen Stellenwert, auch wenn die Dividende oder die Kursentwicklung vielleicht weniger günstig ausfiel als bei anderen Aktien. Entsprechend lang war die Bindungsdauer der Aktionäre an eine Aktie, und entsprechend gering war der Prozentsatz der Besitzwechsel der Aktie pro Jahr.

Diese Einstellung gegenüber den Aktien hat sich seither – insbesondere in den letzten 20 Jahren – grundlegend verändert. An die Stelle relativ fester Bindungen der Aktionäre gegenüber den Aktiengesellschaften ist eine wachsende Tendenz zur Bindungslosigkeit getreten, und der Prozentsatz der Besitzwechsel von Aktien innerhalb eines Jahres ist dramatisch angestiegen. Dies zeigt sich deutlich an der Entwicklung des Verhältnisses von Aktienbestand zu Aktienhandel, wie er in *Abbildung 6a* zum Ausdruck kommt[18].

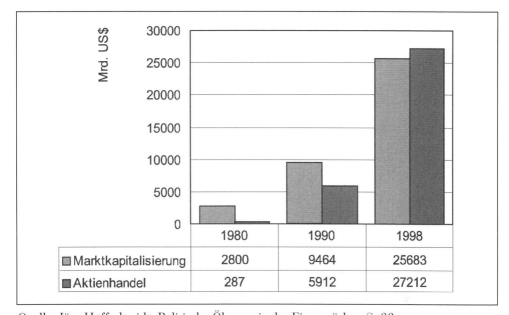

	1980	1990	1998
Marktkapitalisierung	2800	9464	25683
Aktienhandel	287	5912	27212

Quelle: Jörg Huffschmidt: Politische Ökonomie der Finazmärkte, S. 33

Abbildung 6a: Weltweiter Aktienbestand und Aktienhandel, 1980, 1990 und 1998.

Was sich aus Sicht der Aktionäre als wachsende Freiheit darstellt, aus unattraktiv gewordenen Bindungen jederzeit aussteigen und in attraktivere Bindungen einsteigen zu können, bringt gesamtwirtschaftlich und global die Gefahr des Anwachsens kurzfristiger spekulativer Kapitalbewegungen mit sich. Sie können zu den oben erwähnten Überflutungen bestimmter Finanzmärkte bzw. ganzer Länder – und zu noch schnellerer Kapitalflucht – führen, mit gesamtwirtschaftlich höchst dramatischen Konsequenzen, für die allerdings die flüchtigen Aktionäre oder sonstigen Geldanleger nicht haftbar gemacht werden.[19] Insofern handelt es sich bei den immer kurzfristiger gewordenen spekulativen Kapitalbewegungen um eine Art legalisierte kollektive Verantwortungslosigkeit, die in anderen gesellschaftlichen Bereichen undenkbar wäre.

Die Aktienbörsen haben demnach in den letzten zwanzig Jahren einen deutlichen Funktionswandel erfahren. Während sie früher in erster Linie ein Instrument der Finanzierung durch Neuemission von Aktien waren, sind sie mehr und mehr zu einem Markt des Handels mit schon emittierten Aktien geworden. So sieht es auch Jörg Huffschmid:

Von der Finanzierung zum Handel – Der Sekundärmarkt für Wertpapiere

"Börsen sind nicht nur Einrichtungen, auf denen Unternehmen und Regierungen sich Finanzmittel beschaffen können. Sie sind gleichzeitig Märkte, auf denen mit Wertpapieren gehandelt wird. Beide Funktionen hängen zwar zusammen, sie sind aber keineswegs mit einander identisch, und ihr Zusammenhang hat sich in den

185

letzten beiden Jahrzehnten erheblich gelockert. Solange die Finanzierungs-
funktion im Vordergrund steht, bestimmt die Nachfrage nach Liquidität den
Markt. Sobald der Handel die führende Rolle übernimmt, wird der Markt ange-
botsgetrieben. An die Stelle des Finanzierungsmittel suchenden Unternehmens tritt
der renditesuchende Finanzanleger als dominierende Figur der Wertpapiermärkte.
– Die Hauptthese ist, dass der Charakter der modernen Finanzmärkte durch den
Übergang von der Investitionsfinanzierung zum Finanzinvestment als treibende
Kraft geprägt ist. Dieser Wechsel, der in den letzten beiden Jahrzehnten stattfand,
hat wesentliche Veränderungen der Struktur und Funktionsweise von Wertpapier-
märkten mit sich gebracht. Er hat zu dem geführt, was in der politischen Diskus-
sion oft als „Herrschaft der Finanzmärkte" bezeichnet wird." Huffschmid. (S.29)

7.4   Vom individuellen zum institutionellen Anleger

In diesem Zusammenhang spielt auch eine erhebliche Rolle, dass der klassische Aktionär in Form einer natürlichen Person, das heißt eines einzelnen konkreten Menschen, gegenüber den so genannten institutionellen Anlegern (wie Investmentgesel-
lschaften, Versicherungen, Banken und Pensionsfonds) immer mehr an Bedeutung
und Gewicht verloren hat. Anders ausgedrückt: der Anteil der institutionellen Anleger am gesamten Finanzvermögen des finanziellen Sektors ist deutlich gestiegen –
und ist von Land zu Land allerdings sehr unterschiedlich, wie *Abbildung 6b* zeigt:
Von diesen institutionellen Anlegern werden ungeheure Summen von Anlage

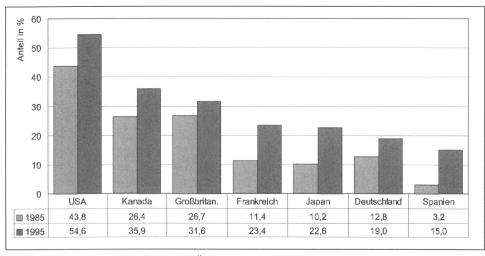

	USA	Kanada	Großbritan.	Frankreich	Japan	Deutschland	Spanien
1985	43,8	26,4	26,7	11,4	10,2	12,8	3,2
1995	54,6	35,9	31,6	23,4	22,6	19,0	15,0

Quelle: Jörg Huffschmid: Politische Ökonomie der Finanzmärkte, S. 83.

Abbildung 6b: Anteil der institutionellen Anleger am gesamten Finanzvermögen des finan-
ziellen Sektors, 1985 und 1995.

suchendem Kapital verwaltet und bewegt, dessen oberstes Ziel im allgemeinen eine
möglichst hohe Rendite ist – wodurch auch immer. Unter dieser Jagd nach maxi-

maler Rendite treten traditionelle Bindungen der Aktionäre an irgendwelche Unternehmen und deren Zielen völlig in den Hintergrund, und zählen tut allein die von einem Fonds erzielte Rendite im Vergleich zu derjenigen anderer Fonds. Die Fondsmanager, unter deren Regie tagtäglich Hunderte Milliarden von Dollar rund um den Globus bewegt werden können und die zu den mächtigsten Männern der Welt gezählt werden, sind ihrerseits auch nur abhängig vom Konkurrenzdruck an den Finanzmärkten – und von dem Urteil der Ranking-Agenturen, die diese Fonds ebenso durchleuchten und jeweils mit anderen vergleichen, wie sie dies mit Aktiengesellschaften, Konzernen und ganzen Ländern tun. Neben den institutionellen Anlegern sind es inzwischen auch Unternehmen und Konzerne, die einen Teil ihrer Mittel anstatt in reale Produktion und Investition in so genannte Finanzinvestitionen stecken, das heißt selbst an den Börsen spekulieren.

7.5 Der Funktionswandel der Devisenmärkte

7.5.1 Devisentausch als Mittel internationaler Kapitalbewegungen

Alles in allem haben diese Entwicklungen dazu geführt, dass sich eine riesige Schar professioneller Geldanleger bzw. Anlageberater tagtäglich rund um die Uhr und um den Globus – unter Ausnutzung auch minimaler Kursschwankungen an den Wertpapierbörsen – auf die Jagd nach möglichst hohen Spekulationsgewinnen machen. Für Geldanleger in Ländern mit anderer Währung muss allerdings zunächst einmal diese Währung am Devisenmarkt nachgefragt und zu einem bestimmten Wechselkurs gekauft werden. Insofern haben die spekulativen Kapitalbewegungen, sofern sie sich zwischen verschiedenen Währungsgebieten vollziehen, wesentlichen Einfluss auf die Bildung der Wechselkurse – jedenfalls in einem internationalen Währungssystem auf der Basis flexibler Wechselkurse, wo sich durch das Zusammentreffen von Angebot und Nachfrage nach einer Währung deren jeweiliger Wechselkurs bildet.

Abbildung 7a soll die entsprechenden Zusammenhänge am Beispiel zweier Länder (in diesem Fall USA und Deutschland) veranschaulichen. Kapitalexporte aus Deutschland in die USA erfordern zunächst einen Umtausch von Euro in Dollar, bringen also eine Nachfrage nach Dollar am Devisenmarkt mit sich. Je höher der Wechselkurs des Dollar im Verhältnis zum Euro, umso geringer dürfte (bei sonst gleich bleibenden Bedingungen) die Dollar-Nachfrage ausfallen, dargestellt durch

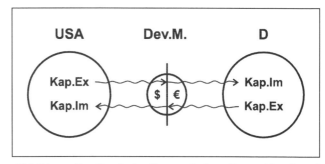

Abbildung 7a: Kapitalströme zwischen Deutschland und den USA führen zu Nachfrage bzw. Angebot von $ am Devisenmarkt.

187

die Nachfragekurve N in *Abbildung 7b*. Für den Kapitalimport aus den USA in Richtung Deutschland müsste der Dollar erst einmal in Euro umgetauscht werden, woraus sich ein Dollar-Angebot am Devisenmarkt ergibt. Mit steigendem Dollar-Kurs dürfte dieses Angebot in der Regel steigen, wie dies die Angebotskurve A darstellt.

Gäbe es sonst keine weiteren Devisenströme zwischen den zwei Ländern (zum Beispiel aus den Handelsströmen von Waren im Zusammenhang mit Warenexport und Warenimport), so würde sich der Wechselkurs aus dem Schnittpunkt von Angebot und Nachfrage erge-

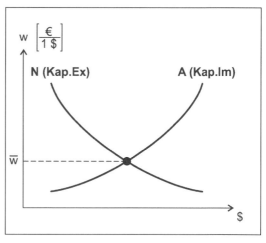

Abbildung 7b: Das Zusammentreffen von $-Nachfrage (durch Kapitalexporte aus D) und $-Angebot (durch Kapitalimporte nach D) hat Einfluss auf den Wechselkurs $\overline{w}$ (= Schnittpunkt).

ben. (Ansonsten ergäbe er sich aus den aufsummierten Kurven aus Handels- und Kapitalverkehr.)

7.5.2 Das Abheben der Devisenkurse vom realwirtschaftlichen Boden

Indem sich die Wechselkurse (im Rahmen eines Systems flexibler Wechselkurse) tagtäglich und erst recht im Laufe von Wochen, Monaten und Jahren verändern, können die Währungen selber zum Objekt von Devisenspekulation werden. Der Devisenmarkt wird damit – neben dem Aktienmarkt und dem Rentenmarkt – zu einem weiteren Tummelplatz der Spekulation. Die Wechselkurse der Währungen

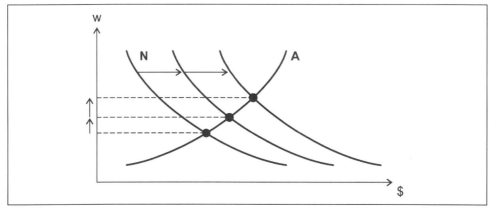

Abbildung 7c: Spekulative internationale Kapitalbewegungen überfluten die Devisenmärkte und bewirken ein Abheben der Wechselkurse vom realwirtschaftlichen Boden.

spiegeln damit nicht unbedingt – wie vielfach angenommen – die realwirtschaftlichen Grundlagen (die gesamtwirtschaftlichen Fundamentaldaten) des Warenhandels bzw. der realwirtschaftlich bedingten Kapitalströme zwischen zwei Ländern wider. Sie können vielmehr Ausdruck einer Überlagerung realwirtschaftlich bedingter Devisenströme durch spekulative Kapitalbewegungen und spekulative Devisenströme sein. Auf diese Weise kann es – ähnlich wie an den Aktienbörsen – auch an den Devisenbörsen zu spekulativer Überbewertung einer Währung, das heißt zu einem Börsenfieber kommen – und ebenso zu einem nur spekulativ bedingten Zusammenbruch des Wechselkurses, also einem Kurssturz. Die *Abbildungen 7c und 7d* stellen die Phase des Börsenfiebers noch einmal grafisch dar.

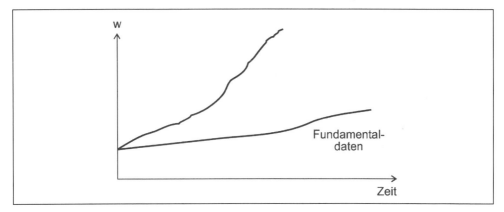

Abbildung 7d: Die Wechselkurse können sich durch Spekulation von den gesamtwirtschaftlichen Fundamentaldaten entfernen.

7.5.3 Die Entfesselung der Devisenspekulation nach dem Zusammenbruch des Bretton-Woods-Systems 1973

Diese Möglichkeiten – und Gefahren – sind weltweit dramatisch angestiegen seit dem Zusammenbruch des Bretton-Woods-Systems, des westlichen Weltwährungssystems nach dem Zweiten Weltkrieg auf der Basis fester Wechselkurse. Warum dieses System mit der merkwürdigen Sonderrolle des US-Dollars schließlich an seinen inneren Spannungen zusammen bzw. auseinander gebrochen ist, habe ich an anderer Stelle ausführlich abzuleiten und zu interpretieren versucht.[20] Danach jedenfalls ging die westliche Weltwirtschaft (mit einigen Ausnahmen)[21] zu flexiblen Wechselkursen über. Nicht von ungefähr hat sich seither das Volumen des Devisenhandels in geradezu Atem beraubender Weise ausgeweitet, wie aus *Abbildung 7e* hervor geht.

1998 wurden nahezu 1,5 Billionen Dollar pro Arbeitstag an den Devisenbörsen umgesetzt. *„Der Welthandel mit Gütern und Dienstleistungen lag 1998 bei etwa 6,5 Billionen Dollar (pro Jahr! B.S.). Vier Tage Devisenhandel hätten also genügt, um den gesamten internationalen Handel abzuwickeln.“*[22] Anders ausgedrückt: Das Volumen der Devisenumsätze betrug ungefähr das 75fache dessen, was zur Be-

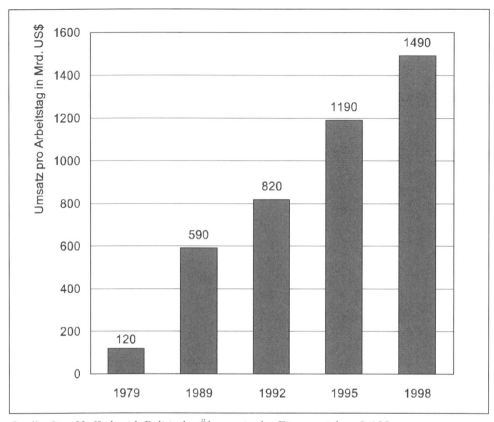

Quelle: Jörg Huffschmid: Politische Ökonomie der Finanzmärkte, S.189.

Abbildung 7e: Entwicklung des Devisenhandels, 1979 bis 1998.

zahlung der realen internationalen Handelsströme benötigt wurde. Die Ursachen für die starke Zunahme des Devisenhandels sieht Jörg Huffschmid in vier Entwicklungen:

- *„Erstens hat die Beendigung des Festkurssystems von Bretton Woods Mitte der 70er Jahre dazu geführt, dass die nunmehr frei gegebenen Wechselkurse starken Schwankungen ausgesetzt waren ...“*
- *„Zweitens hat die Liberalisierung des internationalen Kapitalverkehrs dazu geführt, dass Anlage suchendes Kapital sich jetzt ohne Schwierigkeiten – und aufgrund der stürmischen Entwicklung der Informations- und Telekommunikationstechnologie auch fast ohne Kosten und Zeitverlust – auf allen Märkten der Welt nach profitablen Verwendungen umsehen konnte ...“*
- *„Drittens hat die Liberalisierung der Kapitalmärkte nationale Währungen in ihren Geldfunktionen als Wertaufbewahrungsmittel oder Vermögenswert mit einander in Konkurrenz gesetzt ...“*
- *„Viertens ist die Erwartung von Preisänderungen (Wechselkursveränderungen) einzelner Devisen selbst die Ursache von massiven spekulativen Devisenumsätzen,*

190

nämlich des Kaufs von aufwertungsverdächtigen bzw. des Verkaufs von abwertungsverdächtigen Währungen ..." [23]

Die Geldströme an den Devisenmärkten bestehen also prinzipiell aus zwei ganz unterschiedlichen Bestandteilen: zum einen aus solchen, die der Sphäre der Realwirtschaft angehören, zum andern aus solchen, die der spekulativen Sphäre der internationalen Finanzmärkte zuzurechnen sind. Eine realwirtschaftliche Grundlage bilden der Warenhandel von Gütern und Dienstleistungen sowie Kapitalströme, die in reale Produktion und Investition fließen. Der spekulativen Sphäre gehören diejenigen Ströme an, die auf die spekulativen Sekundärmärkte der Wertpapierbörsen bzw. direkt in die Spekulation mit Devisen fließen. *Abbildung 7f* stellt diese Unterteilung noch einmal schematisch dar.

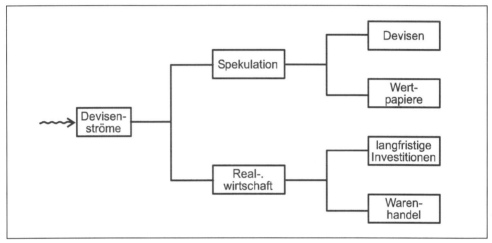

Abbildung 7f: Verschiedene Gründe für Devisenströme.

8 Die Krise des Weltfinanzsystems – auf dem Weg in den Super-Gau?

Selbst wenn die realwirtschaftlichen Grundlagen der betreffenden Länder im Verhältnis zu einander zunächst unverändert bleiben und die so bedingten Devisenströme ausgeglichen blieben, könnten spekulative Flutwellen in der einen oder anderen Richtung den Wechselkurs einer Währung in kürzester Zeit fieberhaft ansteigen oder auch dramatisch abstürzen lassen. Die 90er Jahre bieten eine Reihe anschaulicher Beispiele dafür, dass es sich hierbei nicht nur um eine abstrakte Theorie handelt, sondern dass sich die Realität der internationalen Finanzmärkte und Devisenmärkte ganz in dieser Weise entwickelte. Mit großen Finanzmassen in wenigen Händen lassen sich sogar derartige Übersteigerungen regelrecht herbeiführen, indem einer der Großspekulanten zum Angriff auf eine Währung bläst und ihm die übrigen Spekulanten folgen wie eine Hammelherde dem Leithammel. Hierzu schreibt Jörg Huffschmid:

„Die 90er Jahre waren ein Jahrzehnt massiver Währungsspekulation: Den Auftakt machten die institutionellen Spekulanten – allen voran der Quantum-Fund des George Soros – mit einem Angriff auf das Europäische Währungssystem (EWS): Innerhalb eines Jahres katapultierten sie zunächst – im September 1992 – Großbritannien und Italien aus dem Zusammenhang europäischer Währungszusammenarbeit hinaus. Im August 1993 erreichten sie die faktische Liquidierung des Systems, dessen Bandbreiten zulässiger Wechselkursschwankungen auf +15% erweitert und damit für alle praktischen Zwecke aufgehoben wurden. Nach den Attacken auf das EWS hat es eine größere Zahl spekulativer Wellen gegen die Währungen von Schwellen- und Entwicklungsländern gegeben, die regelmäßig mit Abwertungen endeten: Mexiko 1994/95, Asien 1997, Russland 1998, Lateinamerika, insbesondere Brasilien und Kolumbien 1998/99." Huffschmid, S. 48f

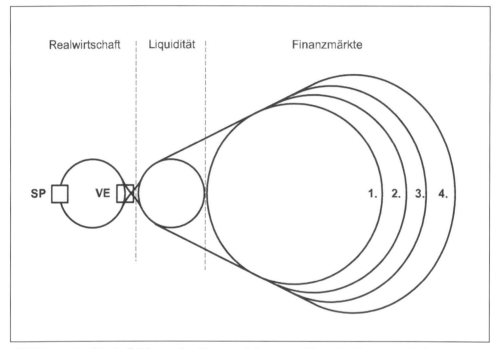

Abbildung 8a: Die Aufblähung der Finanzmärkte gegenüber der Realwirtschaft.

Indem die weltweiten spekulativen Kapitalbewegungen und internationalen Finanztransaktionen in den letzten zwei Jahrzehnten in einem geradezu Atem beraubenden Tempo angewachsen sind und riesige Spekulationsblasen haben entstehen lassen *(Abbildung 8a)*, sind die realen Volkswirtschaften der einzelnen Länder bzw. die reale Weltwirtschaft insgesamt zu einem fast unbedeutenden Anhängsel der globalen Finanzmärkte geworden – wie eine kleine Gondel unter einem riesigen Ballon, der seinerseits immer mehr vom Boden (der Realität) abhebt *(Abbildung 8b)*.

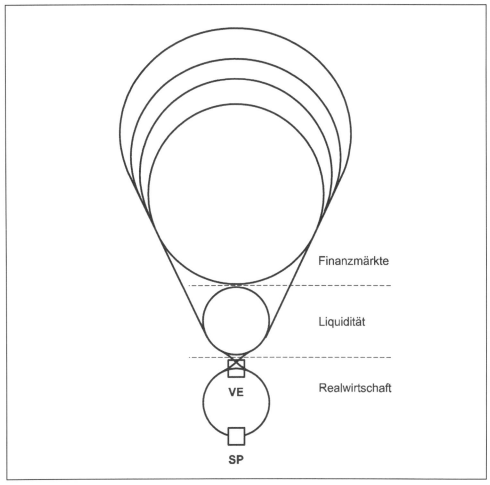

*Abbildung 8b: Die Finanzmärkte heben immer mehr vom Boden der Realität ab – und zie-
hen die Gondel der Realwirtschaft in gefährliche Höhen.*

Mit dem Platzen des Ballons wird schließlich nicht nur dieser selbst, sondern mit
ihm auch die Gondel der Realwirtschaft in die Tiefe gerissen und zertrümmert.
(Abbildung 8c). Ganze Volkswirtschaften werden im Gefolge davon in Schutt und
Asche gelegt – im wahren und im übertragenen Sinn des Wortes. Und mit einem dro-
henden Super-Gau des Weltfinanzsystems droht schließlich auch ein verheerender
Absturz der Weltwirtschaft, eine neue Weltwirtschaftskrise.

Die Überflutung ganzer Länder oder Regionen mit spekulativen Geldern wird in
Abbildung 8d symbolisch dargestellt. Zunächst wird die Spekulationsblase in diesem Land immer weiter aufgeblasen und lockt dadurch noch immer mehr Gelder
an, bis die Stimmung durch irgendeinen Auslöser umkippt und in kürzester Zeit zu
massiver Kapitalflucht führt.

Abbildung 8c: Das Platzen der Spekulationsblase lässt auch die Gondel (Realwirtschaft) abstürtzen.

Da die Kapitalflucht auch mit einer Flucht aus der betreffenden Landeswährung verbunden ist und diese in wachsenden Mengen am Devisenmarkt zum Verkauf angeboten wird, während die Nachfrage nach ihr zurückgeht, wird ihr Wechselkurs dramatisch abstürzen. Selbst dann, wenn ihr Wechselkurs vorher fest an eine andere Währung gebunden war[24] (zum Beispiel an den Dollar), um auf diese Weise erst einmal Gelder ins Land zu locken, lässt sich in einer so dramatischen Entwicklung eine Abwertung der Währung nicht mehr aufhalten, und ihr Wechselkurs muss schließlich – entgegen allen vorherigen Be teuerungen der Zentralbank oder der Regierung – frei gegeben werden.

Je länger die Wechselkurskorrektur entgegen der klaren Tendenz am Devisenmarkt hinaus gezögert wird, umso heftiger wird schließlich der unvermeidliche Kurssturz ausfallen. Dieses Muster hat sich in den letzten zehn Jahren immer wieder gezeigt:

194

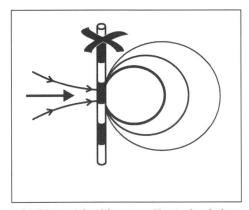

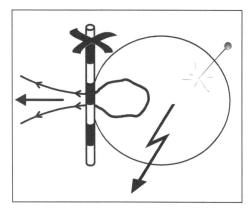

Abbildung 8d: Abbau von Kapitalverkehrs-
beschränkungen und Zustrom spekulativen
Kapitals.

Abbildung 8e: Kapitalflucht, Platzen der Spe-
kulationsblasen und Absturz des Wechsel-
kurses.

beim Absturz des britischen Pfundes und der italienischen Lira 1992 ebenso wie bei der Südostasienkrise 1997 oder der Argentinienkrise 2001/2002. Alle Stricke von scheinbar noch so fester Ankoppelung an andere Währungen sind schließlich unter dem Druck (bzw. dem Zug) der Devisenspekulation gerissen.

Die Manövriermasse von Währungsreserven, mit denen die jeweiligen Zentralbanken den Kurs der betreffenden Währung noch hätten stützen können, waren meist schnell erschöpft und nahmen sich gegen die kolossalen Fluten der internationalen Devisenspekulation aus wie die Wasserreserven einer Feuerwehr gegen einen Flächenbrand. Die meisten Zentralbanken der Welt, die als mächtige Institutionen erscheinen, sind dem verselbständigten Geschehen an den internationalen Finanz- und Devisenmärkten längst hilflos ausgeliefert, auch wenn sie selbst über lange Zeit mit ihrer Geldschöpfung die Spekulationsblasen erst mit gefüttert haben. Es geht ihnen so wie dem Zauberlehrling in Goethes Gedicht.

Während sich die Krisen des Weltfinanzsystems in den 90er Jahren noch über-wiegend an dessen Peripherie abspielten, haben sie inzwischen schon mehr und mehr die Zentren des globalen Kapitalismus erreicht. Die so genannten „Neuen Märkte“ (Nemax, Nasdaq), die von 1997 bis März 2000 eine längere Phase un-glaublichen Börsenfiebers durchliefen, sind seither fast auf der ganzen Linie so eingebrochen, dass sogar die Aktienkurse großer Konzerne wie Deutsche Telekom mit in die Tiefe gerissen wurden, von anderen Totalabstürzen ganz zu schweigen. Danach gerieten auch die so genannten Standardwerte der „old economy“ mit in den Abwärtsstrudel, und auch große Banken und Versicherungen – auch in Deutschland – ins Taumeln kommen.

Einige Kritiker des Weltfinanzsystems, wie zum Beispiel der amerikanische Oppo-sitionspolitiker, Wirtschaftswissenschaftler und Philosoph Lyndon LaRouche[25], betrachtet diese und andere Krisen als Teil eines sich bereits vollziehenden Zusam-

menbruchs des Weltfinanzsystems, der schon bald in eine Art Super-Gau einmün-
den wird, wenn nicht rechtzeitig grundlegende Reformen sowie ein geordnetes
Konkursverfahren des internationalen Währungssystems eingeleitet und durchgesetzt werden.

9 Die Suche nach Sündenböcken als Personalisierung der Systemkrise

Es sollte deutlich geworden sein, dass die Struktur und Dynamik des bestehenden
Geldsystems auf der Grundlage eines gespaltenen Geldflusses systematisch das
Börsenfieber mit seinen wachsenden Spekulationsblasen hervor treibt, die schließlich unvermeidlich platzen müssen. Börsenfieber und Kurssturz sind also Ausdruck
einer Systemkrise und nicht in erster Linie Folge individuellen Versagens einzelner
Manager, Vorstände oder Aufsichtsräte von Konzernen, Banken und Investmentfonds – und auch nicht in erster Linie des Versagens einzelner nationaler Regierungen oder Zentralbanken. Denn selbst wenn sich alle Handeldnden im Rahmen
der geltenden Spielregeln korrekt und fehlerlos verhalten würden (was natürlich in
der Realität nie der Fall ist), wäre die Dynamik von Börsenfieber und Zusammenbruch unvermeidlich.

Der Zusammenbruch kann allenfalls – zum Beispiel von Seiten der Geldschöpfer
– durch ständiges Zuführen von Liquidität und entsprechender Fütterung der
Spekulationsblasen immer weiter hinaus geschoben werden. Aber je mehr dies
geschieht, um so heftiger wird der Absturz schließlich ausfallen, weil die Spannung zwischen den spekulativ überhöhten Kursen und den realwirtschaftlichen
Grundlagen immer größer geworden ist. Es mag sogar sein, dass sowohl Börsenfieber wie Spannungsentladung unter Einsatz großer Finanzmassen manipulativ
in bestimmte Teile der Welt oder in bestimmte Segmente der internationalen
Finanzmärkte gelenkt werden. Die Finanzmassen eines Leithammels können
dabei durch die ihm folgende Hammelherde in ihren Wirkungen vielleicht sogar
um den Faktor 100 oder mehr verstärkt werden.

Und dennoch: Das Gesamtsystem der globalen Finanzmärkte, das Weltfinanzsystem
bedarf dieser Spannungsentladungen – wie auch immer und wo auch immer, und es
wird dabei unvermeidlich seine Opfer fordern. Wenn sich nach dramatischen
Finanzkrisen und entsprechenden Vertrauenseinbrüchen an der Peripherie das
Geldkapital in die Zentren des globalen Finanzsystems zurückzieht, werden auch
diese von den zunehmenden Spannungen und Entladungen erfasst. Auch hier werden dann die vergleichsweise kleinen Auslöser ausreichen, um einen
Stimmungsumschwung an den Börsen zu bewirken, ohne deshalb dessen Ursachen
zu sein. Trotzdem werden sie in den Medien immer wieder als die eigentlichen
Ursachen dargestellt, womit gleichzeitig von der Tragweite der Systemkrise und ihrer
tieferen Ursachen abgelenkt wird. Ob dies jeweils bewusst oder aus Unwissenheit
geschieht, sei dahin gestellt. Auf jeden Fall trägt diese Art von Interpretation oder

Ablenkung wenig dazu bei, die Diskussionen um notwendige und grundlegende Reformen des Geldsystems bzw. des internationalen Finanzsystems voran zu bringen.

Natürlich gibt es im globalen Wettrennen von Unternehmen, Konzernen, Banken, Versicherungen und Investmentfonds bzw. im Wettrennen ganzer Länder immer wieder Stärkere und Schwächere, und nicht alle Läufer befinden sich auf dem abwärts laufenden Band der Konkurrenz auf gleicher Höhe. Die Schwächsten werden in der Krise besonders hart getroffen. Die Aktionäre, die Medien oder „die Märkte" fordern in solchen Situationen erbarmungslos, dass die Köpfe der vermeintlich Schuldigen rollen – auch wenn es sich um Personen handelt, die vorher noch als große Börsenstars gefeiert wurden. Der Aufstieg und Fall des Ron Sommer als Vorstandsvorsitzender der Deutschen Telekom ist dafür nur eines von vielen Beispielen. Irgend jemand muss ja geopfert werden, ganz gleich, ob er für das Platzen der Spekulationsblase individuell verantwortlich ist oder nicht. Auch die aufgeflogenen Bilanzfälschungen der amerikanischen Konzerne Enron und WorldCom mussten als angebliche Ursache für Kursstürze in der ganzen Welt her halten, obwohl diese oder ähnliche Kursstürze auch ohne diese Auslöser hätten eintreten müssen – zur Spannungslösung eines völlig überspannten Weltfinanzsystems.

Die Spannungsentladung fordert aber noch auf ganz andere Art ihre Opfer: Wenn eine Finanzkrise ganze Länder trifft und ihre Wirtschaft in den Abgrund reißt, dann werden Regierungen darüber stürzen, auch wenn sie selbst vielleicht gar nicht für die Krise verantwortlich sind. Und die wachsenden sozialen Spannung werden sich in Gewalt entladen, die sich gegen irgendwelche Teile der Gesellschaft richtet, egal ob sie die Krise wirklich verursacht haben oder nicht. In solchen angespannten Situationen werden Feindbilder gesucht und gefunden, und es entstehen Merkmale für den vermeintlichen Feind, die vorher gar keine wesentliche Rolle gespielt haben mögen: zum Beispiel die Hautfarbe oder ethnische und religiöse Unterschiede. Wo Menschen vielleicht über Generationen hinweg mehr oder weniger friedlich zusammen und neben einander gelebt haben, brechen auf einmal tiefe Gräben auf, und eine Mehrheit fällt mit Gewalt über eine Minderheit her. Oder es kommt zu wechselseitigen Gewaltentladungen in Form von Bürgerkrieg, durch den ganze Länder in einzelne Splitter aus einander brechen oder in Chaos und Völkermord versinken können. Oder aber es wird zum Ablenken der inneren Spannungen ein Krieg gegen andere Länder und Völker inszeniert.

Der kanadische Ökonomieprofessor Michel Chossudovsky interpretiert in seinem Buch „Global – Brutal" [26] („The Globalisation of Poverty") sogar das Auseinanderbrechen Jugoslawiens und die Bürgerkriege in Somalia und Ruanda/Burundi mit ihren unzähligen Opfern vor dem Hintergrund der voran gegangenen Finanzkrisen, die nach seiner Auffassung wesentlich von IWF und Weltbank verursacht bzw. verstärkt wurden. Selbst der langjährige Chefökonom und Nobelpreisträger für Ökonomie, Joseph Stiglitz [27], macht den IWF für die wachsende Verarmung ganzer Länder der Dritten Welt und für die dort aufbrechenden sozialen Konflikte mit verantwortlich. Allerdings dringen beide Autoren nach meinem Eindruck nicht bis zum

Kern des Problems vor: dem Geldstau aufgrund der Spaltung des Geldflusses in Tauschmittel und Spekulationsmittel – was ich „monetäre Kernspaltung" nenne.

Die von der attac-Bewegung[28] geforderte Tobin-Steuer, eine Steuer auf alle Devisenumsätze bzw. Börsenumsätze, könnte sicherlich dazu beitragen, die Überflutungen bzw. Fluchtwellen kurzfristiger spekulativer Kapitalbewegungen an den internationalen Börsen zu dämpfen. Aber die tieferen Ursachen, die in der Dynamik des Zinssystems und der ihm zugrunde liegenden monetären Kernspaltung liegen, wären auch damit noch nicht überwunden.

Erst in der Überwindung dieser Spaltung scheint mir die Lösung der destruktiven Dynamik des Weltfinanzsystems zu liegen. Erst dadurch wird es langfristig gelingen, das Durchdrehen der internationalen Finanzmärkte und die unvermeidlich erfolgenden Zusammenbrüche in Zukunft zu vermeiden. Börsenfieber und anschließender Kurssturz sind Ausdruck einer Systemkrise und nicht in erster Linie Folge individuellen Versagens oder einzelner Schwindeleien. Die Struktur und Dynamik des bestehenden Geld- und Zinssystems treiben ja die einzelnen Handelnden erst zu Verhaltensweisen, die sich langfristig und in der Summe für einen Großteil der Gesellschaft als verhängnisvoll erweisen.

10 Gespaltener Geldfluss – gespaltener Energiefluss: Funktionelle Identität zwischen Börsengeschehen und individuellem Wahn

Wenn wir rückblickend die Struktur und Dynamik des Börsengeschehens mit derjenigen des individuellen Wahns vergleichen, ergeben sich verblüffende Parallelen – oder besser gesagt: funktionelle Identitäten bei gleichzeitigen Unterschieden. Es geht dabei nicht darum, die Finanzmärkte allein psychologisch oder lebensenergetisch interpretieren zu wollen (obwohl natürlich psychologische Faktoren als Vermittler und Verstärker der tiefer liegenden ökonomischen Tendenzen wirken). Ebenso wenig geht es darum, die Dynamik des individuellen Wahns allein aus ökonomischen Zusammenhängen abzuleiten (obwohl die ökonomische Struktur einer Gesellschaft, der Konkurrenzdruck und die zwischenmenschliche Entfremdung mit dazu beitragen können, Menschen in den Wahnsinn zu treiben).

Worum es mir vielmehr geht, ist die Herausarbeitung gemeinsamer Muster in scheinbar ganz unterschiedlichen Bereichen. Das allgemeine Muster findet sich dabei auf einer tieferen Ebene als die konkreten Unterschiede. Anders ausgedrückt: die konkreten Unterschiede sind in einem gemeinsamen tieferen Funktionsprinzip verwurzelt. [29] *(Abbildung 9a* stellt diese Sichtweise in Bezug auf den Geldfluss und den Energiefluss mit dem gemeinsamen Funktionsprinzip der Spaltung bildlich dar.) Wenn es gelingt, das gemeinsame Funktionsprinzip heraus zu arbeiten, werden die konkreten unterschiedlichen Ausprägungen aus einem größeren Zusammenhang heraus klarer und verständlicher – und ebenso die Perspektiven der Überwindung grundlegender Funktionsstörungen.

Im vorliegenden Zusammenhang scheint das gemeinsame Funktionsprinzip in der Spaltung eines potentiell ganzheitlichen Fließprozesses zu liegen. Beim individuellen Wahn sind der innere lebendige Wesenskern eines Menschen, die innere lebensenergetische Quelle und der ihr entströmende Energiefluss in die Spaltung geraten – das, was ich „emotionale Kernspaltung" nenne. Das Börsenfieber und der folgende Kurssturz sind Ausdruck und Folge eines Geldsystems, in dem der Wesenskern des Geldes in die Spaltung geraten ist und sich aufzweigt in zwei unterschiedliche, gegensätzliche und unvereinbare Funktionen: Tauschmittel einerseits und Spekulationsmittel andererseits zu sein – das, was ich „monetäre Kernspaltung" nenne.[30]

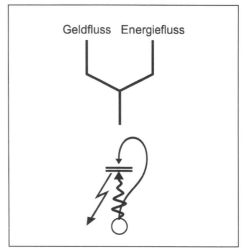

Abbildung 9a: Krise durch gespaltenen Geldfluss bzw. gespaltenen Energiefluss: gemeinsames Funktionsprinzip in unterschiedlichen Bereichen.

Wenn es an der Wurzel der beiden verschiedenen Bereiche ein gemeinsames Funktionsprinzip der Funktionsstörungen gibt, dann müsste es auch ein gemeinsames Prinzip für die Behebung der Störung geben, wenn man so will: für den Gesundungs- oder Heilungsprozess. Und tatsächlich: Heilung geschieht hier wie dort in dem Maße, in dem das gespaltene Ganze seine verlorene Ganzheit wieder findet und die Spaltung überwunden wird (angedeutet in *Abbildung 9b*).

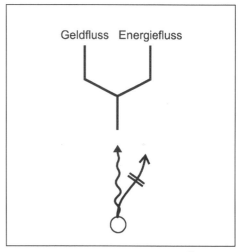

Abbildung 9b: Gesundung durch Überwindung der Spaltung – hier wie dort.

Der individuelle Wahn beim einzelnen Menschen löst sich auf, wenn die starren Blockierungen im Organismus behutsam aufgelöst und durch veränderliche und realitätsbezogene Abgrenzungen und Öffnungen ersetzt werden. An die Stelle eines gespaltenen und von der Realität abgekoppelten Energieflusses tritt ein ungebrochener Energiefluss innerhalb des Organismus – in ständigem lebendigem Austausch und Kontakt mit der äußeren Realität – eine realitätsgerechte Öffnung gegenüber liebevollen Einflüssen und eine differenzierte Abgrenzung gegenüber realer Bedrohung.

Der kollektive Wahn von Börsenfieber und Kurssturz, die Bildung von Spekulationsblasen und deren Platzen, lässt sich entsprechend auflösen, wenn die
Blockierungen und Spaltungen des Geldflusses behutsam überwunden werden und
das Geld kontinuierlich als Tauschmittel den realwirtschaftlichen Kreislauf durchströmt. An die Stelle völliger Durchlässigkeit, Ungeschütztheit und Entgrenzung ganzer Länder oder Wirtschaftsräume gegenüber äußeren Einflüssen und Abflüssen sollten realitätsbezogene Abgrenzungen und Öffnungen treten – eine Öffnung gegenüber
wohltuenden Einflüssen von Menschen, Kulturen, Waren und Kapital; und eine differenzierte Abgrenzung gegenüber bedrohlichen Einflüssen oder Abflüssen.

So pathologisch die chronische Erstarrung eines Organismus ist, so pathologisch
ist auch die Unfähigkeit, sich realitätsgerecht zu öffnen oder abzugrenzen. Beide
Erscheinungsformen sind Ausdruck tief greifender Störungen der emotionalen
Gesundheit. Was für den einzelnen Menschen gilt, scheint mir insoweit auch für
den sozialen Organismus einer Wirtschaft und Gesellschaft zu gelten. Die eine
Pathologie des sozialen Organismus heißt Nationalismus, die andere Pathologie
ist die grenzenlose Globalisierung: die totale Entgrenzung gegenüber jeder Form
von Kapitalströmen, gegenüber den Fluten und Fluchtwellen der internationalen
Finanzmärkte. Auch soziale Organismen brauchen gewisse Membrane, wenn sie
lebensfähig bleiben wollen. Sie sollten sie auch erhalten – und wo sie verloren
gegangen sind: wieder gewinnen.

Anmerkungen

1 George Soros, der weltweit größte Spekulant der letzten drei Jahrzehnte, der mittlerweile zu einem aufrüttelnden Kritiker des Weltfinanzsystems geworden ist, vergleicht in seinem Buch „Die Krise des globalen Kapitalismus" die internationalen Finanzmärkte mit Abrissbirnen, mit denen ganze Ländern ökonomisch und sozial in Trümmer gelegt werden können. Siehe hierzu auch meinen Aufsatz "Der reichste Dissident des Kapitalismus?", www.berndsenf.de

2 So zum Beispiel in einer seit 1979 jedes Semester laufenden Veranstaltungsreihe „Einführung in die Arbeiten von Wilhelm Reich" im Studium generale an der Fachhochschule für Wirtschaft Berlin, in einer großen Zahl von Artikeln in der Wilhelm-Reich-Zeitschrift „emotion" (Verlag Ulrich Leutner, Berlin), in meinem Buch „Die Wiederentdeckung des Lebendigen" (in drei Auflagen erschienen im Verlag Zweitausendeins, Frankfurt am Main, danach im Omega-Verlag, Aachen) sowie in dem mit James DeMeo zusammen heraus gegebenen Buch „Nach Reich" (Verlag Zweitausendeins, www.zweitausendeins.de). Siehe hierzu auch www.berndsenf.de .

3 Die entsprechende Brücke zwischen Akupunktur und Orgonforschung habe ich selbst 1976 mit einem Beitrag auf dem Weltkongress für Akupunktur in Berlin geschlagen – und damit die „Orgon-Akupunktur" theoretisch und experimentell begründet. Auf dieser Grundlage sind inzwischen umfangreiche Forschungen und Anwendungen von anderen weiter geführt worden. Siehe hierzu zum Beispiel www.acupuntura-orgon.com.ar .

3 So jedenfalls sieht es der langjährige Chefarzt der Bircher-Benner-Klinik in Zürich und Autor verschiedener Bücher über Homöopathie, Hanspeter Seiler, der auch verschiedene Artikel über physikalische Aspekte der Lebensenergie bzw. des Äthers sowie über ethnologische und archäologische Spuren eines weit verbreiteten Wissens über Lebensenergie veröffentlicht hat (u.a. in James DeMeo/Bernd Senf: Nach Reich, Verlag Zweitausendeins, Frankfurt am Main). Hanspeter Seiler hat seine Forschungsergebnisse über zwei Jahrzehnte hinweg auch regelmäßig in meine Veranstaltungsreihen im Studium generale an der FHW Berlin eingebracht. Artikel von ihm finden sich auf auch auf meiner website www.berndsenf.de .

5 Zum Beispiel in meinem Buch „Die Wiederentdeckung des Lebendigen", Omega-Verlag, Aachen.

6 Siehe hierzu vor allem James DeMeo: „Saharasia" (Über die historische Entstehung und Ausbreitung von Gewalt), www.orgonelab.org – sowie Hanspeter Seiler: Spiralform, Lebensenergie und Matriarchat, beides enthalten in James DeMeo/Bernd Senf: Nach Reich, Verlag Zweitausendeins: www.zweitausendeins.de . Siehe hierzu auch www.berndsenf.de .

7   Auf die Bedeutung des Getragenwerdens der Babys für ihre gesunde emotionale Entwicklung hat unter anderen Jean Liedloff in ihrem Bestseller „Auf der Suche nach dem verlorenen Glück" hingewiesen, ohne dass sie sich dabei allerdings auf ein lebensenergetisches Konzept bezieht.

8   Die entsprechenden Zusammenhänge habe ich ausführlich beschrieben in meinem Aufsatz „Triebenergie, zerstörte Selbstregulierung und Abhängigkeit" in emotion 6/1983, www.berndsenf.de .

9   Es handelt sich dabei um die so genannte Credésche Prophylaxe, die das Kind vor einer möglichen Augeninfektion schützen soll für den Fall, dass die Mutter an der Geschlechtskrankheit Tripper erkrankt ist. In Deutschland können die Eltern seit einigen Jahren darauf bestehen, dass diese Behandlung unterbleibt, aber die wenigsten Eltern wissen überhaupt um die Problematik.

10   In meinem Buch „Die blinden Flecken der Ökonomie – Wirtschaftstheorien in der Krise" werden die einzelnen Wirtschaftstheorien ausführlich dargestellt, zu einander in Beziehung gesetzt, in den jeweiligen historischen Zusammenhang eingebettet und bezüglich ihrer Aussagekraft sowie ihrer blinden Flecken hinterfragt.

11   Nach der Devise: "Drum prüfe, wer sich fester bindet, ob er nicht noch was Bessres findet." Die Übertragung dieses Spruches auf den monetären Zusammenhang stammt nicht von Gesell, sondern von mir.

12   A bedeutet hier nicht – wie in den vorherigen Grafiken – Arbeitslosigkeit, sondern Angebot.

13   Ob die Geschäftsbanken über das von der Zentralbank geschöpfte Geld hinaus selbst Geld schöpfen können (Giralgeldschöpfung), ist unter Kritikern des bestehenden Geldsystems umstritten. Meine Position hierzu habe ich ausführlich abgeleitet und begründet in meinem Aufsatz „Kontroversen um das Geld" im Kapitel über „Giralgeldschöpfung der Geschäftsbanken – Mythos oder Realität?"

14   Heißt die mächtigste Zentralbank der Welt, die amerikanische „Fed", vielleicht deswegen so, weil sie immer wieder die weltweiten Spekulationsblasen mit zusätzlicher $-Geldschöpfung gefüttert hat? (Das englische Verb „to feed, fed, fed" heißt in deutscher Übersetzung „füttern"!) Natürlich ist „Fed" auch die Abkürzung von „Federal Reserve System".

15   Zur Kritik der Globalisierung siehe u.a. George Soros: Die Krise des globalen Kapitalismus, Martin/Schumann: Die Globalisierungsfalle, Michel Chossudovsky: Global Brutal (Verlag Zweitausendeins, www. zweitausendeins.de), Viviane Forrester: Der Terror der Ökonomie, Joseph Stiglitz: Die Schatten der Globalisierung, Maria Mies/Claudia von Werlhof: Lizenz zum Plündern, sowie www.attac.de . Einige Auszüge aus globalisierungskriti-

schen Büchern finden sich in meinem Buch „Die blinden Flecken der Ökonomie".

16 Siehe hierzu ausführlich Jörg Huffschmid: Politische Ökonomie der Finanzmärkte, VSA-Verlag, Hamburg 1999.

17 In seinem Buch „Die Krise des globalen Kapitalismus". Siehe hierzu auch meinen Artikel „Der reichste Dissident des Kapitalismus?", www.berndsenf.de .

18 Quelle: Jörg Huffschmid: Politische Ökonomie der Finanzmärkte, S. 33

19 Übrigens ganz im Unterschied zu flüchtigen sexuellen Beziehungen im zwischenmenschlichen Bereich: Für die möglichen Konsequenzen solcher Beziehungen in Gestalt eines Kindes wird der Vater zur Unterhaltspflicht heran gezogen, sofern er sich finden lässt.

20 Siehe hierzu ausführlich Bernd Senf: Der Nebel um das Geld, S. 171-224.

21 Zum Beispiel das 1979 gegründete Europäische Währungssystem EWS, das zwischen den Mitgliedsländern erneut feste Wechselkurse schuf, aber gegenüber dem Dollar und dem Yen flexible Wechselkurse beinhaltete.

22 Jörg Huffschmid: Politische Ökonomie der Finanzmärkte, S. 45.

23 Ebenda, S. 47f.

24 Eine feste Anbindung einer Währung an eine andere wird „currency board" genannt.

25 Siehe hierzu auch etliche hervorragende Artikel von Lothar Komp in der Wochenzeitung "Neue Solidarität", www.solidaritaet.com/neuesol. Mit der Wirtschaftstheorie und dem Weltbild von Lyndon LaRouche und der sich an ihm orientierenden Bewegung „Neue Solidarität" werde ich mich möglicherweise an anderer Stelle ausführlich auseinander setzen. Hier sei nur soviel angedeutet, dass sich darin neben seinen brillanten Analysen des Weltfinanzsystems und dessen Krisenhaftigkeit auch sehr problematische Sichtweisen befinden, mit denen ich mich in keiner Weise identifizieren kann.

26 Zu beziehen nur über Verlag den Zweitausendeins, Frankfurt am Main, www.zweitausendeins.de .

27 Siehe hierzu Joseph Stiglitz: Die Schatten der Globalisierung.

28 Siehe hierzu www.attac.de .

29 Diese ungewöhnliche Sichtweise liegt den Forschungen von Wilhelm Reich zugrunde und hat sich als Forschungsmethode sehr bewährt. Er nannte sie „orgonomischen Funktionalismus". Siehe hierzu ausführlich meinen Aufsatz: Orgonomischer Funktionalismus – Wilhelm Reichs Forschungsmethode, in: emotion 4, Berlin 1983, www.berndsenf.de .

30 Natürlich habe ich beide Begriffe in bewusster Analogie zur „atomaren Kern-spaltung" gewählt, weil sich daraus – hier wie dort – destruktive Ketten-reaktionen ergeben, die in Katastrophen verschiedener Art einzumünden drohen.